KB196076

나폴레온 힐
더 리치

NAPOLEON HILL

나폴레온 힐
더 리치

부의 지름길로 안내할 믿음을 실현하는 법

나폴레온 힐 지음 | 이현 옮김

Wishes Won't Bring RICHES

다산
북스

일러두기

• 규범 표기는 '멘털'이나 사용 빈도와 어감을 고려하여 이 책에서는 '멘탈'로 표기하였다.

서문

부는 저절로 오지 않는다

1941년 나폴레온 힐Napoleon Hill은 앤드루 카네기Andrew Carnegie와의 인터뷰에서 처음 배운 성공 원칙들을 체계적으로 정리해 열일곱 편의 소책자로 집필했다. 과거 젊은 기자로서 카네기에게 깊은 인상을 남긴 힐은 그에게서 성공철학을 연구하고 정립해 보라는 제안을 받았다. 그 후 힐은 20여 년 동안 성공한 사람들을 취재하며 얻은 통찰을 정리했고, 이 내용을 1928년 성공철학의 고전이라 불리는 『성공의 법칙』으로 출간했다. 1937년에는 이를 간결하게 요약한 『생각하라 그리고 부자가 되어라』를 발표했다.

힐이 1941년 집필한 소책자 시리즈의 제목은 '멘탈 다이너마이트'로, 카네기가 열일곱 가지 성공 원칙을 설명하며 사용한 표현에서 따왔다. 이 시리즈는 카네기와의 인터뷰와 그에 대한 힐의 분석으로 구성되었다. 하지만 이 시리즈가 출판된 지 몇 달 지나지 않아 미국이 제2차 세계대전에 참전하게 되었다. 온 나라가 전쟁 준비에 여념이 없어지면서 '멘탈 다이너마이트'는 대중의 관심에서 멀어졌다. 그로부터 수십 년이 지난 지금에서야 힐의 금고에서 이 책들을 발견할 수 있었고, 나폴레온 힐 재단은 새로운 세대의 독자들을 위해 이를 세상에 내놓기로 결정했다.

재단은 명확한 핵심 목표를 설정하고, 그것을 달성하기 위한 계획을 세우고, 이를 위해 어떻게 자신을 움직일 수 있는지 설명하는 소책자 세 권을 한 권으로 묶어 출간했다. 따라서 이 책을 구성하는 장들은 일단 사고 과정을 성공적으로 끝낸 뒤에 시작할 수 있다. 힐이 이 책의 3장에서 말한 대로 '일을 계획하고, 그 계획을 실행해야 한다'. 이 책은 계획을 세우고 난 다음 단계, 즉 계획을 실행하는 법에 초점을 맞춘다.

1장에서 힐은 이 원칙을 중점적으로 이야기한 카네기와의 인터뷰 일부를 제시한다. 당시 카네기는 힐에게 20여 년간 성공철학을 정립하는 과제를 잘 수행하려면 '실행하는 믿음applied faith'이 중요하다고 말하며, 맹목적 믿음, 수동적 믿음, 적극적 믿음의 차이를 설명했다. 아울러 카네기는 거의 시詩적으로 마음의 능력을 정의한 후, 두려움과 스스로 정한 한계를 극복하고, 적극적인 믿음으로 전환할 때 발휘된다고 강조했다. 실행하는 믿음을 형성하려면 세 가지 행동, 끈기, 반복이 필요하다. 일단 믿음이 자리 잡으면 무한한 지성이 통제력을 발휘해 계획한 목표를 성취하도록 이끈다.

힐은 성공을 위해 '실행하는 믿음'을 어떻게 활용했는지 보여주는 두 가지 개인적인 사연을 소개한다. 첫 번째 사연에서 힐은 경제 공황으로 은행이 파산해 전 재산을 잃었을 때 자연의 섭리와 무한한 지성이 돈보다 훨씬 더 중요하다는 사실을 알게 된다. 이 발견을 통해 인내하는 데 필요한 실행하는 믿음이 생겼다는 이야기다. 두 번째 사연은 귀가 없이 태어난 아들 블레어가 힐의 실행하는 믿음 덕분에 어떠한 물리적 보청장치 없이도 듣는 능력이 생겼다는 놀라운 이야기다.

힐은 성공을 이루는 과정에서 자아의 중요성과 자아를 어떻게 통제해야 하는지도 설명한다. 자아가 '타오르는 열망'을 달성하려면 카네기가 말한 대로 두려움과 의심이 실행하는 믿음으로 대체되어야 한다. 힐은 스스로 자아를 통제한 사람들과 함께 배우자가 그들의 자아를 통제한 사례를 제시하는데, 그가 언급한 사례에서 성공의 필수 요소는 모두 '통제'였다. 힐은 실행하는 믿음의 중요성을 요약하며 이것이 '자연의 가장 강력한 법칙'이라고 설명한다. 왜냐하면 실행하는 믿음은 자신의 욕망을 물질적 형태로 이룰 수 있게 해주기 때문이다.

2장 역시 카네기와의 인터뷰로 시작한다. 카네기는 마음에서 부정적인 요소를 제거하고, 이를 실행하는 믿음으로 대체하려면 열정이 필요하다고 말한다. 열정은 믿음을 형성하는 데 필요한 희망을 의미하며, 성공하기 위해서는 희망, 믿음 그리고 열정 모두 필수적이라고 강조한다. 또한 카네기는 개인의 열정을 키우고 유지하는 것을 가로막는 건강 악화, 술, 마약과 같은 장애물들을 자세히 열거한다. 또한 힐은 자신의 불우한 성장 과정이 어떻게 성공의 씨앗을 가져다주었는지 설명한다. 그 씨앗은 힐의 계모가 심어준 열정으로, 힐이 기자가 되도록 동기를 부여했다.

카네기는 열정이 있거나 열정이 없는 상태 모두 전염될 수 있으며,

그것이 기업, 기관 그리고 가정에서 어떻게 확산되는지 강조한다. 열정은 긍정적인 마음가짐과 비등하지만, 자제력으로 통제되어야 한다. 그러지 않으면 열정은 잘못된 방향으로 표출될 수 있다. 두 명 이상이 모여 형성되는 협력 연대인 '마스터 마인드Master Mind'에는 반드시 열정적인 구성원이 필요하다. 하지만 그 균형을 유지하고 열정을 조절하기 위해서는 열정이 과하지 않은 사람도 최소 한 명 정도 있어야 한다. 결론적으로 열정은 실행하는 믿음과 마찬가지로 계획을 실천하는 데 필수적이다.

이후 힐은 카네기와의 인터뷰에서 열정을 '실행하는 믿음'이자 '생각의 실천적 요인'이라고 정의하며, 열정이 부정적인 태도를 긍정적으로 변화시키는 힘이 있다고 설명한다. 또한 열정을 키우는 데 균형 잡힌 마음이 필요한 이유를 들려준다. 이어서 열정이 만들어내는 긍정적인 효과 중에서도 부정적인 감정을 긍정적인 감정으로 전환하는 것과 믿음을 키우기 위한 마음 준비를 최우선으로 돕는다.

힐은 열정을 표현하는 주요 방법이 '말[言]'이므로 유능한 화자가 되는 것이 중요하다고 강조한다. 그는 토머스 에디슨Thomas A. Edison과의 긴 인터뷰를 통해 에디슨의 일에 대한 열정이 어떻게 축음기와 전구의 발명으로 이끌었는지 보여준다. 또한 힐은 열정을 키우기 위해 거쳐야 할 단계들을 제시하며, 열정이 우세하다는 믿음을 바탕으로 미국과 세계의 미래에 대한 희망적인 관점을 덧붙여서 이 장을 마무리한다.

3장은 행동 원칙에 관한 장이다. 힐은 이 원칙을 '체계적인 노력'이라고 지칭하며, 리더십의 서른한 가지 특징을 설명한다. 그는 무엇보다 신속하게 행동하고 미루지 말아야 한다고 강조한다. 체계적인 노력을 위해서는 목표 설정, 계획 수립, 지속적인 행동 그리고 끈기가 필요하다. 반드시 성취하겠다는 강렬한 열망은 어떤 내용보다도 중요하다. 성공하는데 천재여야 할 필요는 없다. 성공철학을 소개하는 이 책 덕분에 전 세계가 물질적인 부와 동시에 영적인 이해도 얻을 것이라는 카네기의 말로이 장은 마무리된다. 물질적인 부만 있으면 인성이 파괴되므로 영적 성장과 깨달음이 함께 이루어져야 한다.

힐은 체계적인 노력에 대한 분석도 제시한다. 성공하는 사람의 비율은 전체의 2퍼센트에 불과하다. 마흔 가지가 넘는 인간의 약점이 체계적인 노력을 방해하기 때문이다. 힐은 체계적인 노력이라는 원칙을 따라 성공한 인물들을 열거하고, 이 원칙이 '패배주의를 다스리는 힘'이라고 했다. 그 후 체계적인 노력으로 성공한 두 사람의 이야기를 전한다. 교육 수준의 차이는 있었지만, 둘 다 자신의 강점을 백분 활용했다. 힐은 이 강점들을 분석한 뒤 명확한 핵심 목표를 달성하려면 자신의 강점 활용이 중요하다고 강조한다. 즉 '일을 계획하고, 그 계획을 실행해야 한다.'

이 책에서 제시하는 세 가지 원칙은 명확한 핵심 목표를 달성하기 위한 계획을 행동으로 전환하는 방법을 가르쳐준다. 생각, 희망, 꿈으로는 충분하지 않다. 목표를 달성하려면 '행동'해야 한다. 그의 말처럼 "바라기만 해서는 절대 부를 얻을 수 없다".

돈 그린Don M. Green
나폴레온 힐 재단 전무이사

차례

2장 │ 열정

열정 없이 이룬 위대한 업적은 없다

3장 | 체계적인 노력

일을 계획하고, 그 계획을 실행하라

당신의 '또 다른 자기'는
오직 믿음이 있어야만 당신을 도와줄 수 있다.

Your 'Other Self' comes to your aid
only through the power of your faith.

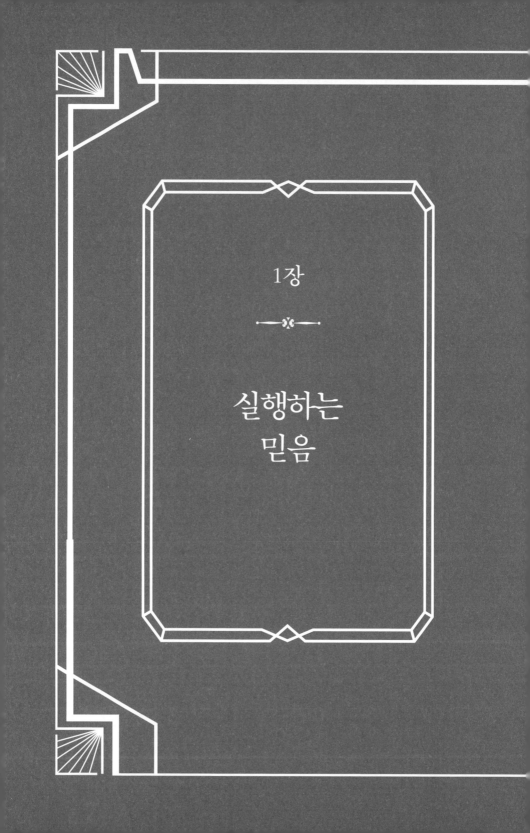

1장

실행하는
믿음

성공한 자는
믿음을 행하는 데
망설임이 없다

Wishes Won't

Bring RICHES

이 장의 주제는 아주 심오하므로 마음의 준비를 하고 읽어야 한다. 먼저 '실행하는 믿음'에 대한 간략한 분석부터 소개하고자 한다.

우선 '실행'이라는 단어를 살펴보자. 앤드루 카네기는 일반적으로 해석되는 '믿음'이라는 단어와 이 장에서 언급하는 '실행하는 믿음'을 명확히 구분하기 위해 이 표현을 사용했다. 대부분 믿음이라는 단어를 부주의하게 사용한다. '신뢰'라는 단어가 더 적절한 상황에서도 믿음을 사용하는 잘못을 흔히 저지른다. 또 다른 많은 사람은 믿음에 대해 이야기하면서도 자신들의 목표와 목적을 이루기 위해 실제로 적용하려는 어떠한 노력도 하지 않는다.

❦ 믿음을 키우는
가장 확실한 방법

여기서 다루는 믿음은 이론에 그치는 수동적 믿음이 아니라 일상에 적용할 수 있는 '적극적이고 동기를 부여하는 믿음'이다. 이 장의 목적은 이 믿음의 의미를 정확히 설명하고, 현대인의 일상 문제를 해결하기 위해 믿음을 실행하라고 제안하는 것이다.

믿음을 키우는 확실하고 신뢰할 만한 방법이 있다. 명확하고 이해하기 쉬운 용어로 이 방법을 설명하는 것이 이 장의 목적 중 하나인 만큼 신학적 관점으로 믿음에 접근하지는 않을 것이다. 신학은 전적으로 신학자들의 몫이다. 이 말을 하는 까닭은 이 책을 통해 성공철학을 공부하는 사람들이, 이 책이 종교적 믿음에 영향을 주기 위해 집필되었다고 오해하지 않도록 하기 위해서다. 성공철학이 다루고자 하는 유일한 종교는 실생활에서 인간관계의 중요한 문제와 관련한 올바른 사고 그리고 올바른 생활을 강조하는 일반적인 종교뿐이다.

이 시점에서 내가 믿음을 어떤 식으로 실행하라고 제안하든 이 힘의 궁극적인 원천에는 어떠한 오해도 없다는 사실을 강조하고 싶다. 믿음의 원천에 대해 내가 가진 개념을 설명하는 일은 불필요할지도 모르지만, 그럼에도 내 생각을 말해야겠다.

신에 대한 확실한 믿음 없이 우리가 믿음이라고 부르는 마음 상태에 도달할 수 있는 사람은 없다. 따라서 내가 '무한한 지성'이라는 용어를 사용할 때마다 아주 작은 풀잎 하나부터 인간이라는 가장 위대한 작품에 이르기까지 살아 있는 모든 것에 생명을 불어넣는 신의 전지전능함을 언급하는 것임을 확실히 이해해야 한다.

내가 생각하는 무한한 지성은 이른바 '신의 확장된 그림자'다. 이 장내내 사용될 무한한 지성이라는 용어는 지구상 모든 생명체의 존재 방식을 관장하는 자연법칙으로 볼 때 우리가 인식하고 이해할 수 있는 신의 일부를 의미한다. 여기서 나는 삶의 실질적인 문제와 관련된 구체적인 힘과 현실만을 다룰 것이다. 또한 이 철학을 적용함으로써 우리에게도 잘 알려진 놀라운 성공을 이룬 인물들의 경험을 바탕으로 내 주장을 펼치려고 한다. 그러니 어떤 독자도 내 말에 내가 의도하지 않은 의미를 부여하지 않기를 바란다.

이 장의 주제는 현재 문명 전체가 관심을 가져야 할 중요한 사안이다. 오랜 세월 믿음을 진지하게 연구한 사람들은 현세대가 겪는 위기의 근원은 타당한 이유 없이 믿음의 힘을 경시하는 풍조에서 시작되었다고 말한다. 또한 그들은 이 세상이나 어떤 평범한 개인에게도 믿음의 힘으로 개선하거나 완전히 바로잡을 수 없는 잘못은 없다고 믿는다.

문명이 시작된 이래 세상은 늘 믿음을 가지라고 강조해 왔지만, 실생활 문제를 해결하기 위해 어떻게 믿음을 얻어야 하는지 구체적으로 설명해 준 사람은 없었다. 이 장에서 나는 단순히 믿음을 가지라는 훈계를 넘어서 믿음을 설명하고, 이용할 수 있도록 돕고자 한다.

성공철학을 읽고 공부하는 모든 독자는 반드시 자기 마음을 사용해서 이 심오한 주제에 관한 결론에 스스로 도달해야 한다. 이 장이 믿음이라는 주제와 관련해 당신에게 진지한 명상과 생각을 불러일으키기만 해도 아주 값진 역할을 해낸 것이다. 믿음이란 자기 마음에서 일어나는 작용 과정을 깊이 이해하고, 진지한 자기 진단을 통해서만 얻을 수 있는 마음 상태이기 때문이다.

마음은 사람마다 다르다. 삶의 경험에 대한 반응도 제각각이다. 그러므로 마음에서 부정적인 생각을 제거하고, 믿음을 통해 무한한 지성을 받아들이기 위한 준비 과정은 스스로가 가장 잘 결정할 수 있다. 누군가가 안내할 수 있는 과정이 아니다. 하지만 나는 믿음을 키우는 일이 강렬한 열정과 열망에 기반한 명확한 핵심 목표를 통해 크게 촉진될 수 있다고 생각한다.

카네기는 '행동으로 뒷받침된 명확한 핵심 목표'의 중요성을 강조한다. 어떤 열망도 행동 없이 강렬해질 수 없고, 강렬하게 유지될 수도 없다.

✦ 자신감을 뛰어넘어 자립심을 가져라

나는 지금부터 앤드루 카네기가 '성공철학 전체를 끌고 가는 힘'이라고 말한 주제를 다루고자 한다. 실행하는 믿음이야말로 성공철학을 실천에 옮기는 가장 효과적인 방법을 제시하는 힘이다. 카네기는 자립심을 키우려면 믿음을 실행해야 한다고 설명하면서 실행하는 믿음을 분석했다. 당신에게 지금 자립심이 없다면 이 책의 다른 장들로부터 크게 도움을 받을 수 없기 때문이다.

문명의 기록에는 철학자, 심리학자, 과학자 등이 남긴, '믿음'이라는 힘이 존재한다는 많은 증거가 있다. 아울러 문명의 역사에서도 믿음이란 저항할 수 없는 힘이며, 그 힘을 사용하는 사람은 극복하기 어려워 보이는 장애물조차 뛰어넘을 수 있다는 증거가 차고 넘친다.

믿음은 모든 위대한 종교의 근간이자 핵심이다. 종교 분야 전체에서 가장 많이 다루는 주제이지만, 분명 모든 종교적 주제 가운데 가장 제대로 설명되지 못한 개념이다. 또한 오랜 세월 인류는 믿음을 가져야 한다는 훈계를 들었음에도 나는 믿음이라는 마음 상태를 일구는 방법에 관해 만족스러운 설명을 해준 어떠한 기록도 보지 못했다.

이 장을 통해 카네기와 나는 믿음을 키우는 방법과 수단을 제안한다. 우리가 내린 결론의 타당성을 뒷받침하는 신뢰할 만한 증거도 함께 제시하겠다. 이 장에서 제시한 분석에는 삶의 문제를 해결하는 데 유용한 힘으로서 믿음을 활용한 나의 개인적 경험과 다른 사람들을 관찰한 기록이 모두 포함되어 있다.

분석을 통해 우리는 '믿음'과 '신뢰'의 차이에 주목한다. 더 위대한 믿음으로 전환해 '자신감'으로 알려진 신뢰를 저항할 수 없는 힘으로 만드는, 가장 확실하고 누구나 실천할 수 있는 공식을 소개한다.

카네기는 믿음을 실행하는 그만의 방법을 최초로 공개한다. 이는 그가 뛰어난 업적을 이룬 비결이다. 카네기는 이 책을 읽는 모든 독자에게 믿음의 힘을 정확히 이해하고 활용할 수 있도록 신뢰할 만한 방법을 제시한다.

분명 믿음을 실행하면 자립심을 키우는 데 가장 큰 도움이 된다. '믿는 만큼 이룰 수 있다'는 말은 단순히 시적인 표현이 아니다. 믿음의 힘을 경험한 사람이라면 알겠지만, 한 사람이 일상의 어려움을 극복하고 계획을 실천하여 원하는 성공에 도달할 수 있도록 하는 특별한 마음 상태가 있다. 이 마음 상태는 열정, 진취성, 상상력 그리고 명확한 핵심 목표로 구성된다. 이런 마음 상태를 '자립적'이라고 말한다. 하지만 자립심이 가장 큰 도움이 된 경우를 자세히 살펴보면 단순한 자신감을 월등히 뛰어넘는 특성이 있음을 알 수 있다.

이 장은 1908년 카네기의 서재에서 그를 만났을 때 카네기가 이 주제에 대한 자신의 이해를 나에게 설명해 준 그대로 옮긴 것이다. 그의 이야기는 자신감에 대한 분석으로 시작한다.

⚜ 반복하여 확신을 가져라

나폴레온 힐(이하 힐): 상당한 시간이 걸릴지도 모를 일을 저에게 맡기셨습니다. 그 일을 하려면 지금보다 훨씬 더 큰 자신감이 필요한데, 제가 연구와 조사를 진행하면서 맞닥뜨릴 수 있는 장애물을 극복하는 데 필요한 믿음을 어떻게 키울 수 있을지 알려주십시오.

앤드루 카네기(이하 카네기): 그것은 평범함을 넘어 탁월한 성취를 이루고자 하는 모든 이가 큰 관심을 가질 만한 질문입니다. 아마도 열일곱 가지 성공 원칙 가운데 가장 중요한 원칙이 그 대답이 될 것입니다. 그 원칙은 '실행하는 믿음'이며, 이를 강조해야 합니다. 실행하는 믿음은 모든 사람을 진정으로 평등하게 만드는 거대한 힘을 가졌습니다. 또한 모든 인간 성취의 요소 중 하나로, 그 원칙을 실천하는 이들에게 힘을 줍니다.

힐: 그 말씀은 모든 사람이 평등하게 태어난다는 뜻입니까? 아니면 자립심이 강한 사람은 그런 자질을 타고난다는 말씀이십니까?

카네기: 많은 사람이 저지르는 실수를 당신은 반복하지 않기를 바라며 이 중요한 점에 대해 당신의 생각을 바로잡아야겠습니다. 즉 탁월한 성공을 이룬 사람들이 다른 이들이 가지지 못한 특별한 천재성을 타고났다는 가정은 잘못된 생각입니다.

자신감은 개인이 통제할 수 있는 마음 상태입니다. 일부 사람들이 가지고 태어난다거나 다른 사람들이 가지지 못한 타고난 특성이 아닙니다. 자신감의 정도는 천차만별인데, 그 이유는 나중에 설명하겠습니다. 최고의 자신감은 무한한 지성에 대한 믿음을 바탕으로 합니다. 무한한 지성과 접촉한 뒤 그에 대한 확고한 믿음을 가지지 않고서는 이러한 마음 상태에 결코 도달할 수 없습니다.

자신감을 키우는 출발점은 명확한 핵심 목표입니다. 저를 비롯한 많은 사람이 이 원칙을 성공철학에서 으뜸으로 꼽는 이유입니다.

자신이 무엇을 원하는지 정확히 알고, 그것을 얻기 위한 명확한 계획이 있으며, 실제로 그 계획을 실행하는 사람에게는 자기 능력을 믿는 데 어려움이 없다는 사실은 널리 알려져 있습니다. 더불어 우유부단한 사람, 허둥대고 잘 미루는 사람은 곧 자기 능력에 대한 자신감을 잃어 결국 아무것도 하지 못한다는 사실 역시 널리 알려져 있습니다. 이 점을 이해하는 것은 어렵지 않습니다.

힐: 자기가 무엇을 원하는지 알고, 계획도 세워 실행했지만 결국 실패로 끝나버린다면 무슨 일이 벌어집니까? 실패가 자신감을 파괴하지는 않습니까?

카네기: 드디어 제가 기대하던 질문을 해주었습니다. 이 기회로 많은 사람이 흔히 저지르는 실수를 바로잡을 수 있게 되어 기쁩니다. 실패에는 강조할 만한 특별한 이점이 하나 있습니다. 모든 실패에는 성공의 씨앗이 내포되어 있습니다. 모든 분야에서 위대한 리더들의 기록을 살펴보면 그들의 성공은 실패를 얼마나 잘 다루었는지와 정확히 비례한다는 사실을 발견할 수 있습니다.

인생에는 일시적인 패배와 실패를 통해 힘과 지혜를 일구는 방법이 있습니다. 어떤 경험을 실패로 받아들이기 전까지 영구적인 패배는 존재하지 않는다는 사실을 간과하지 마십시오.

마음의 힘은 대단히 위대해서 스스로 정한 한계를 제외하고는 그 어떠한 한계도 없습니다. 마음에서 모든 한계를 제거하는 힘이 바로 믿음입니다. 그리고 모든 믿음의 원천은 무한한 지성입니다. 이 진리를 이해하면 자신감을 높일 수 있으니 걱정할 필요 없습니다. 모든 위대한 철학자가 이 진리를 우리에게 알려주었으니 말입니다.

힐: 하지만 대부분은 연륜 있는 철학자가 아닙니다. 게다가 누구나 몇 번의 실패를 경험하니 모든 실패에 성공의 씨앗이 내포되어 있다는 말을 믿지 않을 것입니다. 실패를 맞닥뜨린 그 경험이 자신감을 파괴할 때는 어떻게 해야 합니까? 자신감을 회복하려면 어떤 사람에게 도움을 청해야 합니까?

카네기: 대답하기 아주 까다로운 질문입니다. 물론 그렇게 보일 뿐입니다. 이런 식으로 간단히 설명해 보겠습니다. 실패에 압도당하지 않으려면 실패하기 전에 잘 감당할 수 있도록 마음을 훈련해야 합니다. 자기 마음의 온전한 주인이 되고, 크고 작은 모든 상황에서 명확한 핵심 목표를 달성하기 위한 마음 활용을 습관화하면 됩니다.

저는 이미 당신의 다음 질문이 무엇인지 알고 있으니 제가 묻고 답하겠습니다. 어떻게 자기 마음의 온전한 주인이 될 수 있을지 알고 싶을 것입니다. 이 질문에 대한 대답은 이 성공철학의 핵심입니다. 아무도 이 성공철학의 모든 원칙을 완전히 이해하고, 또 실천하지 않고는 자기 마음을 완전히 지배할 수 없습니다. 앞서 말했듯이 그 출발점은 바로 명확한 핵심 목표의 설정입니다.

두 번째 단계는 마스터 마인드의 결성입니다.

세 번째 단계는 지금 우리가 분석하고 있는, 실행하는 믿음이라는 일종의 정신 수양입니다. 믿음은 다른 원칙들이 효과를 낼 수 있게 만드는 힘이며, 누구나 일구고 활용할 수 있는 마음 상태입니다.

믿음을 얻는 공식을 분석하기 전에 먼저 조화로운 끌림의 법칙이 있다는 사실을 명심하십시오. 이 법칙이 작용하면 비슷한 사람끼리 끌립니다. 이 법칙의 도움을 받아 성공한 인물들은 명확한 핵심 목표를 달성하겠다는 간절한 열망으로 자기 마음을 활성화했고, 의식적으로든 무의식적으로든 마음이 성공을 의식하게 만들었습니다. 위대한 업적을 이룬 사람들에게 명확한 핵심 목표를 강박으로 만드는 습관이 있다는 사실은 널리 알려져 있습니다. 잠시 뒤 이에 대한 몇 가지 유명한 사례를 들겠습니다.

힐: 강박이라고 말씀하신 그 마음 상태는 어떻게 키울 수 있습니까?

카네기: 그런 마음 상태는 명확한 목표나 계획을 설정하고, 그것이 실현되기를 바라는 강렬한 열망으로 뒷받침하면 얻을 수 있습니다. 여기에서 생각을 반복하는 습관이 작용합니다. 이러한 습관은 계획이나 목표가 마음속 지배적인 생각이 되게 함으로써 형성할 수 있습니다.

계획이나 목표를 뒷받침하는 열망이 충분히 강렬하면, 그 목표가 마음속에 생생하게 그려집니다. 목표 달성에 덜 중요한 것들에 사로잡히지 않음으로써 늘 그 그림을 깊이 생각할 수 있습니다.

모든 강박은 이런 식으로 생깁니다. 어떤 아이디어나 계획을 생각하고 말할수록 강박에 가까워집니다. 여기에서 마스터 마인드 그룹의 '원탁 토론'은 마음의 강박을 강화하는 데 큰 도움이 됩니다.

설령 거짓일지라도 사람은 자주 되풀이하는 것을 결국 믿게 된다는 말을 들어보았을 것입니다. 그 말은 진리입니다. 반복은 열망을 타오르는 화염처럼 강렬하게 키우는 도구입니다.

원탁 토론 등을 통해 매일 반복되고 말로 표현된 생각은 결국 잠재 의식에 흡수되어 논리적인 결론으로 이어집니다. 훌륭한 업적으로 인생의 보답을 받은 위대한 지도자들은 모두 제가 설명한 이 방법으로 자기 마음에 명령을 내려 성공했습니다.

마음은 마치 사람처럼 명령을 받고 이를 수행할 수 있으며, 직접적인 명령으로 주어지지 않더라도 가장 지배적인 생각을 먼저 실행에 옮깁니다. 가령 한계와 빈곤은 그에 따른 논리적인 결론으로 가난을 몰고 옵니다. 잠재의식은 생각의 성격을 조금도 수정하거나 변경하지 않고 그대로 실행에 옮깁니다. 게다가 이러한 행동을 의식하든 의식하지 않든 잠재의식은 자동으로 실행됩니다.

힐: 제가 제대로 이해했다면, 자기가 하고 싶은 일과 할 수 있는 일만을 생각하고, 계획을 실행하다 마주칠 수 있는 역경에 관한 생각을 배제함으로써 자신감을 키울 수 있다는 말씀이십니까?

카네기: 정확합니다. 제가 노동자로 일할 때 이렇게 말하는 한 동료를 보았습니다.

"나는 가난이 정말 싫어. 지긋지긋해."

그는 여전히 일용직 노동자입니다. 물론 다행히도 직업은 있습니다. 그러나 보다시피 그의 마음이 가난에 꽂혀 있으니, 그의 잠재의식 또한 그에게 가난을 선사했습니다.

만일 그가 "나는 부를 좋아하니, 열심히 벌고 또 받을 것이다"라고 말했다면 결과는 달랐을 것입니다. 한발 더 나아가 그가 자신이 바라던 부를 얻는 대가로 어떤 서비스를 제공할지도 말했다면 그 역시 도움이 되었을 것입니다.

마음은 주로 생각하는 바에 따라 물리적인 결과를 가져옵니다. 이 점을 명심하십시오. 마음은 가장 짧고 경제적이며 실용적인 방법으로, 욕망을 이루기 위해 모든 기회를 활용하여 결과를 가져옵니다.

두 사람 이상이 마음의 힘을 합쳐 명확한 핵심 목표를 달성하기 위해 조화롭게 일하는 경우에도 각자가 노력했을 때보다 훨씬 더 빨리 목표를 이룹니다.

기업의 리더들이 조화의 정신으로 함께 생각하고 말하고 행동하기 시작하면 그들은 일반적으로 자신이 원하는 것을 얻게 됩니다. 말과 생각을 통해 원하는 무엇이든 이룰 수 있다는 것은 진리입니다. 생각은 사물입니다. 심지어 아주 강력한 사물입니다. 자신이 진정으로 원하는 것을 정확히 아는 사람이 이를 말로 표현할 때 그 생각은 더욱 강력해집니다. 아울러 함께 생각하고 말하고 행동하는 집단이 이를 말로 표현할 경우에는 더더욱 강력해집니다.

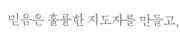

믿음은 훌륭한 지도자를 만들고,
두려움은 비굴한 추종자를 만든다.

Faith develops a great leader.
Fear creates a cringing follower.

⚘ 말하고 생각하는 대로
현실이 된다

힐: 카네기 씨의 논리에 동의합니다. 타당해 보입니다. 말씀을 듣고 저는 한 공동체나 국가 구성원들이 명확한 핵심 목표를 위해 함께 생각하고 행동한다면 조만간 그 목표를 달성할 방법과 수단을 찾게 된다고 이해했습니다. 그렇게 생각하십니까?

카네기: 그것은 제 믿음일 뿐만 아니라 사실입니다. 신문이 전쟁에 관한 기사를 내보내고, 일상 대화에서도 전쟁을 생각하고 말하기 시작하면 곧 전쟁에 휘말리게 됩니다. 사람들은 자신의 마음이 깊이 머무는 것을 결국 얻게 마련입니다. 이는 개인뿐만 아니라 단체, 공동체, 국가에도 적용됩니다.

미국인이 세계에서 가장 부유하고 자유로운 국민인 한 가지 이유(어쩌면 유일한 이유일 수도 있습니다)는 자유와 부의 관점에서 생각하고 말하기 때문입니다. 미국은 그야말로 자유를 향한 열망으로 탄생했습니다. 미국의 역사책 역시 자유의 정신으로 가득합니다. 자유를 굉장히 많이 말했기 때문에 이토록 풍요로운 자유를 누릴 수 있습니다. 자유에 대해 생각하고 말하기를 멈춘다면 더 이상 자유로울 수 없을 것입니다.

생각하고 말하는 바를 얻는 방법에 관한 명확한 사례를 원한다면 미국의 역사로 돌아가 독립선언문에 서명하기 전 있었던 사건들을 연구해 보십시오. 거기서 당신은 역사를 공부하는 학생들 대부분이 쉽게 간과하는 바를 발견하게 될 것입니다. 조지 워싱턴George Washington이 이끄는 군대가 자신들보다 월등히 우세하고 무장된 군대에 맞서서 승리를 거둘 수 있었던 그 힘의 진정한 원천을 발견할 수 있습니다.

제가 말한 이 힘은 소수의 마음에 품은 명확한 핵심 목표에서 시작되었습니다. 이 힘은 그들이 마스터 마인드를 결성함으로써 확장되어 결국 우리가 현재 누리는 자유를 선사했습니다. 이 힘은 존 핸콕John Hancock, 새뮤얼 애덤스Samuel Adams, 리처드 헨리 리Richard Henry Lee의 마음으로 거슬러 올라갑니다. 이 세 사람은 주로 서신을 통해 자유롭게 소통하며 당시 식민지의 자유에 대한 자신의 견해와 희망을 피력했습니다.

이 과정에서 애덤스는 열세 개 식민지의 유력 인사들이 서신을 주고받으며 뜻을 모으는 것이, 그들이 처한 문제를 해결하기 위해 절실히 필요한 공동의 노력을 일으키는 데 큰 도움이 된다고 생각했습니다.

그에 따라 통신위원회가 설립되었습니다. 위원회가 탄생하면서 핸콕, 애덤스, 리로 구성된 마스터 마인드에 모든 식민지 대표가 참여했고, 연대의 힘을 끌어올리는 길이 열렸습니다. 아울러 이 3인방은 단순히 편지에 만족하지 않고, 서한으로 촉발된 식민지들의 동요를 지속적으로 키워나갔습니다. 그리하여 그들의 마스터 마인드 그룹은 미국 독립기념관에서 역사적 만남을 가지게 되었습니다. 그곳에서 56인의 대표가 새로운 국가의 탄생을 알리는 독립선언문에 서명했습니다. 적극적 믿음을 바탕으로 그들에게는 동기가 부여되었습니다.

이 만남이 있기 전, 애덤스와 핸콕은 서둘러 가까운 친구들을 불러모아 비밀회의를 소집했습니다. 명확한 핵심 목표를 행동으로 보여주기 위한 적절한 조치를 취하기 위해서였습니다. 회의를 소집한 뒤 애덤스는 문을 걸어 잠그고 열쇠를 주머니에 넣은 뒤 참석자들에게 식민지 의회가 반드시 구성되어야 한다고 차분히 말했습니다. 그는 그렇게 하기로 결정하기 전까지 아무도 이 방을 떠날 수 없음을 알렸습니다. 여기서 다시 우리는 적극적 믿음의 힘을 보여주는 증거를 찾을 수 있습니다.

핸콕과 애덤스에 동조한 참석자들은 통신위원회를 통해 1774년 9월 5일에 열릴 제1차 대륙회의를 준비하기로 했습니다. 독립선언문에 실제로 서명하기 거의 2년 전의 일이었습니다. 이 날짜와 이 회의를 성사시킨 결단력 있는 두 인물을 기억하십시오. 만약 대륙회의를 개최하기로 결정하지 않았다면 독립선언문에 서명하는 일도 없었을 것입니다. 그들에게 만일 수동적 믿음만 있었다면 이런 과감한 행보로 이어지지 못했을 것입니다.

핸콕, 애덤스, 리가 결성한 마스터 마인드의 구성원들은 2년 가까이 주고받은 서한과 비밀회의로 점점 더 고조되었고, 그 결과 1776년 제2차 대륙회의가 열리게 되었습니다. 며칠간 계속된 이 회의에서 56인(이때까지 그들의 마스터 마인드 그룹은 이 정도로 커졌습니다)이 현대 문명에 알려진 가장 거대한 원탁 토론에 참여했습니다.

1776년 6월 7일, 리는 이제 단순한 대화의 시간은 끝났으며, 행동에 나설 때가 다가왔음을 깨달았습니다. 의장을 부르며 자리에서 일어난 그는 깜짝 놀란 참석자들에게 이렇게 제안했습니다.

"여러분, 저는 이 식민지 의회가 자유롭고 독립적이며, 당연히 그럴 권리가 있다고 생각합니다. 그러니 영국 국왕에 대한 모든 충성에서 벗어나야 하며, 대영제국과의 정치적 끈도 당연히 끊어내야 한다고 제안합니다."

적극적 믿음에 기반한 리의 제안으로 세계에서 가장 위대한 국가가 탄생했습니다. 이 제안에서 탄생한 정신은 워싱턴의 병사들에게도 극복할 수 없을 것만 같은 역경을 이겨낼 힘을 주었습니다. 무슨 일이 벌어졌는지 면밀히 조사해 보면 이들이 2년간의 노력을 한데 모아 적극적인 믿음을 바탕으로 어렵고도 위험한 일을 수행할 수 있도록 마음을 준비시켰다는 사실을 알 수 있습니다.

여기서 굳이 이 사건을 언급한 이유는 모든 위대한 지도자가 이례적인 과업을 위해 이와 유사한 방식으로 마음을 준비시키기 때문입니다. 자기 결정권 정신은 우연히 생겨나지 않았습니다. 애덤스, 핸콕, 리의 마음속에서 탄생했고, 독립선언문에 서명한 56인의 행동을 통해 생명력을 얻었습니다.

이것이 바로 자신감을 얻는 방법이자 믿음이 행동을 통해 형성되는 방법을 보여주는 사례입니다. 명확한 핵심 목표를 채택하고 나서 행동이 뒤따랐다는 사실에 주목하고 이를 꼭 기억하십시오. 행동이 없다면 계획과 목표는 무용지물입니다. 미국이 자유와 해방의 길에 들어서도록 이끈 세 사람은, 어떤 사업이나 직업에서든 성공한 리더라면 반드시 사용해야 할 성공 원칙을 동일하게 활용했습니다. 미국인 특유의 자기 결정권 정신은 사람들의 마음속에서 탄생한 바로 그 정신의 확장된 일부라고 말해도 과장이 아닙니다.

믿음은
명확한 계획에서 나온다

힐: 성공철학을 공부하는 이들은 카네기 씨가 성공 원칙들을 어떻게 적용하는지 더 자세히 알고 싶어 할지 모릅니다. 그러니 카네기 씨가 이 원칙들을 어떻게 적용하여 위대한 산업 제국을 건설했는지 구체적으로 설명해 주시겠습니까?

카네기: 그렇다면 철강업에서의 제 지분을 전부 US스틸로 전환할 때 무슨 일이 벌어졌는지 설명하면서 답하겠습니다. 그 일이 제 커리어에서 가장 탁월한 업적이니 말입니다.

하지만 이 거래는 이미 제 마음에 자기 신뢰라는 마음가짐이 확립된 후에 이루어졌다는 점을 명심하십시오. 물론 제 지분 전부를 US스틸에 통합하기로 한 후 따랐던 절차는 자립심을 적용하는 기술에 서툰 사람이 성공을 위해 따라야 하는 절차와 본질적으로 같습니다.

첫째, 저의 철강업 지분을 모두 한 회사로 통합해서 매각하기로 결정함으로써 명확한 핵심 목표라는 원칙을 적용했습니다. 그 결정을 내리기까지 정말 많은 고민을 했습니다. 지분을 모두 매각하면 사업에서 적극적인 역할을 포기한다는 것이니, 제 평생의 습관도 모조리 바뀌게 된다는 뜻이기 때문입니다.

둘째, 매각을 결정한 후 제 마스터 마인드 구성원들을 소집했습니다. 제 지분의 적절한 가격을 정하기 위해 몇 주간 제 재산의 가치를 분석하고 논의했고, 매수자를 찾기 위한 계획도 세웠습니다. 매각을 원한다는 사실을 매수자가 사전에 알게 되어 제가 불리한 입장이 되지 않도록 잠재적 매수자들에게 접근하는 방법과 수단을 강구해야 했습니다.

논의에 참석한 마스터 마인드 그룹 전원과 제 노력을 결합해 마침내 계획이 완성되었습니다. 자산 매각을 제안하는 대신 매수자들이 먼저 자산을 매입하고 싶다고 제안해 오도록 계획을 세웠습니다.

아주 소소한 책략이지만 결국 원하던 결과를 얻었습니다. 제 마스터 마인드 구성원이었던 찰스 슈와브Charles Schwab와 함께 잠재적 매수자로 설정한 월가의 은행가들을 초대해 만찬을 개최했습니다.

계획대로 슈와브는 그 만찬에서 제 철강업 지분을 한 회사로 통합했을 때 얻게 될 엄청난 가능성을 생생하게 머릿속에 그리며 연설했습니다. 슈와브는 제 자산을 인수하기 위해 설립될 US스틸에 대해 아주 세세한 부분까지 상세하게 설명했습니다.

슈와브는 자신이 제시하는 계획이 제 동의를 얻어야만 실행될 수 있음을 분명히 했습니다. 그러나 그는 연설에서 제 동의를 얻었다는 암시를 전혀 하지 않았기 때문에 그의 발표가 어떤 결과를 가져올지 예측할 수 없었습니다.

발표는 은행가들에게 깊은 인상을 남겼고, 밤늦게까지 회의가 이어졌습니다. 슈와브가 떠나기 전에 J. P. 모건J. P. Morgan을 비롯한 은행가들은 제안된 계획을 제출하여 제 승인을 얻기 위해 최선을 다하겠다는 약속을 그에게 받아냈습니다. 거래는 성사되었고, 대금을 받은 지 얼마 지나지 않아 은행가들은 그 발표가 수개월 전부터 치밀하게 계획된 것이었음을 알게 되었습니다. 그들은 상황을 역전시켜 제가 만약 그때 매각 대금으로 1억 달러를 더 불렀다 해도 지불했을 것이라며 저를 놀렸습니다. 너무 꾀를 부렸다가 더 큰돈을 벌 기회를 놓치기는 했습니다.

힐: 카네기 씨는 자산을 매각할 능력에 대한 자신감이 무척 컸기 때문에 실제로 매수자가 누가 될지 알기도 전에 모든 수를 다 계획해 두셨네요.

카네기: 모든 수를 사전에 계획해 두긴 했지만, 누가 매수자가 될지는 어느 정도 예상했습니다. 그러나 철강업을 운영하면서 내렸던 모든 사업적 결정들처럼 이 거래 또한 신중하게 계획되었습니다.

명확한 계획이 뒷받침되면 믿음은 의지할 수 있는 탄탄한 다리를 얻은 셈입니다. 성공철학에서 이 점을 강조하십시오. 실행하는 믿음은 결코 맹목적인 행동만을 바탕으로 하지 않습니다. 저는 맹목적인 믿음을 모릅니다. 제가 아는 유일한 믿음은 사실이나 사실에 대한 합리적인 추정으로 뒷받침된 것뿐입니다. 마스터 마인드의 주요 목적 중 하나는 신뢰할 만한 지식을 제공하여 계획을 세우는 것입니다. 이러한 지식을 갖추면 믿음을 키우는 일이 얼마나 쉬운지 알 수 있습니다.

힐: 방금 하신 말씀은 앞서 말씀하신 "최고의 자신감은 무한한 지성에 대한 믿음에 기반한다"라는 말과 맞지 않는 것처럼 보입니다. 만일 맹목적 믿음을 인정하지 않고, 입증할 수 있는 사실이나 지식만을 믿는다

면 무한한 지성에 대한 카네기 씨의 믿음은 어떻게 정당화할 수 있습니까? 무한한 지성에 대한 명확한 지식을 얻는 일이 어렵기 때문에 드리는 질문입니다.

카네기: 당신은 방금 '무한한 지성에 대한 명확한 지식의 원천은 없다'라고 가정하는 실수를 범했습니다. 사실 무한한 지성의 존재와 그 작동 원리는 다른 어떤 사실보다 더 쉽게 증명할 수 있습니다. 제가 왜 그렇다고 믿는지 몇 가지 이유를 제시하겠습니다.

우선 모든 자연법칙과 우주에 대해 우리가 아는 모든 것이 질서정연하다는 사실은 반박할 수 없습니다. 이 증거들은 모든 신성하고 보편적인 계획을 뒷받침하는, 인간의 이해를 훨씬 뛰어넘는 어떤 형태의 지성이 있음을 보여줍니다. 저는 아주 작은 풀잎부터 인간에 이르는 모든 생명체에서 이 위대한 지성이 작용하는 것을 볼 수 있었습니다.

먼저 별과 행성의 예측 가능한 움직임과 그 위치에서 볼 수 있습니다. 별과 행성의 정확한 위치는 수백 년 전에 미리 계산되었습니다. 또한 핀 끝의 두께 정도의 길이를 가진 작은 세포 둘이 결합해서 '인간'이라는 뛰어난 기계로 전환되는 현상에서도 발견할 수 있습니다. 에너지, 물질, 지성으로 구성된 그 작은 분자 두 개에 아주 오래전 선조들이 지닌 특성들이 담겨 있습니다.

도토리와 한 줌의 흙이 상수리나무로 전환되는 미스터리에서도 볼 수 있습니다. 굳건하게 땅에 뿌리를 내려 태풍에도 끄떡없을 뿐만 아니라 원래 위치에서 이동하지 않아도 생존할 수 있는 성장 시스템, 상수리

나무의 잎이 가진 비대칭 패턴과 기발한 호흡 시스템에서도 찾을 수 있습니다. 잎을 통해 나무는 공기에서 생존에 필요한 식량을 얻습니다.

물리학과 화학 법칙에서도 무한한 지성을 발견할 수 있습니다. 그 법칙들을 통해 우리는 하나의 특성에서 또 다른 특성으로 물질이 변형될 수는 있어도 생성되거나 파괴되지는 않는다는 증거를 다수 발견할 수 있습니다. 강철 원자와 여러 금속이 결합해 강철이 되는 과정에서도 무한한 지성을 볼 수 있습니다.

세상에는 증명할 수 없는 이론이 많지만, 무한한 지성은 증명할 수 있습니다. 우리가 생각하고 추론할 때 사용하는 힘은 인간의 두뇌를 통해 작용하는 무한한 지성의 아주 작은 일부에 불과합니다.

무한한 지성에 대한 믿음을 가지기란 어렵지 않습니다. 우리는 무한한 지성의 존재를 보여주는 수많은 증거에 둘러싸여 있습니다. 놀랍게도 우리가 먹는 모든 음식과 입는 모든 옷은 한낱 인간이 흉내 낼 수 없는 방식으로 지구의 토양에서 생산되고 유통되어 누구나 쉽게 얻을 수 있습니다. 무한한 지성은 너무도 풍부하여 인간과 동물, 심지어 하등 생명체들에게도 이러한 서비스를 똑같이 제공합니다. 이는 무한한 지성이 무한한 지혜도 증명하는 예입니다.

당신과 저의 만남도 무한한 지성의 지혜일 가능성, 아니 개연성이라는 점에 주목하기를 바랍니다. 무한한 지성의 뜻에 따라 저는 큰 부를 축적했고, 우리는 세상에 실천할 수 있는 철학을 제시하기 위해 만났습니다. 이 철학 덕분에 사람들은 자신에게 필요한 모든 것을 더 잘 이해하고, 풍족하게 사용할 수 있게 될 것입니다.

저는 당신이 이 점을 진지하게 생각하기를 바랍니다. 무한한 지성은 사람의 마음을 통해 작용하며, 신의 계획을 실행하기 위해 손에 넣을 수 있는 가장 실용적인 자연의 수단을 이용합니다. 일단 이 관점을 채택하고 나면 당신은 제가 준 과제를 수행하면서 더 쉽게 믿음에 의지하게 될 것입니다. 그러한 믿음이 없다고 해서 당신이 맡은 과제를 완수하는 것이 불가능하지는 않겠지만, 분명 어려울 것입니다. 반대로 믿음을 가진다면 당신이 극복할 수 없는 어려움 따위는 없습니다.

✦ 믿음이 확고할 때
얻을 수 있는 것들

카네기: 앞서 당신이 말하기를, 제가 준 과제가 당신이 가진 것보다 더 많은 자신감을 요구한다고 했습니다. 그렇다면 여기서 저는 당신에게 한 가지 관점을 제시하겠습니다. 만일 당신이 이 관점을 받아들이고 실행에 옮긴다면 자신감보다 훨씬 더 중요한 영감을 얻을 것입니다. 그리고 당신이 과제를 시작하기도 전에 성공을 보장해 줄 충분한 믿음에 접근하는 법도 알려줄 것입니다.

저는 당신이 이 믿음으로의 안내에 마음을 열기를 진심으로 바랍니다. 제가 당신에게 요청한 일은 적어도 20년에 걸친 연구가 필요하며, 그 과정에서 혹시 당신의 노고에 대한 직접적인 보상이 있다고 해도 그 양이 아주 미미할 것이기 때문입니다.

자, 믿음을 가지는 일은 당신에게도 필요하지만, 동시에 당신을 그 일을 할 적임자로 선택한 제 판단력을 시험하는 것이기도 합니다. 제 선택이 틀리지 않았다면 당신은 제가 요청한 일을 반드시 해낼 것입니다. 세상은 당신의 노고 덕분에 더 풍요로워지며, 결국 당신도 그 서비스를 세상에 제공하여 넘치는 부를 얻게 될 것입니다.

힐: 방금 점잖게 돌려 꾸중하셨군요. 제가 꾸중 들을 만한 말을 했네요. 하지만 무한한 지성에 관한 카네기 씨의 믿음에 대해 그런 질문을 던졌다고 해서 제게 그런 믿음이 없다는 뜻은 절대 아닙니다. 저는 단지 그 주제에 대한 카네기 씨의 견해를 알고 싶었습니다. 그래야 제가 성공철학을 배우려는 이들에게 잘 전할 수 있으니까요. 그 질문을 할 수 있어서 기쁩니다. 이제 자립심을 얻기 위해 제가 의지해야 할 원천이 무엇인지 알게 되었고, 그것이 의지할 만한 원천이라는 데 동의합니다.

저는 아직 젊고 인생에 대한 경험이 제한적이지만, 카네기 씨가 언급하신 무한한 지성의 방대한 증거를 인식할 만큼은 충분히 살았습니다. 생각이 가진 힘의 진정한 원천이 무한한 지성이라고 하셨는데, 말씀을 듣다 보니 생각을 주고받는 복잡한 시스템을 가진 인간의 두뇌가 그 이론을 뒷받침하는 가장 위대한 증거라는 생각이 들었습니다. 제 생각대로 이 이론이 옳다면 '삶의 문제를 해결하기 위한 모든 원천 가운데 으뜸은 우리 자신의 마음을 통해 얻을 수 있다'는 말 또한 진리일 것입니다. 제가 카네기 씨의 관점을 제대로 파악한 것이 맞습니까?

카네기: 그렇습니다. 게다가 당신은 제 생각을 아주 빨리 파악했습니다. 이제 생각을 따라잡았으니 지금부터 제 마음속 작업소로 잠시 여행을 떠나봅시다. 그곳에서 제가 경험한 마음의 거대한 원천을 면밀히 조사할 수 있을 것입니다.

일단 마음이 실제로 수행하는 서비스에 완전히 초점을 맞추게 되면, 살면서 자립심이 부족할 일은 절대 없습니다. 자립심이 있으면 필요할 때마다 마음을 통해 얻을 수 있는 힘을 활용할 수 있습니다. 아울러 이성만으로 해결할 수 없는 문제에 직면했을 때도 무한한 지성의 안내를 받기 위해 자기 뜻대로 마음을 여는 데 어려움이 없습니다.

다음은 제가 생각하는 마음에 비축된 거대한 부의 일부입니다.

첫째, 저는 이런 마음의 특성이 가장 중요하다고 믿습니다. 마음은 개인이 완전히 통제할 수 있는 유일한 것입니다. 분명히 신은 인간에게 이 놀라운 특권을 부여하며 그것이 인간의 가장 큰 자산이라는 생각을 분명히 전달했습니다. 또한 이 특권에는 그 자산을 활용하고 개발해야 할 개인의 책임도 수반됩니다.

둘째, 마음을 통제할 권리 다음으로 중요한 것은 그 안에 담긴 거대한 힘을 사용하도록 인도할 양심이 지혜롭게 주어졌다는 점입니다.

마지막으로 마음을 뜻대로 여닫는 것을 가능하게 해주는 시스템 덕분에 모든 외부 침입자에게서 마음을 신중하게 보호할 수 있다는 점도 중요합니다.

영리하게도 마음에는 잠재의식을 통해 무한한 지성에 이르는 관문이 마련되어 있습니다. 이 문은 믿음에 기반한 마음이 아니면 마음대로 열 수 없지만, 소통이 필요할 때는 무한한 지성이 개인의 동의 없이 자발적으로 열 수 있습니다. 인간이 통제할 수 있는 부분은 오직 자신의 '의식적인 마음'에 국한됩니다.

마음에는 희망과 목표를 물리적 현실로 전환하는 방법과 수단을 만들어내는 상상력이 있습니다. 일각에서는 상상력을 '영혼의 작업소'라고 합니다. 과연 그런지는 잘 모르겠지만, 상상력이 '의식의 작업소'라는 증거는 있습니다.

열망과 열정의 자극

마음에는 열망과 열정을 자극하는 능력이 있습니다. 이 능력 덕분에 상상력을 거쳐 계획과 목표를 행동으로 옮길 수 있습니다.

의지력

마음에는 의지력이 있어서 계획과 목표가 끝없이 유지될 수 있습니다. 의지력을 통해 사람은 두려움, 좌절 그리고 반대하는 마음을 잘 다스릴 수 있습니다.

믿음

마음에는 믿는 능력이 있습니다. 그래서 무한한 지성의 힘이 우리의 뇌 전체를 이끄는 동안 의지와 추론 능력이 억제될 수 있습니다. 이 사실이 얼마나 중요한지 제대로 이해하면 믿음을 키우는 방법에 더 가까워질 수 있습니다.

마음은 기도를 통해 신과 만날 수 있는 장소입니다. 믿음으로 의지력을 제쳐두고, 잠재의식의 관문을 열어 신과 소통할 수 있습니다.

교감 능력

마음은 영리하게도 (마스터 마인드 원칙에 따라) 육감을 통해 다른 마음과 직접 교감할 준비가 되어 있습니다. 이로써 마음에 다른 마음이 가진 열정과 열망을 자극하는 능력이 더해질 수 있습니다. 이 특성은 때로 상상력을 아주 효과적으로 자극합니다.

추론 및 연역 능력

마음에는 추론 능력이 있어서 사실과 이론을 결합해 가설과 아이디어, 계획을 만들 수 있습니다. 또한 연역 능력이 있어서 과거를 분석해 미래를 예견할 수도 있습니다. 이 특성은 철학자가 미래를 예측하기 위해 과거를 살펴보는 이유를 설명합니다.

사고력

마음에는 생각의 성격을 선별하고 수정하며 통제하는 능력이 있습니다. 그래서 필요에 따라 자신의 성격을 형성하고, 어떤 생각이 마음을 지배하도록 할지 스스로 결정할 수 있는 특권을 부여합니다.
모든 행복과 불행, 모든 성격의 빈곤과 부가 발생하는 유일한 원천입니다. 마음은 이 가운데 무엇이든 생각이 지배하는 대상에 그 에너지를 쏟아붓습니다.

기억력

마음에는 모든 생각을 기록하고 기억하기 위한 뛰어난 '파일링시스템'이 있습니다. 우리는 이것을 기억력이라고 부릅니다. 아울러 이 탁월한 시스템은 특정 생각을 회상하면 그와 관련된 다른 생각이 떠오르도록 관련된 생각들을 자동으로 분류하고 묶습니다.

감정

마음에는 정서, 즉 감정의 힘이 있어서 어떤 행동이든 원하는 대로 신체를 자극할 수 있습니다. 또한 원하는 대로 한 기분을 다른 기분으로 바꾸는 힘이 있습니다. 따라서 회복할 수 없을 정도로 마음이 상처받을 일은 없습니다.

자제력

마음에는 자제력이 있어서 어떠한 습관이든 원하는 대로 키우고 수정할 수 있습니다.

프라이버시

마음에는 철저한 침묵 가운데 비밀리에 기능하는 힘이 있어서 어떤 상황이라도 프라이버시를 보장할 수 있습니다. 얼마나 대단한 능력입니까.

이뿐만 아니라 마음은 지식을 받아들이고 조직하며 저장하는 무한한 능력이 있습니다. 또한 신체 건강을 유지하는 힘도 있습니다. 또한 마음은 신체가 지속적으로 회복될 수 있도록 돕습니다. 마음은 신체 질병을 치유하는 주된 원천이며, 다른 모든 원천은 단순히 도움을 주는 역할에 그칩니다.

마음은 뛰어난 화학 시스템을 자동으로 조절하고 운영합니다. 이 시스템을 통해 신체를 유지하기 위해 몸에 들어온 모든 음식을 적절하게 결합해서 영양소로 전환합니다. 심장도 자동으로 작동시킵니다. 혈액은 순환하면서 필요한 곳으로 영양분을 운반하고, 폐기물과 노화된 세포들을 몸 밖으로 배출합니다. 수면을 통해 일시적인 망각 상태에 빠져 휴식을 취하면 우리 몸은 한두 시간 안에 새롭게 시작할 준비를 갖춥니다.

마음은 인간이 물질세계에서 삶의 편의를 위해 모든 아이디어, 도구, 기계, 발명품을 창조하게 하는 유일한 원동력입니다. 마음을 어떻게 활용하느냐에 따라 모든 인간관계의 근원이 될 수도 있고, 우정을 만들어내는 설계자가 될 수도 있으며, 반대로 적을 만들기도 합니다. 모든 외적 조건과 정황을 마음이 항상 통제할 수는 없지만, 마음에는 그에 저항하고 대항하는 힘이 있습니다.

믿음의 부족으로 생긴 한계를 제외하면, 온당한 범위 내에서 마음에는 한계가 없습니다. 정말로 '마음은 믿는 대로 이룰 수 있습니다'.

한계 없는 마음이 만드는 무한한 가능성

- 마음은 사용할수록 더 강해지고, 더 신뢰할 수 있습니다.
- 소리를 몸과 영혼을 달래주는 음악으로 바꿀 수 있습니다.

- 인간의 목소리를 1초 만에 지구 전체로 보낼 수 있습니다.
- 풀 한 포기만 자라던 곳에서 두 포기가 자라게 할 수 있습니다.
- 한쪽에 종이가 들어가면 몇 초 만에 완전히 인쇄되어, 이를 묶은 책을 다른 쪽에 내놓는 인쇄기를 만들 수 있습니다.
- 수백 킬로미터 상공으로 솟은 마천루를 건설할 수 있습니다. 아울러 작은 전선으로 엮은 끈에 매달린 교각으로 폭이 가장 넓은 강의 양쪽을 연결할 수 있습니다.
- 버튼 하나만 누르면 햇볕을 마음대로 가리거나 쬘 수 있습니다.
- 물을 증기로, 증기를 전기로 전환할 수 있습니다.
- 열정의 온도를 마음대로 제어할 수 있습니다.
- 나무 두 조각을 비벼 불을 붙일 수 있습니다.
- 말의 꼬리털을 동물의 소화기관으로 만든 현에 비벼 음악을 만들 수 있습니다.
- 별의 위치를 보고 정확한 위치를 파악할 수 있습니다.
- 중력의 법칙을 천 가지 다양한 방식으로 활용할 수 있습니다.
- 공기에서 전기를 생산하는 기계를 만들 수 있습니다.
- 인간을 하늘로 안전하게 이송하는 비행기를 만들 수 있습니다.
- 인체에 빛을 투과해 상처 없이 뼈를 찍는 기계를 만들 수 있습니다.
- 정글과 사막을 좀 더 생산적인 '정원'으로 변모시킬 수 있습니다.
- 파도의 힘을, 기계를 작동시키는 전력으로 바꿀 수 있습니다.
- 깨지지 않는 유리를 만들고, 나무 펄프로 의복을 만들 수 있습니다.
- 실패라는 걸림돌을, 성취로 가는 디딤돌로 바꿀 수 있습니다.

- 거짓말을 잡아내는 기계를 만들 수 있습니다.

- 원의 호弧의 가장 작은 부분까지도 정확하게 측정할 수 있습니다.

- 어떤 식품이든 완벽하게 밀봉해서 오래도록 보존할 수 있습니다.

- 기계와 왁스로 인간의 음성을 비롯한 어떤 소리도 기록하고 재생할 수 있습니다.

- 유리와 셀룰로이드로 인체의 어떤 색이나 움직임도 기록하고 재생할 수 있습니다.

- 하늘을 날거나 물밑을 지나거나 지상을 달리는 기계를 만들 수 있습니다.

- 나무가 울창한 숲속에 길을 내주는 기계를 만들 수 있습니다.

- 하루에 열 명이 옮길 수 있는 양의 흙을 1분 만에 옮기는 삽을 만들 수 있습니다.

- 북극과 남극의 자성을 이용해서 나침반으로 정확한 방향을 판단할 수 있습니다.

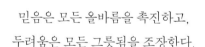

민음은 모든 올바름을 촉진하고,
두려움은 모든 그릇됨을 조장한다.

Faith encourages all that is right.
Fear encourages all that is wrong.

믿음이라는
가장 단순한 마음

카네기: 마음이 이러한 기적 같은 힘을 가졌는데도 사람들은 상상 속에만 존재하는 역경을 두려워하며 움츠러듭니다. 인류 최대의 적은 바로 두려움입니다.

우리가 불필요하게 두려워하는 것들

- 우리는 부가 넘쳐도 가난을 두려워합니다.
- 작동 순서에 따라 자동으로 유지되는, 신체라는 자연이 선사한 기발한 시스템에도 건강이 나빠질까 봐 두려워합니다.
- 상상 속에서 스스로 만든 내면의 비판자를 제외하고, 어떠한 비판자가 없을 때도 비판받을까 봐 두려워합니다.
- 평범한 행동만으로도 일상 속 인간관계에서 충분히 관계를 유지할 수 있다는 사실을 잘 아는데도 친구들과 가족의 사랑을 잃을까 봐 두려워합니다.
- 훌륭한 지혜와 이해를 얻는 수단임에도 나이 듦을 두려워합니다.
- 자유는 조화로운 관계에 달려 있다는 것을 알고 있음에도 개인의 자유를 잃을까 봐 두려워합니다.
- 죽음은 불가피하므로 우리가 통제할 수 없다는 사실을 잘 알면서도 두려워합니다.
- 모든 실패는 그에 상응하는 성공의 씨앗을 가져온다는 사실을 인

식하지 못한 채 두려워합니다.

- 자기 마음의 주인이 되고자 한 프랭클린 루스벨트Franklin D. Roosevelt 대통령과 토머스 에디슨 등이 번개가 인류에게 도움이 되는 에너지라는 사실을 증명할 때까지 우리는 번개를 두려워했습니다.

- 믿음으로 무한한 지성의 안내에 마음을 여는 대신 불필요한 두려움을 품고 온갖 한계를 상상하며 마음을 굳게 닫아둡니다.

- 정글에 사는 동물들이 전쟁이나 경제 공황을 겪지 않는다는 사실은 깨닫지 못한 채 그것들을 '말 못 하는 금수'라고 부릅니다.

- 건전한 마음을 가진 사람이라면 누구나 자신에게 필요하거나 사용할 수 있는 모든 물질을 스스로 조달할 수 있는 권리와 힘이 있습니다. 이를 깨닫지 못한 채 기회가 없다고 불평하면서 자기 마음의 주인이 되고자 노력하는 사람들을 비난합니다.

- 고통은 바로잡아야 할 죄악을 경고하는 보편적 언어임을 깨닫지 못한 채 고통이 주는 불편함을 두려워합니다.

- 이미 받은 축복에 대한 감사 기도가 의무임을 깨닫지 못하고, 두려움 때문에 스스로 해결할 수 있고, 또 스스로 해결해야 하는 사소한 일들까지도 기도합니다. 그러고 나서 기도한 결과를 얻지 못하면 곧 믿음을 포기해 버립니다.

- 부모가 자녀에게 주는 축복보다 더 많은 축복을 주는 현명한 신에 대한 믿음을 상실하는 것이 모든 죄악 가운데 최악이라는 사실을 깨닫지 못한 채 죄를 말하고 설교합니다.

- 우리는 '전쟁'이라는 고상한 말로 포장하며 발명을 통해 알게 된

사실을 파괴의 도구로 바꾸어버립니다. 그 후 보상의 법칙이 응당 우리를 경제 공황으로 처벌하자 이에 항의하며 비명을 지릅니다.

- 인간이 지구상 모든 생명체의 상위에 있지만, 말 못 하는 동물조차 모든 두려움을 불필요하게 만드는 신의 계획에 따라 생존을 위해 식량과 다른 필요한 것들을 공급받는다는 사실을 깨닫지 못합니다.
- 마음을 질투, 탐욕, 욕심, 시기, 욕정, 두려움으로 더럽히고서 물과 기름처럼 믿음이 이러한 마음 상태와 어울리지 않는다는 것을 인식하지 못합니다. 그러고는 왜 믿음이 은혜를 내려주지 않는지 의아해합니다.

당신은 제게 "믿음을 어떻게 키울 수 있습니까?" 하고 물었습니다. 그 방법을 알려주겠습니다. 믿음은 마음에서 적을 제거하면 형성할 수 있습니다. 마음에서 부정적인 생각, 두려움, 스스로 정한 한계를 지워버리십시오. 그러면 믿음이 저절로 그 자리를 채웁니다. 제 말을 못 믿겠다면 직접 해보십시오. 영원히 믿게 될 것입니다.

거듭 말하지만 믿음이라는 마음 상태에는 어떠한 거대한 미스터리도 없습니다. 믿음이 지낼 수 있는 장소를 제공하면 믿음은 축하나 초대 없이도 그곳에 들어가 머뭅니다. 믿음에 대해 그만 떠들고 이제 직접 실천해 보십시오. 이보다 더 간단할 수는 없습니다. 아무리 시야가 좁은 사람이라도 제가 설명한 믿음을 얻는 방법이 얼마나 간단하고 타당한지 깨달을 수 있습니다.

우리는 신의 이름으로 설교하고 기도를 드립니다. 하지만 믿음이라는 단순한 마음가짐으로 문제를 해결하라는 신의 훈계는 그저 따르는 시늉만 할 뿐입니다.

우리는 신의 이름으로 숭배의 전당을 세우지만, 신이 견딜 필요가 없다고 약속한 두려움과 스스로 정한 한계에 빠져 전당을 더럽힙니다.

이렇게 노골적으로 말하는 이유는 사람들이 충격을 받아 이미 그들의 손안에 필요하거나 원하는 모든 것이 있다는 사실을 빠르게 깨달았으면 하기 때문입니다. 그들이 해야 할 일은 자기 마음의 주인이 되어 그 마음을 사용하는 것이 전부입니다. 자기 자신이 아닌 다른 사람과 상담할 필요가 없습니다. 자유와 물질적인 풍요로움, 삶의 호사는 개인의 마음으로도 접근할 수 있습니다. 마음은 우리가 완전히 통제할 수 있는 유일한 대상이지만, 좀처럼 똑똑하게 활용하지 못합니다.

제 메시지를 성공철학을 공부하는 이들에게 전해주십시오. 제가 지금 사용한 바로 그 강렬한 표현들을 사용해서 옮겨주십시오. 제 의견에 동의하지 않는 사람들은 신경 쓰지 않아도 되지만, 진실을 들을 준비가 되어 있고 그것을 기꺼이 가져다 사용할 의향이 있는 사람들에게는 도움이 되도록 제 메시지를 원문 그대로 전해주십시오.

아주 가끔씩 자기 마음을 뜻대로 다스릴 줄 알고, 그 마음을 인류에 보탬이 되고자 사용하는 사람이 나타나 세상에 축복을 선사합니다. 그때가 바로 세상이 천재를 발견하는 순간입니다. 에디슨, 아리스토텔레스 Aristotle, 플라톤Plato 또는 유용한 분야에서 사상과 행동으로 훌륭한 지도자가 된 사람들 말입니다.

마음의 주인이 되어 세상에 이바지한 지도자들

- 굴리엘모 마르코니Gulielmo Marconi : 자기 마음의 주인이 된 이후 사용해 무선통신의 원리를 밝혀냈습니다.

- 토머스 에디슨: 세상에 백열전등을 선사했고, 인류를 위해 100여 가지 다른 유용한 장치들도 고안해 냈습니다.

- 니콜라스 코페르니쿠스Nicolaus Copernicus, 조르다노 브루노Giordano Bruno : 이들이 세상에 망원경을 선사한 덕분에 우리는 맨눈으로 볼 수 있는 거리 너머 수백만 킬로미터 위에 있는 하늘을 볼 수 있게 되었습니다.

- 크리스토퍼 콜럼버스Christopher Columbus : 그가 우리에게 안겨준 신세계는 자유의 마지막 개척자 역할을 하고 있습니다.

- 오빌 라이트Orville Wright, 윌버 라이트Wilbur Wright : 인류에게 날개를 선사하고, 하늘을 지배하게 해주었습니다.

- 요하네스 구텐베르크Johannes Gutenberg : 그가 활자를 선사한 덕분에 책이 만들어졌고, 아직 태어나지 않은 세대를 위해 인류의 경험을 축적하여 보전할 수 있는 수단이 생겼습니다.

- 로버트 풀턴Robert Fulton : 증기선을 타고 바다를 지배할 수 있게 해주었습니다.

- 헨리 포드Henry Ford : 빠르게 이동할 수 있는 탈것을 합리적인 가격으로 선사해 주었습니다.

- 시어도어 루스벨트Theodore Roosevelt : 그가 선사한 파나마 운하는 다른 나라가 우리를 공격할 때 해안을 지키는 보호막이 되어줍니다.

- 엘리 휘트니Eli Whitney : 현대판 조면기를 완성해서 미국 남부 지역에 거주하는 주민들에게 경제적 안정을 가져다줄 수 있는 수단을 제공했습니다.
- 스티븐 포스터Stephen Foster : 짧은 생이었지만 자기 마음의 주인이 되어 우리에게 영혼을 풍요롭게 하는 노래들을 선사했습니다.
- 랠프 월도 에머슨Ralph Waldo Emerson : 보상과 자립 등 여러 주제에 관한 에세이를 남겼고, 이를 통해 세상을 풍요롭게 만들었습니다.
- 아이작 뉴턴Isaac Newton : 우주의 별과 행성이 적절히 관계를 맺으며 자기 자리에 머물게 하는 중력의 법칙을 밝혀냈습니다.
- 새뮤얼 애덤스, 존 핸콕, 리처드 헨리 리 : 미국에 사상과 행동의 자유를 선사한 독립운동을 촉발시켰습니다.
- 오마르 하이얌Omar Khayyam : 「루바이야트」라는 위대한 시로 그의 생각을 세상에 제시했습니다.
- 새뮤얼 모스Samuel Morse : '전신電信'이라는 현대적 시스템을 세상에 처음으로 선사했습니다.
- 알렉산더 그레이엄 벨Alexander Graham Bell : 현대식 전화기를 선사했습니다.
- 사이러스 매코믹Cyrus McCormick : 농업에 많은 혜택을 준 수확기를 선사했습니다.
- 제임스 힐James Hill : 대륙을 횡단하는 철도 시스템을 통해 동부와 서부가 서로 쉽게 접근할 수 있게 해주었습니다.

이것이 믿음에 바탕을 둔 자립의 유명한 사례들입니다. 제 업적을 언급해도 된다면 저는 제 마음의 주인이 되어 미국에 US스틸이라는 철강 회사를 선사했습니다.

이러한 탁월한 성취의 사례에서 우리가 알아야 할 중요한 교훈이 있습니다. 바로 자립과 믿음은 조직적 행동 계획이 뒷받침된 명확한 핵심 목표를 기반으로 한다는 사실입니다.

⚜ 믿음에 대해
   흔히 하는 오해

카네기: 믿음을 일구는 가장 좋은 방법은 목표를 정하고, 가능한 모든 수단을 동원해 즉시 그 목표를 향해 나아가는 것입니다. 미루기와 믿음은 결코 함께할 수 없습니다.

우리의 가장 큰 취약점은 자기 마음의 주인이 되지 못해 마음을 활용하지 못한다는 것입니다. 언젠가, 조만간 누군가, 어쩌면 무명의 인물이 자기 자신을 일으켜 세운 뒤 마음의 주인이 되어 자유라는 위대한 특권을 풍부하고 올바르게 사용하도록 영감을 주는 날이 오기를 바랍니다.

그 사람은 지금 어디선가 그 일을 도모하기 위해 준비하고 있을 것입니다. 사실상 모든 위대한 사상가가 자신의 연구를 위해 훈련되었듯 아마 그도 역경, 실망, 좌절이라는 시험을 치르고 있을지 모릅니다. 더불어 알려지지 않은 또 다른 사람들이 다양한 인종과 문화가 어우러진 미국이라는 나라에 풍성한 기회를 더 잘 활용할 수 있는 영감을 줄지도 모릅니다. 아직 알려지지 않은 이들의 리더십을 통해 우리는 다음과 같은 선물을 받게 될 것입니다.

- 실용적인 교육 시스템
- 실용적인 종교 활용 방법
- 정치적 품위의 일반화
- 자동차와 항공기의 안전 강화
- 개선된 노사 관계
- 개선된 농산물 재배법 및 마케팅 방법
- 술의 해악을 막을 수 있는 효과적인 해결책
- 모든 국민을 위한 개선된 공중보건시설
- 감기 치료제
- 암 치료제
- 전쟁에 의지하지 않고 국제적인 분쟁을 해결하는 실행 가능한 계획
- 효과적인 범죄 통제와 예방책으로 현재 존재하는 수많은 범죄 요소를 제거할 수 있는 계획
- 조세 부담의 형평성
- 경제적으로 세금을 징수하는 효과적인 수단
- 낭비 없이 정부를 운영하는 방법 및 수단
- 공직에 진출하고자 하는 사람들이 미래의 자기 역할을 준비할 수 있도록 돕는 정치외교 학교

- 모든 국민을 위해 충분히 공급할 수 있는 저렴한 양질의 주택
- 자동차를 위한 저렴한 새 연료
- 각 주의 자산 홍보를 위한 광고부
- 산업계 리더가 자주 겪는 모욕과 욕설에 대한 적절한 보상

이러한 선물들은 노력으로 자립심을 키우고자 하는 사람들이 한번쯤 상상해 볼 수 있는 작은 연료에 불과합니다. 스스로 발전하기 위해 기회를 이용하는 사람들은 반드시 자기 마음의 주인이 될 수 있으며, 이를 위해 자기 자신에게 의지해야 합니다. 마음에는 실패를 성공으로 전환하는 힘이 있다는 사실을 받아들여야 합니다. 마음이야말로 상상력, 비전, 열정, 진취성을 비롯해 인간이 행할 수 있는 모든 노력의 주인임을 인정해야 합니다.

더불어 마음은 우주의 한 부분에서 또 다른 부분으로 뜻대로 이동할 수 있으며, 사용할수록 더 강해지고 신뢰할 수 있다는 사실을 알아야 합니다. 마음은 지질 표면에 적힌 자연이라는 성경을 읽고, 수백만 년에 걸친 지구의 역사를 정확하게 측정할 수 있습니다. 마음은 누구나 무료로 사용할 수 있으며, 지배적인 생각을 물리적 형태로 표현합니다. 또한 마음은 인간 지능에 미치지 못하는 모든 생명체의 독보적인 주인이며, 1000가지 유용한 방식으로 자연법칙을 이용할 수 있습니다. 태양 광선을 수학적으로 계산하고 분석하여 약 1억 5000만 킬로미터 떨어진 태양의 내용물과 질량도 분석하고 해석할 수 있습니다.

한마디로 믿음을 일군다는 것은 여러 확실한 증거를 통해 마음이 힘

의 원천임을 깨닫고, 그 탁월한 힘을 이해하는 문제입니다. 믿음을 미스터리로 치부하는 오류는 인간이 믿음을 이해하는 데 겪는 어려움 중 하나입니다. 사실 믿음에 대한 유일한 미스터리는 인간이 마음을 백분 활용하지 못한다는 것뿐입니다.

우리는 믿음을 가지라고 지나치게 설교를 많이 하지만, 실제로 실천에 옮기는 경우는 거의 없습니다. 제가 믿음 또한 다른 마음 상태만큼 쉽게 얻을 수 있고 효과적으로 활용할 수 있다고 말하는 이유는 개인적인 경험에 기반합니다. 모든 것은 이해와 적용의 문제입니다. '행함이 없는 믿음은 죽은 것이다'라는 말은 진리입니다. 믿음이 진정한 힘을 발휘하려면 그것을 행동에 옮겨야 합니다. 마음속에 품는 것만으로는 충분하지 않습니다.

저는 젊은 시절 가난하고 기회가 없어서 오랫동안 고통을 겪었습니다. 저를 아는 모든 사람은 이 사실을 잘 알고 있습니다. 하지만 저는 제 마음의 주인이 되었기 때문에 더는 고통받지 않습니다. 마음은 제가 원하던 모든 물질뿐만 아니라 넘칠 정도로 훨씬 더 많은 부를 제게 안겨주었습니다. 믿음은 저만 사용할 수 있는 특권이 아닙니다. 믿음은 가장 위대한 사람부터 가장 낮은 곳에 있는 사람까지 누구나 사용할 수 있는 보편적인 힘입니다. 어떤 곳에서든 행동하는 사람은 믿음을 가진 사람들입니다.

행동 없는 결과는
존재하지 않는다

힐: 인간의 마음이 지닌 가능성에 대한 카네기 씨의 설명은 흥미로울 뿐만 아니라 깊은 깨달음을 줍니다. 저 또한 심리학과 마음의 작동 원리에 대해 많은 글을 읽었지만 마음의 힘에 대한 카네기 씨의 설명과 대략적으로라도 비슷한 설명을 찾지는 못했습니다. 이 모든 지식을 어디서 얻으셨습니까?

카네기: 제 지식은 모든 대학교 가운데 가장 훌륭한 '인생'이라는 대학교에서 얻었습니다. 수년 전부터 저는 매일 일정 시간을 할애해 계획과 목표, 마음의 작동 원리에 대해 조용히 명상하고 생각하는 일을 습관으로 삼았습니다. 어떤 사람들은 이 습관을 '신과 주파수를 맞추는 일'이라고 부릅니다. 이 습관은 제가 살아 있는 한 이어갈 것입니다. 자기 마음의 힘을 깊이 알고 싶은 사람들에게 이 습관을 진심으로 권합니다.

미국 어디서나 최고의 공립학교 시스템을 찾아볼 수 있습니다. 우리에게는 좋은 건물과 장비가 있고, 박식한 교사들이 상상할 수 있는 모든 것을 가르칩니다. 하지만 학교에서 배운 지식을 활용해서 생계를 위해 돈을 버는 실용적인 기술은 가르치지 않습니다. 저는 공립학교에서 성공 철학을 채택하고 정신 수양의 비결을 제공하여 이 시스템에 있는 불쾌한 결함을 없애는 데 기여하고 싶습니다.

힐: 마음의 힘에 대한 카네기 씨의 분석을 들으니 자립심을 키우는 수단으로서 행동을 중요시하신다고 느꼈습니다. 이 주제에 대해 덧붙일 내용이 있으십니까?

카네기: 하나만 더 추가하겠습니다. 행동으로 표현되지 않은 완벽한 자립심은 있을 수 없습니다. 마음이 개인의 행동에 영향을 준다는 사실은 진리입니다. 하지만 행동도 마음에 영향을 주기 때문에 이 원칙은 상호적입니다. 걸음마를 배우는 아이의 경험에서 이 사실을 뒷받침하는 증거를 찾을 수 있습니다.

처음에는 많이 흔들리고 넘어지는 과정을 통해 마음이 걷는 법을 알려줍니다. 하지만 점차 시간이 지나면서 마음과 다리의 움직임 사이에 조정이 이루어지게 되고, 아이는 거의 저절로 걷게 됩니다. 그러니 마음과 행동 사이에는 관계가 있습니다. 마음은 행동에 영향을 주고, 행동은 마음에 영향을 미칩니다. 이 둘이 완전히 조화롭게 균형을 이루면 완벽에 도달합니다.

또 다른 사례로 악기 연주를 배우는 음악가를 들 수 있습니다. 물리적 연습으로 마음과 손가락의 움직임 사이에 조화를 이룬 후에야 비로소 완벽하게 악기를 연주할 수 있습니다. 연주에 숙달하기 위한 다른 방법은 없습니다.

마음속에 완벽한 피아노 건반 그림이 있어서 어둠 속에서도 연주를 잘할 수 있다는, 어느 성공한 피아니스트의 말을 들은 적이 있습니다. 다른 분야에서 자립을 달성하는 것과 정확히 동일한 방법으로 그 피아니스트는 마음과 신체 사이의 노력을 조율해서 음악이라는 분야에서 자립을 달성했습니다. 잘 자리 잡은 습관으로 행하는 일과 관련해 믿음을 키우는 데는 어려움이 없습니다. 습관은 마음과 신체 능력 사이의 조율, 그 이상도 이하도 아닙니다.

힐: 믿음이라는 주제를 한 문장으로 요약하면 '행함으로써 믿는 기술'이라고 말씀하시겠습니까?

카네기: 이 문제를 아주 정확하게 표현했습니다. 하지만 '행함'이 습관화되어야 한다는 사실을 강조해야 합니다. 믿음은 직접 활용하며 훈련되어야만 유지할 수 있는 마음 상태이기 때문입니다. 꾸준하게 열심히 운동하면 강한 팔을 가질 수 있습니다. 하지만 운동을 계속하지 않으면 다시 보통의 팔로 돌아갑니다. 믿음도 마찬가지입니다.

'끈기'와 '행동'은 믿음을 키우는 일과 불가분의 관계입니다. 한 가지 더하자면 '반복'도 있습니다. 믿음을 완벽하게 행사하는 일은 끈기와 행동으로 명확한 핵심 목표를 뒷받침하고, 행동을 강조하는 문제일 뿐입니다. 여기 믿음을 발전시키는 방법에 대해 간단한 정의가 있습니다. 이 정의를 면밀히 살펴보면 믿음을 가져다 쓰고자 하는 사람은 누구나 쉽게 닿을 수 있는 거리에 믿음이 있다는 사실을 알 수 있습니다.

힐: 그렇다면 믿음이란 알려진 사실이나 인식된 현실과 관련된 행동으로 가장 잘 도달할 수 있는 마음 상태라고 추정해도 괜찮습니까?

믿음에 대한 설명에 더해 원하는 목표를 달성하기 위해서 명확한 핵심 목표가 중요하다고 강조하시는 것을 보니 명확한 동기에 따라 행동하도록 영감을 받았을 때 믿음을 가장 잘 얻을 수 있다고 생각하시는 듯합니다. 사실의 구체적인 증거나 그 존재를 가정하는 합리적인 가설에 근거한 명확한 동기 말입니다.

카네기 씨는 보통의 이해력으로는 알 수 없는 무언가에 대한 믿음을 가질 수 있거나 가져야 한다고 언급하지는 않으셨습니다. 제가 잘못 이해한 것인지도 모르겠네요. 익숙하지 않거나 존재를 확신할 수 없는 무언가에 대한 믿음도 가질 수 있다고 생각하십니까?

카네기: 당신은 존재를 뒷받침하는 증거나 합리적인 가설이 없는 무언가도 믿을 수 있는지 알고 싶어 하는 것 같습니다. 이 질문에 대한 답은 간단히 '아니요'입니다. 이성으로 이해할 수 없는 무언가를 믿거나 믿음을 가지라고 하는 것은 색깔을 본 적이 없는 시각 장애인에게 무지개 색을 설명해 보라는 것만큼이나 비합리적입니다. 시각 장애인은 보지 못한 색을 설명할 수 없습니다. 시작조차 할 수 없습니다. 색을 본 적이 없으니 그가 비교를 통해 설명할 방법도 없습니다.

믿음은 오직 명확한 동기와 관련된 명확한 행동으로 얻을 수 있는 마음 상태입니다. 열망과 동기는 마음에 믿음을 심기 위해 미리 제거해야 하는 많은 부정적인 요소를 없애줍니다. 무언가가 진실이기를 간절히 바라며 이런 열망을 행동으로 계속 표출하면 바라던 목표에 도달할 수 있다고 꾸준히 믿어보십시오. 곧 믿음을 통해 그 길로 안내받을 수 있도록 저절로 마음이 열리는 경험을 하게 됩니다. 단 그가 원하는 것을 얻을 수 있다고 강력히 믿는 경우에 한합니다.

기독교인들은 예수의 말과 행동을 연구해서 믿음의 원리가 작용하는 법을 명확하게 이해할 수 있습니다. 예수는 수동적인 믿음을 권하지 않았습니다. 예수는 '행함으로써' 믿음의 힘을 증명해 보였고, 그 결과가 너무도 놀라웠기 때문에 믿음으로밖에는 설명할 수 없었습니다.

예수는 죽은 자를 살리고, 물 위를 걷고, 물고기 다섯 마리로 수많은 사람을 먹이고, 병자를 치유하고, 앞이 보이지 않는 사람의 눈을 뜨게 함으로써 믿음의 힘을 증명했습니다. 그는 이러한 일들이 수동적 믿음으로도 가능하니 믿으라고 청하지 않았습니다. 행동으로 뒷받침된 적극적 믿음의 힘을 확실하게 증명해 보였을 뿐입니다. 따라서 이것이 당신의 질문에 대한 답입니다. 믿음을 일구는 데는 다음과 같이 3단계가 필요합니다.

믿음을 일구기 위한 3단계

1. 명확한 핵심 목표를 정하고 달성하기 위한 계획을 세워야 합니다. 계획이 있다는 것은 행동한다는 것을 암시합니다.

2. 마스터 마인드 원칙에 따라 다른 사람들과 연대하고 즉시 계획을 실행합니다. 이 단계에서 연대하는 사람들의 수가 증가하면 행동도 크게 강화됩니다. 이것이 바로 예수가 따랐던 방법입니다.

3. 실행하는 믿음의 원칙을 완전히 익혀 적용합니다(그럼에도 여전히 행동은 더 많이 필요합니다). 앞 단계들을 통해 충분히 준비되었다면 이 단계는 쉽게 지킬 수 있는 행동 수칙입니다.

3단계까지 이루면 믿음을 일구는 방법에 대한 가르침은 더 이상 필요하지 않습니다. 이미 믿음을 가졌기 때문입니다. 저는 여기서 설명한 방법 외에 다른 방법으로 믿음이 실질적인 결과를 낳았다는 말을 들어본 적이 없습니다. 아주 여러 번 믿음은 저를 위해 작용했지만 저 또한 항상 어떤 계획이나 행동으로 제 몫의 역할을 해냈습니다.

저는 US스틸의 설립과 조직의 목적을 굳게 믿었기 때문에 자금을 조달할 사람들에게 제 계획을 알리기 전부터 이미 거래가 완전한 현실이 되는 것을 보았습니다. 하지만 제 믿음은 그 거래에서 마스터 마인드 구성원들이 각자의 역할을 하며 몇 주 동안 면밀하게 계획하고 감독한 결과이기도 했습니다. 이 시기 모든 일은 사업가로서의 제 커리어에서 가장 치열했습니다.

「히브리서」11장 1절에 따르면 "믿음은 바라는 것들의 실상이요, 보이지 않는 것들의 증거"입니다. 여기서 우리는 강력한 동기나 열망이 믿음으로 이어진다는 말을 뒷받침하는 증거를 발견할 수 있습니다. 이 구절 뒤에 행동으로 믿음의 힘을 보여주는 여러 사례가 여기서 말하는 믿음이 '적극적 믿음'을 함축한다는 사실을 확실하게 보여줍니다.

열망을 달성하는 과정에서 지속적인 믿음으로 영감을 얻었다고 알려진 위대한 지도자의 삶을 연구해 보십시오. 그들 모두 행동하는 사람이었음을 발견할 것입니다. 어떤 믿음도 행동 없이 바람직한 결과를 만들어낼 수는 없습니다.

두렵게 만드는 것은 무엇이든 면밀히 조사해야 한다.

Anything that causes one to be afraid
should have close examination.

✦ 무한한 지성은
당신 안에 숨어 있다

힐: 지금부터 또 다른 질문을 하려 합니다. 대답하시기 전에 그저 신뢰할 만한 지식을 얻고 싶은 깊은 열망에 이끌려 이 질문을 하게 되었다는 것을 알아주십시오. 지식의 타당성과 실용성이 합리적으로 보장되어야 제가 의지할 수 있기 때문입니다.

제 질문은 이렇습니다. 무한한 지성이 존재한다는 합리적인 증거를 찾을 수 없는데 어떻게 믿을 수 있습니까? 그런 힘이 존재한다면 그 원천은 무엇이며, 어디에 존재합니까? 만일 존재한다면 개인의 '자기self'는 이 힘을 어떻게 활용할 수 있습니까?

카네기: 무한한 지성의 존재를 입증하는 증거는 너무 많아서 오히려 쉽게 증명할 수 있습니다. 여기 제 손에 시간을 정확하게 측정하는 평범한 시계가 있습니다. 저는 누가 이 시계를 만들었으며, 작동 원리는 무엇인지, 시계를 구성하는 금속, 심지어 그 금속의 분자까지 알고 있습니다.

또한 이 시계의 부품들을 분리하여 원래의 조직적인 관계를 해체한 뒤 모자에 넣고 흔든다면 이 부품들이 우리가 아는 시계로 재조립될 수 없다는 것도 알고 있습니다.

이 시계는 오직 체계적인 지성과 그것을 뒷받침하는 명확한 작동 계획 덕분에 정확하게 작동합니다. 같은 믿음으로 저는 우주의 놀라운 작동 계획을 뒷받침하는 체계적인 최고의 지능이 존재한다는 사실을 알고 있습니다. 이 설명이 만족스러운 답변이 되었기를 진심으로 바랍니다.

당신과 성공철학을 공부하는 이들에게 도움이 될 만한 유일한 추가 설명은 바로 이렇습니다. 무한한 지성에 대한 믿음은 모든 사람이 스스로 습득해야만 합니다. 이미 설명했듯 우리 주변의 알려진 사실과 현실을 통해 무한한 지성의 지각 가능한 증거에 대한 면밀한 조사와 명상, 분석 그리고 사유가 이를 위한 실용적인 방법입니다.

특히 조용한 명상의 중요성을 강조합니다. 명상은 잠재의식을 깨워 의식과 무한한 지성 사이의 연결 고리를 더 활발히 작동시킵니다. 이 문장에서 많은 사람이 자기 마음의 주인이 되는 법에 대한 단서를 찾을 수 있습니다.

물질만능주의 시대의 분주함 속에서 대부분은 침묵을 통해 자신과 대화하는 몹시 중요한 습관을 소홀히 합니다. 누구나 하루 24시간 중 최소 한 시간 이상 자신과의 관계, 나아가 세상과의 관계를 되돌아보며 분석하는 시간을 가져야 합니다. 이렇게 명상하면 아주 많은 것을 깨닫게 됩니다. 모든 마음은 무한한 지성이 반영된 작은 일부에 불과하다는 사실이 쉽게 받아들여질 것입니다.

이제 무한한 지성이라는 주제는 당신과 이 철학을 배우는 이들에게 맡기겠습니다. 이 주제에 대한 제가 가진 모든 정보를 드렸습니다. 지금부터는 믿음에 대한 설명을 이해하고 실행함으로써 스스로 엄격하게 이 책임을 받아들여야 합니다. 추가적으로 원하는 정보는 명상과 사유를 통해 자신의 마음 안에서 찾아야 합니다.

✤ 믿음으로 알려진 마음 상태 조성하기

카네기의 분석을 정리하자면 믿음으로 알려진 마음 상태는 부정적인 생각을 제거하고 마음을 적절한 상태로 조성해야만 달성할 수 있는 것으로 보인다. 이 점에서 카네기는 아주 단호했다. 마음에서 부정적인 생각을 모두 없앤 뒤 믿음을 일구기 위해 간단한 단계를 거쳐야 한다.

1. 열망을 달성하기 위해 적절한 동기에 기반한 명확한 열망 갖기
2. 열망을 달성하기 위한 명확한 계획 세우기
3. 계획을 실행하기 위해 행동하기(이때 열망을 성공적으로 달성하기 위한 모든 노력을 쏟아붓기)

이 단계들을 꾸준히 따른다면 외부의 도움 없이도 스스로 최대한 많은 진전과 성과를 이룰 수 있다.

이후부터는 잠재의식에 의지해야 한다. 그러면 잠재의식이 계획을 받아들이고 실행해서 논리적인 결론을 내린다. 그렇지 않다면 잠재의식은 목표 달성을 위해 완전히 새로운 계획으로 대체하게 된다.

성공적인 믿음을 형성하기 위해 마음의 "상태를 조성한다"라고 말할 때 이는 모든 두려움, 의심, 우유부단을 완전히 제거하는 것을 말한다. 마음 상태를 조성하는 과정은 항상 열망을 달성하는 데 필요한 '타오르는 열망'에 기반해 명확한 핵심 목표를 설정하는 데서 시작한다.

믿음이란 이성과 의지력을 잠시 내려놓고, 명확한 열망을 달성하기 위해 무한한 지성의 안내를 받고자 마음을 완전히 열어두는 상태를 말한다. 안내는 하나의 아이디어나 계획이 상상력을 통해 의식에 제시되는 방식으로 이루어진다.

행동은 믿음의 필수 요소다. 행동이 없는 말은 무의미하다. 그러므로 열망에는 목표 달성을 위한 명확한 계획이 수반되어야 한다. 채택한 첫 번째 계획이 타당하지 못하다고 입증되면 다른 계획으로 대체하고, 적합한 계획을 찾을 때까지 이 과정을 반복한다. 이때 행동에는 반드시 인내가 따라야 한다.

믿음으로 알려진 마음 상태를 유도하려면 이미 확실한 열망의 대상을 현실에서 달성한 것처럼 시각화할 수 있어야 한다. 원하는 것을 달라고 기도하는 대신 역으로 이미 받았다고 생각하고 감사 기도를 하라. 이 과정을 매일 반복하라.

당신의 이성이 이 과정을 실행할 수 없다고 해도 신경 쓰지 마라. 명심하라. 당신은 무한한 지성이 당신을 안내하도록 이성의 능력을 잠시 멈추었다. 이 지시를 기꺼이 따를 수 없다면 이성을 무한한 지성이라는 더 높은 힘 아래 굴복시키지 못한 것이다. 이 점을 명심하고 무한한 지성의 안내를 받아라.

한 위대한 철학자가 말했다.

"믿음은 앞으로 나아가 진리를 찾겠다는 확신을 주는 마음의 용기다. 이 믿음은 이성의 적이 아니라 횃불이다. 증거와 반증을 요구하는—검증하고 또다시 검증하라provando e riprovando—크리스토퍼 콜럼버스와 갈릴레오 갈릴레이Galileo Galilei의 믿음이다. 이것이 현시점에서 가능한 유일한 믿음이다."

이 과정을 따른다면 개인의 믿음은 그의 열망을 제대로 뒷받침하게 되고, 문제는 신에게 맡겨진다. 믿음에 전적으로 의지해 안내를 받으면 문제의 해법이 나타난다. 그때 해법은 아이디어나 계획으로 의식에 제시된다. 계획의 타당성과 그 원천의 진실성은 그에 수반되는 열정의 강도로 드러난다. 계획이 생기면 즉시 행동으로 옮겨라.

성공의 비결은 열망의 대상을 반복해서 생각하는 데 있다. 잠재의식은 결국 명확한 열망이 반복해서 제시한 아이디어를 받아들여 실행에 옮긴다. 어떻게 그렇게 되는지는 신경 쓰지 마라. 아이가 부모의 지시를 따르듯 단순한 믿음으로 이 지시에 따라 당신의 역할을 해내면 실망할 일은 없을 것이다. 무한한 지성에게 그것이 어떻게 또는 왜 작용하는지 설명을 요구하는 일은 당신이나 그 누구의 책임도 아니다. 당신의 책임은 그저 이 지시들을 충실하게 따르는 데서 끝난다. 이 과정은 어떤 신조나 교리와도 전혀 상관이 없다. 어떤 종교에도 전혀 간섭하지 않지만, 이 과정은 믿음의 힘을 토대로 창시된 모든 종교와 공통점이 많다.

계획한 시점에 결과가 나오지 않더라도 결과가 나올 때까지 이 과정을 반복한다. 믿음이 있다면 실패하지 않는다. 물론 목표가 올바르고 타당해야 한다. 이를 의심하는 것은 신의 힘을 의심하는 것이나 다를 바 없다. 믿음이 작용하는 원리는 우주에 떠 있는 별과 행성을 붙잡아두는 힘만큼이나 명확하고 정확하다. 무한한 지성의 안내를 받기 위해 마음의 문을 활짝 열어둔다면 결코 실패하지 않는다.

이 지시를 실행하는 데 허락은 필요하지 않다. 당신에게 필요한 도움은 오직 당신의 양심에서 나온다. 하지만 양심은 반드시 당신의 공모자가 아니라 안내자로서 역할을 해야 한다.

지시를 이행할 때는 기꺼이 당신의 몫을 해내야 한다. 무엇을 원하는지 결정하고, 그것을 얻기 위한 계획을 세우고, 즉시 계획을 실행으로 옮긴다. 계획을 변경하거나 수정해야 한다는 '직감'이 떠오르면 그 즉시 행동으로 옮겨라. 무한한 지성은 당신이 세울 수 있는 어떠한 계획보다 더 좋은 계획이 있다는 점을 명심하라. 일단 직감을 믿고 따라라. 무한한 지성이 더 나은 계획을 제시할 때 당신은 강렬한 열정과 함께 찾아오는 직감으로 그것을 알아차리게 될 것이다.

무한한 지성이 당신이 원하는 것에 상응하는 물리적 현실을 직접 가져다주기를 기대하지 마라. 인간관계에서 확립된 규칙을 통해 열망의 대상을 얻을 수 있는 계획을 제공받는 것에 만족하라. 기적을 바라지 마라.

무한한 지성은 자연법칙을 통해 가장 적합한 방법으로 당신의 열망을 이루어줄 것이다.

무언가를 거저 얻기를 기대하지 마라. 원하는 모든 것에 상응하는 가치를 기꺼이 제공하고, 당신의 계획에 그러한 서비스 조달을 포함하라. 당신에게 정당한 권리가 없는 무언가를 바라지 마라. 무한한 지성은 편법이나 교활한 행동을 싫어한다. 그렇게 얻은 것은 무엇이든 그 가치가 오래가지 않는다.

당신의 동기와 열망이 타인에게 불공정함을 초래하지는 않는지 꼼꼼히 점검하라. 불공정함은 당신의 열망보다 강력한 반대 세력을 형성한다. 부정한 동기는 일시적으로는 우세해 보일 수 있으나 결국 재앙만 초래한다. 이러한 진리를 뒷받침하는 증거는 세계 정복에 나섰던 모든 인물의 역사에서 찾을 수 있다. 명백히 신에게는 정복자가 필요하지 않았다. 그렇지 않았다면 누군가 세계 정복에 성공했을 것이다.

기대하는 모든 것에 동등한 가치를 제공할 계획을 세워 처음부터 올바른 편에 서라. 이 지시를 무시하고 믿음의 부족 때문이라고 실패를 탓하지 마라. 믿음에 대한 이해가 부족한 당신 자신을 탓하라.

믿음은 인간이 아는 가장 강력한 힘이다. 자연법칙을 무시한 믿음이나 다른 힘을 아는 사람은 없다. 그러니 믿음이 타인에게 불공정함을 끼치면서까지 어떤 이익을 당신에게 줄 것이라 기대하지 마라. 무언가를 거저 줄 것이라고 혹은 그 가치보다 덜 주고서 무언가를 얻을 수 있을 것이라고 기대하지 마라. 그런 기대가 신의 뜻과 맞지 않는다는 사실은 모든 증거가 명확히 보여준다.

당신과 협력하는 사람들의 공을 관대하게 인정하라. 신이 이것까지 요구할지는 모르겠지만, 대신 당신에게 협력한 사람들이 감사해할 것이다. 이기심과 탐욕은 믿음과 연관이 없다. 허영심과 극단적인 이기주의도 마찬가지다. 겸손한 마음은 분명히 믿음과 연관이 있다. 진정으로 훌륭해지려면 우선 진심으로 겸손해야 한다.

종종 허영심이나 극단적인 이기심을 자부심으로 잘못 부른다. 그러니 당신이 자부심이라고 믿는 것을 토대로 세운 모든 계획에 타인을 적으로 만들고, 적대적인 반대를 초래할 자극적인 요소가 담기지 않도록 유의하라.

계획은 단호해야 하고, 꾸준히 추진해야 한다. 용기와 자립심을 가져라. 동시에 타인의 권리와 감정도 배려하라. 타인에게 친절한 협력을 바란다면 진정한 겸손의 정신으로 이러한 마음 상태를 표현하라.

모든 사람에게는 배울 점이 있고, 그런 점에서 나는 그의 제자다.

— 랠프 월도 에머슨

In every man there is something werein I may learn of him,
and in that I am his pupil.
— *Ralph Waldo Emerson*

✸ 무한한 지성의 증거를
발견하다

나는 이제 당신과 거대한 자산을 공유하려 한다. 나는 이것을 소유했는지조차 알지 못한 채 오랜 세월 축적해 왔다. 당신과 공유하고 싶은 이 자산의 가장 특이한 점은 타인과 공유할수록 더 많은 이익을 얻을 수 있다는 점이다. 모든 대학교 가운데 가장 오래된 '경험대학교'에 들어갔을 때, 나는 무의식적으로 이 자산을 축적하기 시작했다.

경제 공황 시기에 나는 이 대학교에서 대학원 과정을 이수했다. 나의 숨겨진 자산을 발견한 것은 바로 그때였다. 내가 거래하던 은행이 폐업한 뒤 아마 다시는 문을 열지 않을 것이라는 통지를 받은 어느 날 아침이었다. 그때 바로 무형의 자산과 사용하지 않은 자산을 조사하기 시작했기 때문이다.

내가 이 조사를 통해 무엇을 알게 되었는지 들어보라.

우선 목록에서 가장 중요한 항목부터 시작하자. 바로 믿음이다. 내 마음을 들여다보자. 재정적 손실에도 무한한 지성과 동료들에 대한 믿음이 아주 많이 남았음을 깨달았다. 이와 함께 믿음이 있으면 돈으로도 이룰 수 없는 세상의 모든 것을 이룰 수 있다는 더 중요한 사실을 발견했다.

필요한 돈을 모두 가졌을 시절, 나는 돈이 힘의 영원한 원천이라고 믿는 심각한 잘못을 저질렀다. 하지만 이제 믿음이 없으면 돈은 힘이 별로 없는 물질에 불과하고, 그 자체로는 어떤 힘도 가지지 못한다는 놀라운 사실을 깨달았다. 아마도 내 인생에서 처음으로 지속적인 믿음의 엄청난 힘을 깨달았던 것 같다. 나는 이런 형태의 부를 얼마나 소유하고 있는지 확인하기 위해 나 자신을 매우 면밀히 분석하기 시작했다.

우선 숲속으로 산책을 나갔다. 군중, 도시의 소음, 문명의 방해 요소에서 벗어나 명상하고 또 생각하고 싶었다. 산책하는 동안 커다란 상수리나무 뿌리 근처에서 도토리를 주워 손바닥에 올렸다. 그 나무의 나이가 아주 많아서 조지 워싱턴이 소년이었을 무렵에는 도토리가 중간 크기였을지도 모른다는 생각이 들었다.

거기 서서 그 큰 나무와 내 손에 놓인 나무의 아주 어린 자손을 바라보고 있으려니 이 나무도 작은 도토리에서 이렇게 자랐다는 사실을 깨달았다. 아울러 지구상의 모든 살아 있는 사람이 힘을 합쳐도 이런 나무 하나를 만들 수 없다는 것도 알게 되었다. 어떤 무형의 지성이 도토리를 탄생시켰고, 거기서 나무가 파생되어 싹이 트고 성장하게 되었다는 것을 인식하게 되었다.

나는 검은 흙 한 줌을 쥐어 도토리를 덮었다. 멋진 나무를 낳은 가시적인 생명의 원천이 내 손안에 있었다. 흙과 도토리를 보고 느낄 수 있었지만, 이 단순한 물질에서 거대한 나무를 만들어낸 지성은 볼 수도 느낄 수도 없었다. 하지만 나는 지성이 존재한다고 믿었다. 또한 어떠한 살아 있는 존재도 소유하지 않은 그런 지성이라고 생각했다.

그 거대한 나무뿌리 근처에서 고사리를 뜯었다. 잎이 아름답게 설계되어 있었다. 그렇다. 설계된 것이다. 고사리를 바라보며 그것 역시 상수리나무를 만든 바로 그 지성이 만들었음을 깨달았다.

숲을 계속 거닐다가 졸졸 흐르는 맑은 개울을 발견했다. 피곤했기에 개울가에 앉아 쉬며 개울이 바다를 향해 흘러가며 연주하는 리드미컬한 노래를 들었다. 그러자 어린 시절에 비슷한 개울가에서 놀았던 달콤한 추억이 떠올랐다. 거기 앉아 작은 개울의 노래를 듣고 있으려니 보이지 않는 존재를 인식하게 되었다. 바로 내면에서 나에게 물에 관한 매혹적인 이야기를 들려주는 지성이었다. 지성은 이런 이야기를 해주었다.

"물! 깨끗하고 차가운 물. 바로 이 물은 이 지구가 냉각되어 인간과 짐승과 초목의 집이 된 이래로 서비스를 제공해 왔다. 물아! 아, 만일 네가 인간의 언어를 말할 수 있다면 어떤 이야기를 들려줄 수 있을까? 너는 지구의 무수한 여행자들의 갈증을 씻어주고, 꽃에 양분을 주었다. 하천을 이루어 기계 바퀴가 돌아가게 하고, 응축된 너는 다시 원래의 형태로 돌아갔다. 너는 하수도와 도로를 깨끗이 씻어내고서 왔던 곳으로 돌아가 스스로 정화된 뒤 모든 것을 다시 시작한다. 너는 이동할 때 오직 한 방향으로, 너의 고향인 거대한 바다를 향해 이동한다. 영원히 오고 가지만 너의 노고에 언제나 행복해하는 것처럼 보인다.

물아! 깨끗하고 순수하며 반짝이는 물아! 네가 아무리 더러운 일을 한다고 해도 노동의 끝에서 너는 깨끗해지는구나. 불멸의 물아, 너는 만들어질 수도 파괴될 수도 없다. 너는 생명과 유사하다. 너의 은혜가 없다면 어떠한 형태의 생명도 존재할 수 없다."

나는 마음속에서 들려오는 훌륭한 설교를 들었다. 이 설교는 내게 흐르는 개울이 연주하는 노래의 비밀을 알려주었다. 작은 도토리에서 커다란 상수리나무를 탄생시킨 바로 그 지성이 있다는 추가 증거를, 보고 느끼게 되었다.

나무의 그늘이 점점 더 길어졌다. 낮이 끝나가고 있었다. 서쪽 지평선 위로 태양이 서서히 몸을 낮추자 나는 내가 들은 놀라운 설교에서 태양도 한 역할을 했다는 사실을 깨달았다. 태양의 은혜로운 도움이 없었다면 도토리는 상수리나무가 될 수 없었을 것이다. 태양의 도움이 없었다면 흐르는 개울의 반짝이는 물은 영원히 바다에 갇혔을 테고, 이 지구에 생명체는 결코 존재할 수 없었을 것이다.

이러한 생각들로 내가 들은 설교는 아름다운 절정에 이르렀다. 태양과 물 사이에 존재하는 낭만적인 친밀함에 대한 생각이었다. 그 옆에서는 다른 모든 낭만이 빛바래 보였다.

나는 개울에서 흐르는 물로 깨끗하게 닦인 작고 하얀 조약돌을 주웠다. 손에 쥐자 내면에서 또 다른, 훨씬 더 인상적인 설교가 시작되었다. 그 진리를 내 의식에 전달한 바로 그 지성이 이렇게 말하는 것 같았다.

"인간아, 네 손에 담긴 기적을 보라. 나는 작은 조약돌에 불과하지만 사실 나는 작은 우주다. 나는 죽고 움직이지 못하는 것처럼 보이지만, 겉모습은 내 실체를 보여주지 못한다. 나는 분자로 만들어졌다. 내 분자 속에는 수많은 원자가 있다. 원자 안에는 무수한 전자가 상상할 수 없이 빠른 속도로 움직인다. 나는 생명이 없는 한낱 돌멩이가 아니다. 나는 끊임없이 움직이는 존재로 구성된 집합체다. 하나의 고체로 보이지만 겉모습은 환영일 뿐이다. 내 안의 전자들은 그 무리보다 더 먼 거리를 두고 서로 떨어져 있다."

절정에 달한 생각은 너무도 많은 깨달음을 주어서 나는 그만 넋을 잃었다. 나는 손에 쥐고 있는 그 작은 것 안에 태양과 별 그리고 우리가 살아가는 이 작은 지구를 그 자리에 머물게 하는 에너지의 아주 작은 부분이 담겨 있다는 사실을 깨달았다.

명상을 하면서 나는 내 손에 든 작은 조약돌조차 그 안에 법과 질서가 존재한다는 아름다운 현실을 깨달았다. 그 조약돌 안에는 자연의 낭만과 현실이 결합되어 있다는 것을 알게 되었고, 손에 쥔 작은 돌 속의 현실이 공상을 초월한다는 사실도 깨달았다. 그전까지는 작은 돌멩이 안에 담긴 자연법칙, 질서 그리고 목적을 보여주는 증거가 이렇게까지 중요하다는 사실을 이토록 강렬하게 느껴본 적이 없었다. 또한 무한한 지성에 대한 나의 믿음의 원천에 내가 그토록 가까이 있음을 느끼지 못했다.

자연의 품속에서 맞이한 그 경험은 참으로 아름다웠다. 무한한 지성이 내게 자연의 '실재'에 관해 이야기하는 동안 그곳의 고요함이 내 지친 영혼에게 조용히 보고 느끼고 들으라고 말해주었다.

그 순간 나는 다른 세상에 있었다. 경제 공황, 은행의 파산, 생존 경쟁 따위는 모르는 세상이었다. 인생을 통틀어 나는 무한한 지성이 있다는 진짜 증거와 그것을 내가 믿는 이유도 그렇게 압도적으로 많이 인식해 본 적이 없었다.

나는 새롭게 발견한 낙원을 계속 거닐었다. 금성이 반짝이기 시작해 마지못해 도시로 발길을 돌렸다. 도시에서 생존하기 위해 발버둥 치며 '문명'의 가혹한 규율을 따라 사는 사람들과 다시금 어울려 살아야 한다.

나는 서재로 돌아와 책들 사이에 앉았지만 외로움과 함께 친절한 개울가로 다시 돌아가고 싶다는 갈망에 휩싸였다. 한두 시간 전만 해도 내 영혼은 무한한 지성의 실재 속에서 평안을 누렸다.

그렇다. 이제 나는 무한한 지성에 대한 나의 믿음이 진짜이고 계속되리라는 것을 안다. 그것은 맹목적 믿음이 아니다. 무한한 지성이 만들어낸 작품을 면밀히 조사한 결과를 토대로 한 믿음이다.

그전까지 나는 내 믿음의 원천을 뒷받침하는 증거를 잘못된 방향, 즉 인간의 행동에서 찾고 있었다. 하지만 결국 작은 도토리와 거대한 상수리나무, 보잘것없는 고사리의 잎사귀와 흙에서 발견했다. 따뜻한 땅을 만들고 물의 흐름을 이끄는 친절한 태양에서, 작은 조약돌과 금성에서, 대자연의 고요함과 차분함 속에서 그 실재를 발견했다.

나는 물질적인 것을 축적하기 위한 인간의 소란스러운 경쟁보다 침묵 속에서 무한한 지성이 더 잘 드러난다고 믿는다. 내 은행 계좌는 사라지고 은행도 망했지만, 내겐 믿음이 있기에 대부분의 백만장자보다 여전히 부유하다. 믿음이 있으니 나는 다른 은행 계좌를 모을 수 있고, '문명'이라는 대혼란 속에서 나 자신을 지탱하는 데 필요한 모든 것을 얻을 수 있기 때문이다.

아니다. 나는 대부분의 백만장자보다 훨씬 더 부유하다. 왜냐하면 많은 부자가 힘과 자극을 얻기 위해 주식 시세 표시기에 의지하지만, 나는 내면에서 모습을 드러내는 힘의 원천에 의지하기 때문이다. 내 힘의 원천은 내가 숨 쉬는 공기처럼 무료다. 이 힘을 마음대로 활용하기 위해 필요한 것은 믿음뿐이며, 나는 그것을 풍부하게 가지고 있다.

믿음은 건설하고, 두려움은 무너뜨린다.
이 순서는 결코 뒤바뀌지 않는다.

Faith constructs; fear tears down.
The order never is reversed.

❖ 귀가 없는 채로
태어난 아이

이제 성공과 실패 원인을 조사하는 과정에서 겪은 가장 극적인 경험을 설명해야겠다. 이 실화는 그 누구도 과장하거나 가볍게 여기지 않기를 바라는 개인적인 경험과 깊은 관련이 있다.

바로 나의 세 아들 중 둘째인 블레어에 관한 이야기다. 매우 개인적인 이야기라 언급하기 꺼려지지만 이 이야기를 전할 수밖에 없다. 나는 삶을 연구하는 학생이다. 사람들이 가난과 고통을 피할 수 있도록 그 원인을 연구하는 데 매진해 왔으며 앞으로도 그럴 것이다.

블레어와의 경험을 이야기하지 않을 수 없는 이유는 그의 삶 전체가 거의 기적적으로 믿음의 법칙이 실제 생활에 어떻게 작용할 수 있는지 보여주는 증거를 제공하기 때문이다.

이 다채로운 인생 드라마가 어떻게 시작되었는지 정확하게 그리려면 블레어의 출생 시점으로 돌아가야 한다. 나는 당신이 이 이야기를 들으며 블레어의 사례가 믿음의 결코 꺾이지 않는 힘을 보여주는 증거임을 깨닫기를 바란다. 이 생각을 염두에 두고 이야기를 듣다 보면 내가 자연의 냉혹한 법칙 중 한 법칙의 성격과 작용법을 전하기 위한 증거를 보여주기 위해 가족관계라는 신성한 선을 넘은 이유도 자연스럽게 이해하게 될 것이다.

블레어는 귀가 없이 이 세상에 태어났다. 외적으로 귀의 흔적 자체가 없었다. 유명한 의사들이 엑스레이 검사를 실시해 아이의 두개골에 구멍조차 없다는 사실을 알아냈다. 블레어의 출산을 맡았던 의사들은 나를 한쪽으로 데리고 가더니 최대한 친절하게 아이가 평생 듣거나 말할 수 없다고 했다.

나는 이렇게 답했다.

"내 아들은 들을 것이고, 또 말할 것입니다."

내가 의사들에게 겉보기에 어리석어 보이는 반발을 한 이유는 정확히 알 수 없지만, 그때 느꼈던 감정은 분명히 묘사할 수 있다. 이 묘사는 중요하다. 절대 말하고 들을 수 없다는 의사들의 단호한 의견을 들었을 때, '불가능한 것은 없다'라는 감정이 나를 휘감았다.

오랜 시간 나는 다른 사람들에게 확신에 찬 두 가지 믿음을 아무 조건 없이 강연해 왔다.

명확한 믿음 두 가지

1. 모든 역경은 그에 상응하는 성공의 씨앗과 함께 온다. 이 법칙에 예외는 없었으며, 아마 앞으로도 없을 것이다. 왜냐하면 랠프 월

도 에머슨이 보상에 관해 쓴 에세이에서 설명한 대로 자연이 세운 계획의 일부이기 때문이다.

2. 유일한 '진짜' 한계는 믿음의 부족으로 자기 마음속에 정한 한계다. 어떤 한계를 정하더라도 마음은 그것을 없앨 수 있다.

나는 수년간 이 두 가지를 강조했다. 하지만 이제 나는 '돌이킬 수 없는 신체 장애를 가진 아기'라는 현실 앞에서 위 두 법칙의 근간을 흔드는 듯한 현실을 마주하게 되었다. 이 일은 내 인생에서 가장 극적인 경험이었지만, 한편으로 어떠한 마음도 만들어낼 수 없고 어떠한 마음으로도 제거할 수 없는, 장애를 가진 신생아라는 한계의 물적 증거를 보고 있었다. 마음속 추론으로 셈을 해보아도 이런 역경은 '그에 상응하는 성공의 씨앗'을 결코 가져올 수 없었다.

침묵의 목소리가 조롱하며 물었다.

"귀 없이 태어나서 영원히 듣지도 말하지도 못할 운명인 사람에게 도대체 어떤 성공의 씨앗이 있을 수 있단 말인가?"

내 마음속에서 아무리 추론해 보아도 아는 한 제기된 질문에 대한 답은 없었다. 하지만 내 안의 무언가, 좀 더 낙관적이고 믿음에 친숙한 다른 지성이 아주 확고하게 다음과 같이 답했다.

"현재로서는 귀 없이 태어난 것에 어떤 성공의 씨앗이 있는지 모르겠다. 하지만 분명 그에 상응하는 성공의 씨앗이 내포해 있다는 사실을 알며 그것을 찾아야 한다."

나는 블레어가 태어났을 때부터 어느 한순간도 블레어가 듣지도 말하지도 못할 운명이라는 현실을 마음으로 받아들이지 않았다. 대신 언젠가 어떻게든 귀 없이 태어난 아이가 '장애에 상응하는 성공의 씨앗'을 찾을 것이며, 그 씨앗이 자라면 귀가 없다는 것을 보상하기에 충분할 만큼 아이를 도우리라는 이론을 가지게 되었다. 그것은 내게 단순한 이론 그 이상이었다.

이 극적인 이야기가 펼쳐지면 당신은 거울 속 자신의 얼굴을 보듯이 이런 사실들을 목격하게 될 것이다.

1. 블레어가 듣고 말할 수 있는 상태를 마음속에 명확히 그린 이미지
2. 이 이미지를 받아들여 물리적 현실로 바꾼 어떤 미지의 자연법칙

다행히 이 사례에서 내가 하는 말 외에도 이 사실을 입증하는 수단은 많다. 이에 대한 증거는 명백하다. 간헐적으로 블레어를 진찰했던 의사들과 블레어를 가르친 교사들 그리고 가까운 지인들과 친척들을 포함한 무려 50여 명의 사람들이 이 사례의 한 가지 중요한 특징을 제외하고 모든 상황을 나만큼 잘 안다.

나는 블레어의 출생 당시부터 아이의 결함을 고칠 수 있다는 생각(사고 충동)을 품은 유일한 사람이었다. 아울러 그 생각이 물리적 현실로 모습을 드러낼 때까지 내내 믿음으로 소중히 키워온 단 한 사람이다. 당신은 이 이야기에서 이 부분에 대한 내 말을 믿어야 한다. 나머지 모든 부분은 충분히 입증되었다.

블레어가 아기였을 때 들을 수 있다는 징후는 어디에도 없었다. 사

실 출생 직후 몇 개월 동안은 들을 수 없다는 징후만 가득했다. 하지만 생후 6개월이 되었을 때 아내가 아이 머리 위로 아주 부드럽게 말을 걸자 놀랍게도 아이가 잠에서 깨는 것을 발견했다.

그때부터 아이의 청력은 눈에 띄게 좋아져 마침내 사람의 목소리도 들을 수 있게 되었다. 물론 두 살이 지날 때까지 말하려 들지 않았다. 그 무렵 나는 아이의 머리 측면에 입술을 대고 말하면 아이가 훨씬 잘 들을 수 있다는 사실을 발견했다. 이 단서를 토대로 나는 아이 머리에 입술을 대고 말하는 연습을 시작했다. 이것은 현재 보청기 제작자들이 매우 효과적으로 활용하고 있는 골전도가 사용되기 훨씬 이전의 이야기다.

어느 날 블레어가 축음기 소리를 듣고 거의 최면에 걸린 듯한 표정을 짓는 것을 보았다. 나는 아이를 안아 머리를 축음기의 공명판에 가져다댔다. 그러자 아이는 웃음소리와 비슷한, 깔깔대는 소리를 연달아 내기 시작했다. 이후 나는 아이가 닿을 수 있는 곳에 축음기를 설치했다. 아이는 곧 혼자서 축음기 작동법을 익혔다. 아이는 축음기에 굉장히 매료되어 종종 그 옆에 서서 몇 시간 내내 이 곡 저 곡을 들었다.

한편 미국 일리노이주의 유명한 이비인후과 전문의가 블레어를 꾸준히 관찰하고 있었다. 그는 아이가 들을 수 있다는 사실에 깜짝 놀랐다. 블레어는 대단히 놀랄 만한 사례였기에 그 의사는 다른 유명한 이비인후과 전문의들을 소집했다. 그들은 아이의 청력에 대한 비밀을 밝혀내기 위해 아이의 두개골에 대해 다양한 엑스레이 사진을 찍었다.

이러한 검사는 블레어가 아홉 살이 될 때까지 몇 달 간격으로 계속되었다. 의사는 아이의 머리 한쪽을 수술하여 혹시 피부 밑에 청력 기관이라고 할 만한 다른 무언가가 있는지를 확인하고자 했다. 그때 우리는 처음으로 블레어의 두개골에 청각을 위한 통로가 없으며, 귀의 내부 구조물도 전혀 존재하지 않는다는 사실을 알게 되었다.

이 발견으로 블레어의 사례는 더더욱 수수께끼가 되었다. 의학계에 이와 같은 사례는 없었다. 귀 없이 태어난 아이들은 있었지만, 그들 가운데 청력이 자연 발생한 경우는 없었다. 블레어는 의사들을 당황하게 만들었고, 지금까지도 그들을 혼란스럽게 하고 있다. 뉴욕주에서 온 또 다른 유명한 이비인후과 전문의가 블레어의 두개골을 엑스레이로 검사한 후 내게 이렇게 말했다.

"이론상 블레어는 소리를 들을 수 없습니다. 하지만 블레어는 사실 우리가 들을 수 없을 정도로 빠르게 진동하는 소리를 듣습니다."

일반적으로 의학계는 청력 기관의 도움 없이 소리를 뇌에 전달할 수 있는 방법으로서 마음의 능력을 인정하지 않는다. 하지만 심리학자는 마음에 존재하는 그 힘을 인정한다. 내가 말하는 심리학자란 시행착오를 통해 자신이 가진 지식을 실제 사건으로 시험하는 사람이다. 또한 신체의 오감이 아니더라도 별과 행성이 서로 적절한 관계를 유지하게 하고, 물질 속 모든 원자를 그와 관련된 원자들과 자연스럽고 조화로운 방식으로 이어주는 에너지가 우리 뇌에도 지식을 전달할 수 있고, 또 전달한다고 인정하는 사람이다.

블레어의 머리에 입술을 대고 말을 하면 아이가 내 말을 알아들을 수 있다는 것을 발견하자마자 나는 실험을 시작했다. 여기서 다시 한번 내가 지금부터 이야기하려는 세부 사항을 아주 주의 깊게 살펴보기를 권한다. 소소하고 일상적인 세부 사항들이 믿음의 힘에 관한 법칙을 보여주는 가장 중요한 증거를 담고 있기 때문이다.

❦ 역경이 숨겨놓은 성공의 씨앗을 찾아서

블레어의 뇌에 소리를 전달하는 방법을 찾은 나는 당시 세 살이던 아이에게 어른이 되면 우리 부자父子가 무슨 일을 하게 될지에 관해 '믿기 힘든 이야기'를 해주었다. 많은 친척이 우리가 블레어의 신체 장애를 무시해야 한다고 생각한 것과 달리, 나는 그의 장애를 거의 모든 이야기의 토대로 삼았다. 나는 블레어에게 어른이 되면 귀가 없는 것이 가장 큰 자산이 되는 때가 올 것이라고 말했다.

솔직히 당시에 나는 이 약속이 어떻게 실현될지 알지 못했다. 하지만 뚜렷한 무언가가 나를 이끌어 블레어의 환상 세계를 계속 만들어가도록 했다. 블레어가 자신의 신체 장애를 성공의 씨앗으로 전환하도록 돕고자 한 나의 열망이 매우 강해서 그를 돕기 위한 실질적인 방법을 반드시 찾을 것이라는 확신이 들었다. 이를 통해 우리는 강렬한 열망과 믿음 사이의 분명한 관계를 알 수 있다.

예를 들어 나는 블레어에게 좀 더 자라 신문을 팔게 되면 다른 아이들보다 신문을 더 많이 팔 수 있을 것이라고 말했다. 사람들은 귀가 없는데도 신문을 팔려는 아이의 용기를 보고 기꺼이 도와줄 것이기 때문이다. 아마도 블레어가 장애를 성공의 씨앗으로 전환할 방법에 대한 충분한 지식이 내 잠재의식에 있었기 때문에 이런 현실 속에서도 믿음을 가질 수 있었던 것 같다. 그리고 그 약속은 얼마나 예언 같은 진실이 되었는지.

블레어는 신문 배달을 할 만한 나이가 되기도 훨씬 전에 그 일을 할 수 있게 허락해 달라고 졸랐다. 아내는 아이가 듣지 못하기 때문에 거리의 위험에 노출될 수 있다며 반대했다. 그러나 나는 그 경험이 블레어에게 자신감을 심어주고, 장애로 인한 행동의 제약 없이 자연스럽게 삶에 적응하는 데 도움이 될 것이라는 이유로 찬성했다. 블레어의 요청은 그렇게 잠시 보류되었다.

어느 저녁 아내와 내가 극장에 갔을 때 블레어는 보모 몰래 빠져나와 구두 가게에서 6센트를 빌려 신문을 사는 데 투자했다. 그는 곧 신문을 모두 팔고 다시 투자한 뒤 더 많은 신문을 팔았으며, 마침내 6센트를 갚고도 42센트의 이익을 얻었다. 우리가 집에 돌아왔을 때 블레어는 한 손 가득 동전을 쥔 채로 잠들어 있었다.

아내는 침대 곁에 서서 아이를 바라보며 눈물을 흘렸다. 나는 침대 맡에 서서 웃음을 지었다. 이 상황에서 무엇을 보았는지에 따라 반응이 나뉜 것이다. 아내는 굳이 필요 없는 돈을 벌기 위해 애쓰면서 거리의 위험에 노출되었을, 작고 불쌍하고 아픈 아이를 보았다. 반면 나는 장애가 짐이 아닌 자산이 될 것이라는 내 말이 진실임을 증명하기 시작한 용감한 꼬마 사업가를 보았다. 내가 그토록 굳게 믿었던 믿음의 약속이 실현되는 장면을 목도한 것이다.

블레어는 불과 다섯 살에 신문을 팔기 시작했다. 이미 아이는 장애가 단점이 아니라는 것을 받아들이고, 거리의 다른 어떤 소년보다도 더 많은 신문을 팔아서 이 진실을 증명했다. 훗날 아이는 잡지 《더 새터데이 이브닝 포스트The Saturday Evening Post》의 대리점을 맡아 담당 구역에 있는 모든 소년에게서 잡지 판매를 이끌어냈다. 블레어는 대다수 성인보다 열정과 진취성, 상상력이 더 풍부했다.

블레어는 자전거나 장난감 기관차 등 원하는 것이 있을 때 우리에게 달라고 하지 않았다. 그 대신 돈을 벌 특권을 요청했다. 한번은 (우리 생각에 아이가 감당하기에) 비싼 전기 기관차를 가지고 싶어 했다. 아이는 모든 이웃에게 일을 달라고 부탁해서 이 문제를 직접 해결하려 했다. 가령 블레어는 필요한 돈을 조달하기 위해 보도에 쌓인 눈을 쓸었다. 블레어는 언제나 정상 청력을 가진 다른 아이들과 경쟁할 수 있었고, 사실상 중요한 모든 문제에서 대부분의 아이들보다 앞섰다.

의사가 블레어의 머리를 수술해서 청력 기관이 없다는 사실을 발견하고 오래지 않아 블레어는 아홉 살이 되었다. 당시 성공철학을 집대성하는 데 필요한 취재조사 때문에 나는 전국을 돌아다녀야 했다. 아내는 블레어를 미국 웨스트버지니아주에 있는 자신의 고향으로 데려갔다. 블레어는 그곳에서 공립학교 과정을 마친 뒤 웨스트버지니아대학교에 입학했다. 따라서 나의 영향력은 아이가 아홉 살 정도였을 때 멈추었다.

정상 청력의 60퍼센트 정도만 발달했음에도 블레어는 공립학교 과정을 거쳐 4년제 대학교까지 다녔고, 정상 청력을 가진 다른 우등생들만큼 높은 점수를 받았다. 학창 시절 블레어는 독순법(입술 읽기)을 배우지 않았고, 우리는 아이에게 수어 같은 것도 알려주지 않았다.

내가 블레어의 마음에 영향을 줄 책임이 있던 시절, 나는 아들을 특수학교에 보내지 않았다. 자신의 장애를 극복할 수 없는 단점으로 생각하게 하는 모든 것을 멀리하게 했다. 나는 아이가 열등감이나 콤플렉스 또는 내가 블레어에게 할 수 있다고 말한 것들을 그 애가 이룰 수 없다고 느끼지 않기를 바랐기 때문에 의도적으로 그렇게 했다.

블레어가 아홉 살이 될 때까지 해마다 나는 블레어를 정규 수업에 넣어달라고 학교를 설득하느라 애를 먹었다. 그러려면 교사가 블레어를 맨 앞자리에 앉히고, 수업 중에도 특별히 관심을 쏟아야 했기 때문에 학교는 대개 그러기를 원치 않았다. 그러다 한번은 학교 측의 아주 완강한 반대에 부딪혔다. 그래서 나는 학교 당국이 아이를 특수학교로 보내도록 하기 전에 먼저 사립학교에 입학시켰다.

이러한 세부 사항들은 평범해 보일 수 있지만 깊은 의미를 담고 있다. 그것들은 블레어의 장애를 치료할 수 없는 문제로 받아들이지 않기 위해 내가 얼마나 단호하게 마음먹었는지를 보여준다. 나는 아이가 내 마음가짐을 받아들이고, 그것을 자기 것으로 만들어 그에 따라 행동하게 만들기로 다짐했다.

내가 하는 모든 일의 진정한 의미와 그 광범위한 효과를 완전히 알지 못한 채 나는 사실상 블레어의 장애를 그에 상응하는 성공의 씨앗으로 전환하겠다는 사고의 패턴, 청사진 또는 충동—어떤 식으로 불러도 좋다—을 구축하고 있었다.

✸ 믿음의 준비가 끝나면
기회는 반드시 온다

내 삶과 블레어의 삶의 경로에는 겹치는 부분이 거의 없었음을 기억해 주기 바란다. 블레어가 아홉 살이었을 때부터 대학교를 졸업한 뒤 다시 나와 직접 힘을 합칠 준비가 될 때까지 가끔씩 블레어를 방문하는 것 외에는 별다른 접촉이 없었다. 하지만 이번에는 블레어의 어린 시절에 내가 한 약속을 실천할 수 있었다. 그 약속은 블레어가 학교를 마치고 인생에서 기회를 잡을 준비가 되었을 때, 어떻게든 그 기회를 제공하겠다는 것이었다.

나중에서야 알게 되었지만 그 약속은 아이가 학교를 다니는 내내 사실 아이의 마음에 있었으며, 내 마음속에는 두 배로 강하게 존재했다. 나는 언젠가 블레어가 세상에 큰 보탬이 되면서 동시에 장애를 극복하고 스스로 결정하는 사람이 될 수 있는 자리를 찾으리라는 것을 한순간도 의심해 본 적이 없었다. 그에게 장애가 있음에도 말이다.

1936년 블레어는 대학교를 마쳤다. 블레어가 주인공인 이 인생 드라마의 다른 장면들 못지않게, 기묘하게도 공부를 마치기 3주 전쯤 블레어는 골전도를 이용한 보청기의 원리를 우연히 발견했다. 아울러 그 보청기가 정상 청력에 필요한 추가적인 청력을 제공한다는 사실도 알게 되었다. 인생에서 처음으로 블레어는 수업 시간에 교수가 하는 모든 말을 알아들을 수 있었다.

분명 이 보청기의 발견은 운이 작용한 결과였다. 그렇다고 이 이야기 전체가 단지 운에 좌우되었다고 할 수는 없다. 한 개인에게 운이 매우 호의적으로 작용해 청각 장애를 막아주고, 그 장애를 오히려 가장 큰 자산으로 바꾸어주는 일은 거의 없다. 오히려 운의 법칙은 그와 반대로 작용해서 어떤 불운이나 신체 장애 때문에 성공할 기회를 모조리 망가뜨려 버리는 일이 더 많다.

블레어는 이 '발견'에 대해 마냥 신이 나서 내게 편지를 썼다. 그 전에 블레어는 보청기 제작자에게도 편지를 보내 보청기를 발견한 사실을 알렸다. 나는 즉시 그의 편지에 답장을 보내 뉴욕주로 머물 채비를 해서 오라고 말했다. 블레어가 자신의 장애를 자산으로 바꿀 큰 기회가 눈앞에 다가왔음이 분명했기 때문이다.

블레어가 도착했을 당시 나는 책을 집필하느라 바빴다. 하지만 책 관련 업무를 모두 내려놓고, 내 경험과 지식을 총동원해서 블레어를 지원했다. 한두 주 안에 우리는 블레어가 앞으로 어떻게 해야 할지 모든 절차를 계획했고, 그것을 다른 사람들에게 쉽게 보여줄 수 있도록 종이에 옮겼다. 그러고 나서 그 계획을 보청기 제작자에게 가져간 블레어는 첫 연봉으로 연간 2600달러와 출장비를 받는 조건으로 그 회사에 취직했다.

블레어를 고용한 기업은 엄청난 가치를 지닌 '발견'을 우연히 한 것이다. 그들은 기꺼이 이 사실을 인지하고 인정했다. 블레어는 세계 어디에서도 찾아볼 수 없는 청각 장애 사례였고, 그가 사용한 기기가 그의 청각 문제를 부분적으로 개선하는 데 도움이 되었다는 사실을 입증했기 때문이다. 다른 보청기 제작자들도 그를 고용하고 싶어 했다.

블레어가 입사 준비를 하는 동안 그는 나와 함께 지냈고, 나는 그를 가까이에서 충분히 분석하고 연구할 기회를 가질 수 있었다. 이 특권은 일종의 축복이었다. 그 시간이 있었기에 나는 집필하던 원고를 찢어버리고 책을 다시 쓸 수 있었다. 현세대에 반영된 중요한 진리를 책에 포함하기 위해서였다.

블레어는 직장을 다니기 시작했다. 나는 그를 통해 현대 교육 시스템과 가정생활이 낳은 전형적인 개인의 모습을 연구했다. 나는 누가, 언제, 어디서 대학교를 나왔든 블레어의 일자리만큼 적절하고 전도유망한 직책을 바로 맡지는 못하리라고 생각했다.

블레어의 고용주는 아주 긍정적인 의미에서 의학 전문가, 전문의, 보청기 엔지니어들에게 주목받을 만한 독특한 사례이자 놀라운 연구 및 실험 대상을 발견했기 때문에 몹시 신이 났다. 그는 실험을 통해 보청기를 시험하며 성능을 크게 개선해 나갔다.

블레어를 고용한 것에 아주 만족해했던 회사는 블레어를 즉시 여러 곳에 보내 청중 앞에서 연설하게 했다. 이 회사의 홍보 전문가들은 블레어의 사례에 대한 이야기를 쓰기 시작했으며, 이 이야기는 배포되는 곳마다 언론의 주목을 받았다.

간단히 말해 내가 블레어를 위해 만든 환상의 세계가 현실이 된 것이다. 이 경험은 한때 텍사스주의 농장에 원유를 '조금 파묻고', 그곳에 원래 원유가 매장되어 있었다는 식으로 주장하며 엄청난 금액에 농장을 매각한 한 석유업자의 이야기를 떠올리게 했다. 그는 결국 그 농장을 매입한 '호구'가 실제로 대규모 유전 개발에 성공하는 광경을 지켜보게 된 것이다.

모든 것은
습관의 결과다

나는 블레어에 대한 의무에서 벗어났다. 하지만 동시에 오래도록 가치 있을 발견을 하게 되어 집필하던 책을 다시 써서 그 발견의 일부를 포함시키지 않을 수 없었다.

내 아들이 신체 장애의 불리함을 최소화하도록 돕고자 한 동기는 아버지의 사랑에서 비롯되었지만, 내가 이 일에 쏟은 지속적이고 열렬한 믿음의 적용은 결국 나를 두 가지 상반된 힘을 결합시키는 자연법칙에 대한 이해로 이끌었다. 이 법칙은 별과 행성이 서로 올바른 관계와 적절한 거리를 유지하게 할 뿐만 아니라 개개인의 마음 상태에 따라 조화나 반목의 정신으로 사람들을 하나로 묶고, 계절을 유지하며, 지구상의 모든 생명체가 자기와 같은 후손을 이어가게 하는 원리를 이해하게 했다.

물론 이 법칙이 행하는 다른 일들도 똑같이 중요하다. 하지만 지금 우리는 한 사람이 자신의 생각을 그에 상응하는 물리적 현실로 전환하고, 서로 관계를 맺는 방식을 결정하는 방법에 관심이 있다. 왜냐하면 우리는 이러한 관계 속에서 성공이나 실패의 운명을 결정하기 때문이다.

헨리 링크Henry Link 박사는 이렇게 말한다.

"우리의 교육 시스템은 정신을 계발하는 일에 주력한다. 하지만 정서와 인성에 관한 습관이 습득되거나 시정되는 방법을 이해시키는 데는 실패했다."

사실상 우리가 하는 모든 일은 걷기 시작할 때부터 죽을 때까지 습관의 결과라는 것을 누구나 안다. 걷기와 말하기는 습관이다. 먹고 마시는 방식도 습관이다. 성姓적 활동도 습관의 결과다. 조화롭든 적대적이든 타인과의 관계도 습관의 결과다. 하지만 그 누구도 우리가 습관을 형성하는 이유를 아직 발견하지 못했다.

한정된 과학 지식을 바탕으로 헨리 포드는 막대한 부를 창출하고 위대한 산업 제국을 건설하는 데 크게 성공했다. 포드는 명확한 성공 습관을 키워서 성공했다. 과학적 훈련에서 얻을 수 있는 지식을 위해 그는 훈련된 전문가들을 직원으로 고용했다. 이들에게서 실무에 필요한 구체적인 지식을 얻었다.

대부분 재정적 성공에 기여하는 원인 못지않게 습관을 키우는 방법에 대해서도 아는 것이 없다. 우리는 앤드루 카네기가 교육을 많이 받지 않았음에도 그가 4억 달러 이상의 재산을 축적했다는 사실을 안다. 하지만 교육을 거의 받지 못한 사람이 그렇게 막대한 부를 축적할 수 있었던 방법이 무엇인지 대부분 정확히 모른다.

카네기의 재산이 그가 스스로 키워서 강제한 습관이 가져온 불가피한 결과라는 사실은 이제 점점 더 분명해지고 있다. 이 거대한 재정적 성취는 아마도 마스터 마인드 구성원들의 노력이라기보다 자기 수양 덕분일 것이다. 물론 그는 재산 축적의 공을 마스터 마인드에게 돌렸지만, 사실 카네기의 지배적 사고 습관으로 형성된 '마음가짐'이 마스터 마인드 구성원들이 노력의 방향을 잡는 데 지침 역할을 했기 때문이었다.

랠프 월도 에머슨은 이렇게 말했다.

"모든 사업은 한 사람의 확장된 그림자다."

그렇다. 만일 사업을 지배하는 사람의 정확한 그림을 얻는다면 당신은 사업의 성패를 결정하는 습관을 만든 사람을 명확히 보게 될 것이다. 또한 자세히 살펴보면 대개 명확한 계획과 목표를 가지고 사업을 운영한 사람이 성공한다는 사실을 알게 될 것이다. 바로 포드, 카네기, 토머스 에디슨, 존 록펠러John D. Rockefeller가 그런 사람들이다.

누군가 이렇게 탄식한다.

"그렇다면 결국 한 사업의 성패는 믿음이나 무한한 습관의 힘의 작용이 아니라 개인이 결정한다는 말입니까?"

대답은 '예'와 '아니요' 둘 다. 개인은 자신의 마음가짐과 사고 습관으로 사업의 패턴을 만들어낸다. 하지만 습관의 성격에 따라 믿음이 그 패턴을 흑자로도 적자로도 전환할 수 있다. 나중에 증명하겠지만 이 주제에 관한 나의 결론은 단순한 개인 의견을 넘어서는 것이다.

지식은 힘이 아니다. 믿기 힘들지 모르지만 지식 자체는 성공의 원인이 아니다. 이 결론이 진리임을 증명하는 데 거의 30년에 걸친 연구가 필요했다. 모든 습관을 뒷받침하는 힘인 믿음을 제대로 이해하기 전까지 나는 성공과 실패의 진짜 원인을 철저히 간과했다. 믿음은 습관을 성공의 물리적 대응물로 바꾸고, 개인이 지식을 효과적으로 활용할 수 있는 능력을 부여한다.

습관은 자아와 불가분의 관계다. 그러니 이제 내 개인사를 여기서 마무리하고 믿음의 계발과 습관 사이의 관계에서 심각하게 잘못 이해하고 있는 이 주제의 분석으로 돌아가자. 자아를 분석하기 전에 자아가 믿음을 비롯한 마음 상태가 작용하는 매개체임을 인식하자.

이 장 전반에 걸쳐 수동적 믿음과 적극적 믿음의 차이를 크게 강조했다. 자아는 모든 행동을 표현하는 수단이다. 그러므로 우리는 반드시 그 성격과 가능성을 알아야 한다. 우리는 자아를 자극하는 방법과 통제하고 인도하는 방법을 배워야 한다. 무엇보다 자아가 허영심을 표현하는 수단에 불과하다는 흔한 오해를 바로잡아야 한다. '자아ego'라는 단어는 라틴어에서 비롯되었는데, '나'를 뜻한다. 하지만 동시에 행동을 통해 열망을 믿음으로 전환하는 수단으로 기능하며, 이는 조직되고 강제되는 원동력을 뜻하기도 한다.

✽ 우리가 자아에 대해 오해하는 것

누구나 알듯이 '자아'는 한 사람의 성격을 이루는 모든 요소를 지칭한다. 그러므로 자아가 습관의 원리에 따라 발달·인도·통제되는 것이 분명하다. 평생을 바쳐 인간의 심신을 연구한 위대한 철학자가 우리에게 이런 말을 남기며 자아 연구를 위한 실용적인 근간을 제시했다.

"살아 있든 죽었든 당신의 몸은 결코 죽지 않는 수백만 개의 작은 에너지들의 집합이다. 에너지들은 각각 분리되어 있고, 때로는 어느 정도 조화를 이루며 활동한다. 유능한 인체는 그 힘들을 통제하는 데 익숙하지 않은 불안정한 생명 메커니즘으로 구성되어 있다. 습관, 의지, 함양 혹은 특수한 자극이 인체의 여러 힘을 동원해서 중요한 목적을 달성하는 경우를 제외하고, 숱한 실험을 통해 확인했기 때문에 이러한 에너지를 동원하고 사용하는 힘을 누구나 높은 수준으로 키울 수 있다고 확신한다.

당신이 들이마시는 공기, 받아들이는 햇빛, 먹는 음식, 마시는 물은 하늘과 땅에서 온 힘의 동인들이다. 하루의 생활을 이루는 여러 상황이 펼쳐지는 대로 한가로이 떠밀려 다니기만 하면 더 나은 무언가가 될 기회는 당신이 도달할 수 없는 곳으로 사라져 버린다. 인류는 너무 많은 영향력에 갇혀 있다. 그래서 기억하지 못할 옛날부터 세상에 넘쳐나는 충동들을 통제하기 위한 실질적인 노력은 거의 하지 않았다. 예전부터 그래 왔고 지금도 그렇듯이 그런 충동들을 좌지우지하려고 의지력을 행사하기보다 벌어지는 그대로 놓아두는 일은 훨씬 쉽다. 하지만 성공과 실패를 구분 짓는 선은 목표 없이 떠도는 일을 멈추는 지점에서 발견된다.

우리는 모두 감정, 열정, 상황, 우연으로 이루어진 생명체다. 미래에 내 마음과 몸이 어떤 모습일지는 (심지어 특별한 주의를 쏟는다 해도) 당신의 인생이 표류해서 발생하는 문제다. 자리에 앉아 잠시 생각해 보면 당신이 인생의 얼마나 많은 시간을 정처 없이 떠돌았는지 깨닫고 놀랄 것이다.

창조된 생명이 자기를 표현하려고 애쓰는 모습을 보라. 나무는 햇볕을 향해 가지를 뻗으며, 나뭇잎을 통해 공기를 들이마시려고 애쓴다. 심지어 땅 밑에서는 물을 찾아 사방으로 뿌리를 뻗는다. 이것은 어떤 원천에서 비롯된 힘으로, 어떤 목적을 위해 작용한다.

지구상에 에너지가 발견되지 않는 곳은 없다. 대기에는 아주 많은 것이 있어서 추운 북쪽에서는 하늘이 북녘의 빛으로 반짝인다. 그 어디라도 차가운 기온이 따뜻한 온기에 자리를 내주는 곳에 전기적 조건을 발생시켜 인간을 놀라게 한다. 물은 기체가 모여 이룬 액체에 불과하지만 전기적·기계적·화학적 에너지로 가득 차 있다. 이 가운데 무엇이든 인간에게 큰 도움과 동시에 큰 피해를 줄 수 있다.

물의 가장 차가운 단계인 얼음조차 에너지가 있다. 진정되거나 멈추어 있는 상태가 아니기 때문이다. 물의 힘은 산속의 바위를 산산조각 낸다. 우리는 이 에너지를 물로 마시고, 음식으로 먹고, 공기로 호흡한다. 어떠한 화학 분자도 이 에너지로부터 자유롭지 않다. 원자도 에너지 없이는 존재할 수 없다. 우리는 개별 에너지의 결합체다."

인간은 두 가지 힘으로 구성된다. 하나는 인체의 형태를 띤 '유형의 힘'으로, 지성과 에너지를 가진 무수한 개별 세포로 구성된다. 다른 하나는 자아의 형태를 띤 '무형의 힘'으로, 이 힘은 개인의 생각과 행동을 통제할 수 있는 독재자다.

체중이 약 70킬로그램인 사람의 눈에 보이는 부분은 약 열다섯 개의 화학 성분으로 구성된다.

- 산소 43.09킬로그램

- 탄소 17.23킬로그램

- 수소 6.8킬로그램

- 질소 1.81킬로그램

- 칼슘 2.04킬로그램

- 염소 170.09그램

- 유황 113.39그램

- 칼륨 99.22그램

- 나트륨 85.04그램

- 철 7.08그램

- 불소 70.87그램

- 마그네슘 56.69그램

- 실리콘 42.52그램

- 비소 소량

- 요오드와 알루미늄

인체를 구성하는 유형의 부분들은 대략 80센트의 가치가 있으며, 어떤 현대식 화학 공장에서도 구매할 수 있다.

이러한 열다섯 가지 화학 물질에 잘 발달되고 적절히 통제된 자아가 더해지면 그 가치는 주인이 마음대로 정할 수 있다. 자아는 아무리 비싼 값을 치르더라도 살 수 없는 힘이지만, 원하는 방식으로 발전시키고 형성할 수 있다. 인간이 태어날 때 자아는 일정 가치의 화학 물질들과 함께 탄생한다. 그 금전적 가치는 주인이 자아를 통해 무엇을 하는지에 따라 달라진다.

토머스 에디슨처럼 창의적 연구 분야에서 자아를 계발하고 인도하면 세상은 돈으로 그 가치를 추정할 수 없는 천재를 발견하게 된다.

헨리 포드와 같은 인물이 개인 수송 분야에서 자아를 이끌어낸 덕분에 어마어마한 가치를 창출하게 되었고, 이로 인해 땅의 경계가 사라지고 산길이 고속도로로 바뀌어 문명의 트렌드도 크게 변화하게 되었다.

굴리엘모 마르코니와 같은 인물은 '에테르'를 이용하겠다는 간절한 열망으로 자아를 자극했고, 그 덕분에 그가 만든 무선통신 시스템을 통해 즉시 생각을 교류하며 전 세계가 하나로 연결되었다.

이러한 인물들과 문명의 진보에 기여한 다른 모든 사람도 세상에 잘 발달된 자아가 나타내는 힘이 무엇인지 보여준다. 인류에 값진 기여를 한 인물들과 자리만 차지하고 사는 사람들의 차이는 전적으로 자아의 차이다. 자아는 모든 형태의 행동 이면에서 작용하는 추진력이기 때문이다.

속박당하지 않을 자유와 원하는 것을 할 수 있는 자유는 모든 사람의 양대 목표다. 개인은 자아를 계발하고 활용하는 정도에 정확히 비례하여 이런 자유를 얻을 수 있다. 자유는 삶의 바람직한 상태로, 이에 대한 간략한 분석을 들으면 자아의 잠재된 힘이 더 깊이 이해될 것이다.

인간은 어떤 식으로든 다른 사람에게 제약받거나 억제 또는 통제받지 않을 때 자유롭다. 두려움이나 스스로 정한 한계로 자기 자신을 제약하지 않을 때 자유롭다. 개인이 자아를 적절히 계발하고 사용하려는 노력 없이는 자유를 확보할 수 없다.

속박당하지 않을 자유는 타인의 도움을 받아야 얻을 수 있다. 속박당하지 않을 자유 없이 원하는 대로 할 수 있는 자유는 있을 수 없다. 개인의 자아를 엄격하게 통제하고 명확하게 인도하지 않으면 속박당하지 않을 자유도, 원하는 대로 할 수 있는 자유도 얻을 수 없다. 때로는 속박당하지 않을 자유를 잃고 자기 자신의 자아를 면밀하게 조사해야 하는 상황에 처하고 나서야 비로소 원하는 대로 할 수 있는 자유의 진정한 원천을 발견하고는 한다.

자신의 자아와 올바르게 관계를 맺은 사람은 누구나 이 두 종류의 자유를 원하는 만큼 누린다. 한 사람의 자아는 그가 다른 모든 사람과 관계 맺는 방식을 결정한다. 나아가 자아는 자신의 몸과 마음과의 관계를 맺는 정책을 정립하며, 그 안에서 운명을 결정하는 모든 희망, 목표, 목적의 패턴을 설계한다는 점에서 더 중요하다.

한 사람의 자아는 가장 큰 자산 혹은 가장 큰 자유다. 또한 그가 열망을 충족하기 위해 세울 수 있는 유일한 것이다. 아마도 영어에서 가장 많이 남용되고 오해받는 단어가 '자아'일 것이다. 사람들은 흔히 이 단어를 허영과 자기애와 연관시켜 남용해 왔다.

크게 성공한 사람에게는 누구나 잘 발달되고 자기 수양이 잘된 자아가 있다. 그러나 선과 악을 결정짓는, 자아와 관련된 세 번째 요소가 있는데, 바로 자아의 힘을 원하는 계획이나 목표에 맞게 전환시키는 데 필요한 자기 통제력이다.

✦ 모든 성취의 시작점,
자아

간략하게 사전 설명을 했으니 이제 내가 잘 통제된 자아가 모든 인간 업적의 근간이라는 결론에 어떻게 도달했는지 설명할 준비가 되었다. 이 분석에서 나는 마음이 작동하는 방식을 30년간 면밀하게 조사한 결과를 일부 공개하며, 어떤 것이 명백한 사실이고 어떤 것이 추론인지 분명하게 구분할 것이다.

인간이 속세에서 자기 운명을 만들어나가는 위대한 드라마에 대한 설명을 듣다 보면 지식, 교육, 사실, 경험만으로 성공을 보장하지 못하는 이유가 분명해진다. 아울러 어떤 사람들은 성공 원칙을 효과적으로 적용하는 비결을 찾기까지 왜 그리 오래 걸리는지 그 이유도 명확해진다. 이 설명은 앞으로 물질적 성공을 목표로 이러한 원칙들을 적용하고 싶어 하는 모든 사람에게 지침서가 될 것이다.

한 가지 중요한 진리를 강조하고자 한다. 이 진리는 제대로 해석될 경우 성공 원칙에 새로운 의미를 부여할 것이다. 모든 성취는 자신의 자아가 성공을 의식하게 만드는 계획에서 시작된다. 달리 말해 성공하려면 자아를 적절히 발달시키고, 자아에 원하는 목표를 각인시키며, 모든 형태의 제약과 방탕을 제거하여 자아가 성공을 의식하게 만들어야 한다.

그러므로 성공 원칙의 시작은 자신의 자아 계발이다. 내가 30년간 조사하면서 밝혀낸 사실 중 가장 인상적이고 유용한 점은 탁월한 성취를 이룬 모든 인물이 자아를 통제했다는 것이다.

자기 암시(또는 자기최면)는 개인이 자신의 자아를 원하는 진동 속도에 맞추는 수단이다. 성공한 인물은 모두 이 원칙을 끊임없이 사용했다. 자기 암시의 원칙이 얼마나 중요한지 제대로 이해하지 못하면 이 장에서 가장 중요한 핵심을 놓치는 셈이다. 한 개인의 자아가 가진 성격은 전적으로 그가 자기 암시에 대해 얼마나 알고 있으며, 이를 얼마나 잘 적용하는지에 따라 달라지기 때문이다.

이 문제를 다른 식으로 표현하면 개인이 세상에 어떤 아이디어를 팔려면 먼저 자신에게 그것을 팔 수 있어야 한다는 것이다. 직업과 상관없이 모든 일류 영업 사원은 이 원칙을 이해하고 사용한다. 이것을 이해하지 못한다면 일류가 아니다.

흔히 유쾌하고 매력적인 성격의 사람들은 우연히든 의도해서든 자아를 명확하고 긍정적인 성질로 채색한 사람들이다. 두려움이나 자기 비하로 인해 자아가 무엇이든지 간에 속박되어 있다면 그 대상이나 사람을 통제할 수 없다.

빈곤을 이겨내기 위해 싸우느라 대부분의 에너지를 써야 한다면 자신을 풍요롭다고 표현할 수 없다. 그럼에도 거대한 부를 가진 많은 사람은 가난한 배경에서 출발했다. 이는 가난에 대한 두려움과 그 외 모든 두려움을 정복할 수 있음을 시사한다는 사실을 놓치지 말아야 한다.

자동차에는 수백 가지 부품이 들어가고, 각 부품은 안전하고 만족스러운 자동차 운행을 하는 데 필수적이다. 이러한 부품들은 일반 운전자의 입장에서 세 가지 중요한 요소로 집약되도록 조립되고 조율된다.

- 핸들
- 가속 페달
- 브레이크

자동차는 이 세 가지 접점을 통해 움직일 수 있으며, 원하는 경로로 안내받고, 운전자가 원하는 대로 멈출 수 있다. 인간이라는 기계는 자동차에 비교할 수 없을 정도로 훨씬 더 복잡하다. 인간은 많은 종류의 자극과 부품으로 조작될 수 있는데, 그것들은 열망, 두려움, 감정이라는 형태를 띤다. 모든 것을 고려해 볼 때 성공과 실패의 모든 원칙은 인간의 자아라는 단일 요인으로 통합되고 표현될 수 있다.

자아는 핸들과 가속 페달, 브레이크를 상징한다. 이 세 요소를 가지고 개인이라는 물리적 기계가 출발하고 안내되고 멈춘다.

자아라는 하나의 단어 안에는 모든 성공 원칙의 종합적인 효과가 담겨 있다. 이렇게 종합된 원칙들이 하나의 통합된 동력으로 작용하면 자아의 온전한 주인인 개인은 자신이 원하는 목적지를 향해 나아갈 수 있다.

스스로를 공격적으로 만드는 자기중심적인 사람은 자신의 자아를 건설적으로 활용하는 방식으로 자아와 관계 맺는 방법을 발견하지 못한 사람이다. 자기중심주의는 열등 콤플렉스를 감추기 위해 애쓰는 표현에 불과하다. 자아를 건설적으로 활용하는 방식으로 자아와 관계를 맺지 못한 사람은 타인과 관계를 맺을 때도 똑같은 실수를 저지른다. 자랑과 자기애가 아니라 희망, 열망, 목표, 야망, 계획을 표현하면 자아를 건설적으로 활용할 수 있다.

자아와 좋은 관계를 맺은 사람의 모토는 '행동이 말보다 중요하다'이다. 훌륭해지고 싶은 열망은 건강하지만, 자신의 훌륭함에 대한 믿음을 공공연하게 표현하는 것은 자아를 신중하게 키우지 못했다는 신호다. 훌륭함을 스스로 내세우는 것은 두려움을 가리는 망토에 불과하다.

믿음은 건설적이고 창의적인 것만을 끌어당긴다.
두려움은 파괴적인 것만을 끌어당긴다.
Faith attracts only that which is constructive and creative.
Fear attracts only that which is destructive.

❋ 적절히 발달된 자아를 만드는 일곱 가지 요인

자아의 진정한 성격을 이해하면 마스터 마인드 원칙의 진정한 중요성도 이해할 수 있다. 아울러 마스터 마인드 구성원들이 반드시 당신의 희망, 목표, 목적에 전적으로 동조해야 한다는 사실도 깨닫게 된다. 즉 그들은 어떤 식으로든 당신과 경쟁해서는 안 된다.

그들은 전적으로 당신 인생에서의 핵심 목표를 달성하기 위해 기꺼이 자신의 열망과 성격을 억누를 수 있어야 한다. 또한 당신의 성실성을 신뢰하고, 당신을 존경해야 한다. 당신의 장점을 지지하고, 당신의 결함을 참작해야 한다. 당신이 스스럼없이 자신을 표현하고, 항상 당신만의 방식으로 당신의 삶을 살도록 해주어야 한다. 마지막으로 반드시 당신에게서 어떤 식으로든 보상을 받아야 한다. 그래야 그들이 당신에게 이로운 존재인 것처럼 당신도 그들에게 이로운 존재가 될 수 있다. 마지막 요건을 준수하지 못하면 당신이 누구든 그리고 누구와 어떤 연을 맺었든 간에 당신의 마스터 마인드는 끝을 맞는다.

사람들은 동기에 의해 서로 관계를 맺는다. 불확실하거나 모호한 동기를 바탕으로 한 인간관계는 영구적일 수 없다. 이 진리를 인식하지 못해서 많은 사람이 가난과 풍요 사이에서 가난 쪽에 남았다.

앤드루 카네기의 업적에서 첫 번째이자 아마도 가장 중요한 비결은 사업상의 동료들과 마스터 마인드를 유지할 수 있었던 그만의 노하우일 것이다. 그는 마스터 마인드 구성원을 선발하는 데 귀재였다. 그들에게는 지식과 지성뿐만 아니라 더 중요한, 필요에 따라 카네기의 자아와 관계를 맺는 능력이 있었다.

어떤 사람이 카네기가 찰스 슈와브에게 1년에 100만 달러를 벌 수 있게 해주었다는 말을 듣고, 그가 그런 엄청난 거액을 받을 만한 어떤 특별한 능력이나 지식이 있었는지 궁금해하며 카네기에게 알려달라고 했다.

카네기는 이렇게 말했다.

"슈와브의 철강업에 대한 지식은 연간 2만 5000달러 이상의 가치가 없을지도 모릅니다. 하지만 그의 인격과 그가 제게 미치는 영향은 대단히 값지기 때문에 돈으로 환산할 수 없을 정도입니다. 슈와브의 존재만으로도 제게는 더 큰 관점에서 생각할 수 있는 용기가 생깁니다. 더불어

제 길을 방해하는 어떤 어려움도 해결할 수 있다는 자신감이 생깁니다."

한 사람의 자아는 그 존재의 중심이며, 그 안에는 자신을 그린 완벽한 그림이 자리 잡고 있다. 그 그림에는 부정적이든 긍정적이든 그가 방출하는 모든 생각이 들어 있다. 동시에 그 원천이 무엇이든 모든 희망, 열망, 계획 그리고 모든 두려움, 한계를 명확하게 반영한다.

명확한 핵심 목표의 도움을 받아 협력자를 신중하게 선정해서 자아의 모양을 만들고 발전시켜 인도하면 결국 그가 인생에서 원하는 것은 무엇이든 가져다 쓸 수 있는, 저항할 수 없는 힘이 된다. 반면 자아를 가꾸는 일을 소홀히 하면 시간과 상황을 죽이며 허송세월을 보내다 실패의 밑바닥으로 추락한다.

훌륭한 업적을 이룬 인물들은, 현재는 물론 앞으로도 그렇겠지만, 의도적으로 자신의 자아에게 먹이를 주고 모양을 다듬고 통제한다. 그리고 그 일을 절대 운에 맡기지 않는다. 그러니 내가 '적절히 발달된 자아'라고 말할 때 그 의미를 오해하는 일은 없을 것이다. 자아를 적절히 발달시키는 요인을 간략하게 설명하면 다음과 같다.

첫째, 명확한 핵심 목표를 달성하기 위해 완벽한 조화의 정신을 바탕으로 그의 마음과 조화를 이룰 한 명 이상의 사람들과 연대해야 한다. 이때 연대는 반드시 지속적이고 활동적이어야 한다.

아울러 연대는 영적이고 정신적이며, 공동의 목적에 맞는 교육 수준, 성별, 나이를 가진 사람들로 구성되어야 한다. 가령 카네기의 마스터 마인드 그룹은 스무 명 이상이었는데, 각각 다른 사람들을 통해서는 얻을 수 없는 자기만의 마음 특성과 경험, 지식을 가져왔다.

둘째, 자신을 적절한 조력자들의 영향 아래 두고 공동의 목표를 달성하게 해줄 명확한 계획을 채택해야 한다. 만일 하나의 계획이 부적절하다고 증명되면 효과적인 계획을 찾을 때까지 계속 보완하거나 다른 계획으로 대체해야 한다. 그럼에도 공동의 목표에는 변화가 없어야 한다.

셋째, 개인은 자신에게 열등감을 주거나 목표를 달성할 수 없다고 느끼게 하는 사람이나 상황의 영향을 최소화해야 한다. 부정적인 환경에서는 긍정적인 자아가 성장하지 않는다. 이 점에는 어떠한 타협도 있을 수 없다. 부정적인 영향력을 행사하는 사람(들)과는 분명하게 선을 그어야 한다. 과거에 어떤 친분이나 혈연관계가 있었든 상관없이 그런 사람에게는 마음의 문을 굳게 닫아야 한다.

넷째, 자신을 열등하거나 불행하게 느끼게 하는 과거 경험이나 상황 그리고 그런 모든 생각에 대해 마음의 문을 굳게 닫아야 한다. 불쾌한 과거 경험에 젖어 있는 습관이 팽배하면 강인하고 생기 넘치는 자아를 가꿀 수 없다. 생기 넘치는 자아는 과거의 실패가 아니라 아직 달성하지 못한 성취를 향한 희망과 열망을 먹고 발전한다.

생각은 인간의 자아를 만드는 구성 요소다. 자아를 만드는 일이 끝나면 그 자아 안에 들어간 생각은 희미한 그림자에서도 드러난다. 헨리 포드는 바로 이 진리를 깨닫고 깜짝 놀라 그의 사업 정책과 맞지 않는 사람을 모조리 사업에서 배제시켰다. 카네기는 이 진리를 완전히 이해했기 때문에 마스터 마인드 구성원들과의 조화를 고수했다.

다섯째, 개인은 자신이 가꾸고자 하는 자아의 성격과 목적을 마음에 새길 수 있는 모든 물리적 수단으로 주변을 에워싸야 한다. 가령 작가는 그가 가장 존경하는 작가들의 사진과 작품으로 장식된 작업실을 마련해야 하며, 책장은 자기 작품과 관련된 책들로 채워야 한다. 그가 표현하고 싶은 바로 그 그림을 자아에게 전달할 수 있는 모든 수단으로 주변을 둘러싸야 한다.

여섯째, 적절히 발달된 자아는 항상 개인의 통제 아래 있다. 자아를 명확한 목표로 인도하고 끊임없이 활용해야 한다. 스스로를 파괴하는 병적인 자기중심주의로 흘러가는 과잉된 자아가 있어서는 안 된다. 병적인 자기중심주의는 강제로 타인을 통제하려는 미친 열망으로 나타난다. 대표적인 예가 아돌프 히틀러Adolf Hitler, 베니토 무솔리니Benito Mussolini, 독일 황제였던 빌헬름 호엔촐레른Wilhelm Hohenzollern이다.

자아를 계발할 때 개인의 모토는 '지나치게 넘치지도 부족하지도 않게'가 되어야 한다. 타인에 대한 통제력을 갈망하거나 건설적으로 사용할 수 없고 사용하지도 않을 거액의 돈을 축적하기 시작하면 위험지대를 걷는 것과 마찬가지다. 이런 힘은 그 성질대로 성장해서 조만간 통제할 수 없는 지경에 이른다.

자연은 개인이 자아를 발전시키는 과정에서 일정한 한계를 넘어서면 자아를 줄이고, 그 영향이 주는 압박을 없애는 안전밸브를 가지고 있다. 랠프 월도 에머슨은 그것을 '보상의 법칙'이라고 불렀다. 무엇이 되었든 이 법칙은 철저할 정도로 분명하게 작용한다.

병적인 자기중심주의 때문에 시어도어 루스벨트는 세 번째 대권에 도전했다가 실패하자 그 일로 그의 자아가 너무도 크게 흔들렸고, 곧 사망했다.

나폴레옹 보나파르트Napoleon Bonaparte는 세인트헬레나섬에 도착한 날 자아가 붕괴되어 죽어갔다. 활발한 삶을 살았던 사람들이 모든 형태의 일을 중단하면 일반적으로 신체가 위축되어 곧 죽게 된다. 살아남더라도 그들은 매우 불행하게 지낸다. 완전히 통제되어 항상 사용 중인 자아가 건강한 자아다.

　　일곱째, 자아는 생각의 본질 때문에 좋은 쪽으로든 나쁜 쪽으로든 끊임없이 변화를 겪는다.

　　열망이 물리적 실체로 전환되는 데 정확히 필요한 시간을 설명할 수 있는 적절한 방법은 없다. 열망의 성격, 열망에 영향을 주는 상황, 열망 자체의 강도—이 모든 것이 생각 단계에서 물리적인 단계로 전환하는 데 필요한 시간과 관련된 결정 요인들이다. 믿음으로 알려진 마음 상태는 열망을 그에 상응하는 물리적 현실로 재빨리 전환시키는 데 아주 적절하기 때문에 그런 변화를 거의 즉시 일으킨다고 알려져 있다.

　　사람은 약 20년 안에 신체적으로 성숙하지만 정신적으로, 즉 자아가 성숙하려면 35년 내지 60년이 걸린다. 이 사실은 대체로 50세 전후가 되고 나서야 비로소 큰 물질적 재산이 축적되기 시작하는 이유도 설명한다. 막대한 물질적 부를 얻고 그것을 유지할 수 있는 자아가 필요하다. 바로 자기 수양을 하고, 자신감과 명확한 핵심 목표, 진취성, 상상력, 정확한 판단력을 갖춘 자아다. 이러한 자질 없이는 어떠한 자아도 부를 얻고 그것을 유지할 수 있는 힘을 가질 수 없다.

믿음은 사람 안에 있는 가장 좋은 점을 찾고 그것을 기대하게 한다.
두려움은 그들의 약점만을 발견한다.

Faith influences one to look for and to expect to find the best there is in men.
Fear discovers only their weaknesses.

열등감이 지배하는 자아 vs. 우월감이 주도하는 자아

경제 공황이 시작되기 한두 해 전, 작은 미용실 사장이 잠잘 곳이 필요한 노인에게 사업장 뒷방을 내주었다. 그 노인은 돈이 없었지만 화장품을 제조하는 방법에 대한 상당한 지식이 있었다. 그래서 그에게 잠잘 곳을 제공한 젊은 사장은 자신의 미용실에 필요한 화장품을 제조하는 것으로 방세를 대신할 기회를 주었다.

머지않아 두 사람은 경제적인 자유를 안겨줄 마스터 마인드에 돌입했다. 첫째, 그들은 판매원들이 집집마다 방문 판매할 화장품을 제조한다는 목적 아래 사업적 파트너십을 맺었다. 사장은 필요한 원자재를 조달할 자금을 제공하고, 노인은 제조하는 일을 맡았다.

처음에는 두 사람이 직접 화장품을 팔았다. 미용실 사장은 저녁이면 집집마다 방문해서 화장품을 팔았고, 노인도 매일 일정 시간 화장품을 팔았다. 한두 해가 지난 후 두 사람의 마스터 마인드가 그들에게 굉장히 이롭다고 증명되자 여성 사장과 남성 노인은 결혼을 통해 이 연대를 강화하기로 결심했다.

남성은 성인이 된 후 대부분의 시간을 화장품업에 종사했지만 성공하지는 못했다. 여성은 미용실을 운영하며 간신히 먹고 살았다. 하지만 이 둘이 결혼으로 행복한 결합을 이루자 연대를 맺기 전에는 결코 알지 못했던 힘이 생겼다. 이 '사업상 연대'의 첫날부터 그들은 재정적으로 성공을 거두기 시작했다.

경제 공황 초기에 그들은 작은 방 하나에서 화장품을 혼합해 집집마다 방문하며 몸소 제품을 판매했다. 공황이 끝날 무렵 사업이 성장하며 꾸준히 일하는 직원 수가 100명이 넘는 대규모 공장에서 화장품을 만들게 되었다. 4000명이 넘는 영업 사원들이 전국에서 화장품을 팔았다.

이 연대의 첫 10년 동안 200만 달러가 축적되었다. 경제 공황이라는 힘든 시기에 화장품 같은 사치품 판매가 당연히 저조한 상황에서 거둔 놀라운 성과였다. 그들은 평생 필요한 돈 그 이상을 벌어들였다. 마스터마인드를 결성하기 전 둘 다 가난에 찌들어 있던 시절에 가지고 있던 지식과 기회를 바탕으로 재정적 자유를 얻었다.

나는 평범한 능력과 짧은 가방끈을 가진 두 사람이 불확실성의 시기에 정당하게 부를 축적한 기적을 달성한 비결이 궁금했다. 그래서 대륙을 횡단해 그들의 집을 찾아가 그곳에 머무르며 그들이 실행한 사업 정책의 자세한 내용과 각각의 성격이 가진 모든 특징을 연구했다.

나는 이들을 분석할 수 있는 특권을 누렸기에 그들이 살아온 이야기를 그대로 가지고 돌아올 수 있었다. 얼마나 의미 있는 이야기인가. 이 흥

미로운 두 사람의 이름을 밝힐 수 있으면 좋겠지만, 프라이버시 때문에
공개할 수는 없다.

사업에서나 결혼에서 이 둘의 연대를 발생시킨 동기는 단연 경제적
인 이유였다. 이제 남성의 나이는 75세고, 여성은 40세다. 여성은 과거에
결혼한 적이 있었는데, 남편이 생활비를 벌어다 주지도 않았고 어린 아
기가 있었는데도 그녀를 버렸다.

가까이서 이 둘을 관찰한 결과, 과거에도 현재에도 둘 사이에 사랑
비슷한 감정은 없었다. 대신 조화가 있었다. 앤드루 카네기가 마스터 마
인드의 성공적인 운영을 위해 조화를 필수 요소로 강조했던 것에 비추어
볼 때 이는 중요한 사실이다.

그들의 저택 뒤편에는 멋진 수영장이 딸려 있는데, 집주인의 초대를
받은 아주 드문 경우를 제외하고는 아무도 사용할 수 없다. 또한 이 집은
우아하게 장식되어 있지만 초대받은 손님조차 특별한 요청 없이 거실에
서 피아노를 치거나 의자에 앉을 수 없다.

식당에는 화려한 가구들이 비치되어 있고, '국가적' 행사에나 적합
할 법한 기다란 식탁이 놓여 있지만, 가족과 손님은 그곳을 좀처럼 사용
하지 않는다. 이 부부는 아침 식사실에서 밥을 먹는다. 또한 정원사가 잔
디를 끊임없이 관리하지만, 집주인의 특별한 허락 없이는 아무도 꽃을
꺾을 수 없다.

그들의 사업은 주식회사가 되었으며, 남편이 회사의 대표다. 그는
손으로 조각한 커다란 책상과 속을 꽉 채운 의자가 구비된 격조 있는 사
무실에서 일한다. 책상 정면에 있는 벽에는 그의 커다란 초상화가 걸려

있으며, 그는 거의 항상 크게 감탄하며 그 그림을 바라본다.

사업에 대해, 특히 최악의 불황 속에서 거둔 이례적인 성공에 대해 이야기할 때 남편은 모든 성취를 자신의 공으로 돌렸다. 어찌나 심하게 그러던지 사업과 관련해서는 아내의 이름을 거론조차 하지 않았다. 아내는 매일 출근을 하지만 사무실도 책상도 없었다. 마치 방문객처럼 무심히 공장을 둘러보고는 했다.

공장에서 나오는 모든 제품 포장에 남편의 이름이 찍혀 있다. 그들이 운영하는 모든 배달용 트럭에도 큰 글씨로 새겨져 있고, 그들이 발간하는 모든 판매 책자와 광고물에도 찍혀 있다. 그러나 아내의 이름은 눈을 씻고 보아도 찾기가 힘들다.

남편은 자신이 사업을 일구어 운영한다고, 자신이 없으면 사업이 돌아갈 수 없다고 믿는다. 하지만 진실은 그 반대다. 그의 자아가 사업을 일구어 운영하기는 하지만, 사업은 그 없이도 지금처럼 잘 돌아가거나 오히려 더 잘 돌아갈 것이다. 그의 아내가 그 자아를 길러냈고, 그녀는 비슷한 상황의 다른 어떤 남자에게도 그렇게 할 수 있었을 것이기 때문이다.

아내에게는 사전에 세운 목적과 자기 통제력이 있었기 때문에 인내심 있게 자신의 인격을 남편의 인격에 융합시켰다. 또 남편의 자아에서 모든 열등의 흔적을 제거해 평생 겪은 빈곤에서 비롯된 가난한 의식을 지워버렸으며, 남편이 그 사업의 중심인물이라고 믿도록 최면을 걸기 위한 자양분을 단계적으로 공급했다.

사실 이 회사가 취한 모든 정책과 사업적 행보, 전향적인 조치는 그의 마음에 아주 영리하게 자리 잡은 아내의 아이디어가 만들어낸 결과였기 때문에 그는 그것들의 원천이 무엇인지 알지 못했다. 사실 아내가 이 사업을 주도하는 '브레인'이며, 남편은 '얼굴 마담'에 불과했다. 하지만 둘의 결합은 이 이상 좋을 수가 없을 정도다. 그들이 달성한 엄청난 재정적 성취가 이를 증명한다.

아내가 자신을 드러내지 않는 방식은 그녀에게 완벽한 자기 통제력이 있다는 증거일 뿐만 아니라 지혜가 있다는 증거이기도 하다. 아마 다른 방법으로는 같은 결과를 달성할 수 없었을지도 모른다.

만일 이 두 사람이 현재 작용하는 조화의 정신이 깨지도록 연대를 방치한다면, 둘은 아마 성공한 속도보다 더 빠르게 추락할 것이다. 그들의 힘은 명백히, 전적으로 이 영리한 아내가 남편 안에서 키워낸 종합적인 자아로 구성된다. 이 자아는 그녀가 조심스럽게 보호하고 계속 촉진시키는 한 살아 있을 것이다. 그녀의 지속적인 영향이 없다면 남편은 그녀와 손잡기 전의 상태, 즉 가엾은 실패자로 돌아갈 것이다. 이 말은 전적으로 나의 사견이지만, 사실이다.

여기에서 가난과 부의 주된 차이는 열등감에 지배당하는 자아와 우월감에 지배당하는 자아의 차이에 불과하다는 사실을 알 수 있다. 이 영리한 여성 사장이 풍요에 대한 생각을 남성 노인의 자아에 주입하지 않았다면 그는 집 없는 가난뱅이로 죽었을 것이다.

아울러 이 사례는 수많은 사례 중 하나일 뿐이다. 다른 사례들과의 유일한 차이점은 이 사례에서는 분석에 필요한 모든 사실을 쉽게 확인할 수 있었지만, 대다수의 사례에서는 사실이 교묘하게 숨겨져 있다는 점이다.

✦ 가장 비옥한 정원의
주인이 되어라

헨리 포드를 처음 만난 후 아주 오랜 세월 동안 나는 역경을 극복하는 그의 엄청난 능력이 어디서 비롯되었는지 궁금했다. 그러다 아주 우연히 포드와 가까운 이웃을 만났고, 그는 내게 포드 부부의 관계에 대한 비밀스러운 정보를 제공했다.

포드 부부는 처음부터 마스터 마인드 원칙을 부부 관계의 근간으로 삼았다. 포드 부인이 항상 그녀의 인격을 표면 아래로 완전히 숨겼기 때문에 대중은 언론에서 그녀의 이름조차 보지 못했다. 그러나 포드가 '말 없는 탈것'에 관한 실험을 진행할 자금이 부족했던 초기에 포드 부인이 자신의 남편에게 가진 돈을 모두 털어 실험에 쓸 수 있게 인도했다고 나는 자신 있게 말할 수 있다.

또한 포드는 아내와 사전에 대화하지 않고는 중요한 사업 결정을 절대 내리지 않는다는 이야기가 있다. 포드의 자아는 사람들이 잘 알지 못하는 이유로 유명하며, 그의 자아는 아내의 자아와 결합되었다. 명확하고 단일한 핵심 목표, 끈기, 자립심, 자기 통제력은 모두 명백하게 포드의 자아를 구성하는 요소들이지만, 포드 부인의 영향력에서 비롯되었다.

포드의 자아는 앞서 소개한 화장품 사업가 남편과는 완전히 다르게 눈에 띄지 않게 조용히 작동한다. 포드의 사무실에는 그의 대형 사진이 없다. 그렇다고 오해하지 마시라. 그가 세운 거대한 제국과 직간접적으로 관련된 모든 사람은 포드의 영향력을 느낀다. 포드의 정신은 공장에서 생산되는 모든 자동차 안에 깃들어 있다. 사업의 면면은 그가 자아를 표현하는 수단이다. 기계적 완벽성을 통해, 대중적인 가격의 운송 서비스를 통해 그리고 무수한 사람을 고용함으로써 자아를 드러낸다.

포드가 칭찬에 대해 감사해하지 않는 것은 아니지만, 칭찬을 받기 위해 애쓰지는 않는다. 포드의 자아에는 화장품 사업가의 아내가 남편에게 하는 끊임없는 칭찬이 필요하지 않다.

포드가 다른 사람의 지식과 경험을 가져와 사용하는 방법은 앤드루 카네기를 비롯한 대부분의 사업가들이 사용하는 방법과 완전히 다르다. 그의 자아는 아주 겸손해서 자신의 업적에 대한 듣기 좋은 말을 부추기거나 어떤 식으로든 칭찬에 대해 맞장구치려 하지 않는다.

포드는 이 세상에서 진정으로 위대한 인물에 속한다. 자연법칙을 인식하고 자신에게 이로운 방식으로 적용하는 법을 배웠기 때문이다. 하지만 나는 그의 위대함이 부분적으로는 그의 아내와 다른 훌륭한 인물들, 가령 토머스 에디슨, 루서 버뱅크Luther Burbank, 존 버로스John Burroughs, 하비 파이어스톤Harvey Firestone 같은 사람들과 손을 잡은 데서 비롯되었다고 믿는다. 포드는 이들과 오랜 세월 친밀한 연대를 유지했다. 이 5인방은 수년간 해마다 각자의 사업을 뒤로하고, 조용하고 외딴 곳에 함께 머물면서 생각을 교류했고, 각자 원하는 자양분을 자아에 주입했다.

이들과의 연대 덕분에 해가 갈수록 포드의 인격과 그의 사업 정책, 심지어 포드자동차의 전체적인 외관마저 뚜렷하게 개선되었다. 그들이 포드에게 미친 영향은 명확하고 깊고 심오했다.

나는 성공한 인물들을 연구하며, 한 사람이 그의 영향력으로 이 세상에서 차지하는 공간은 그가 자신의 자아를 어느 정도 통제하는가에 정확히 비례한다는 흥미로운 사실을 발견했다. 앞서 소개한 화장품 사업가는 그의 가족이 사는 공간과 화장품을 생산하는 공장만 차지하고 통제할 수 있을 뿐이다. 반면 포드는 어떤 식으로든 사실상 온 세상을 차지하며 문명의 추세에 영향을 미쳤다. 그는 자아의 주인이기 때문에 지구상에서 그가 바라는 모든 물질을 손에 넣을 수 있다. 사실 이미 그렇게 했다.

화장품 사업가는 그의 자아를 꽤 이기적인 여러 방식으로 표현했다. 그 결과 그의 영향력은 돈의 축적과 가족 및 회사 직원으로 국한된 소수에 대한 지배(게다가 그들의 기꺼운 동의도 없다)에 그쳤다. 반대로 포드는 인류에게 주는 혜택을 계속 확장하고 늘려가는 방식으로 그의 자아를 표현한다. 굳이 애쓰지 않고도 문명 세계 전체에 영향을 미치는 인물이 되었다. 이것은 아주 놀라운 발견이다. 개인이 어떤 자아를 가꾸기 위해 노력해야 하는지를 보여주는 대단히 중요한 정보를 제시한다.

어언 30년을 쉼 없이 조사한 결과, 사람들 사이에 유일하게 중요한 차이는 바로 자아의 차이라는 불가피한 결론에 도달했다. 포드는 지구 전체에 영향을 주는 계획을 통해 자신의 자아를 확장된 자아로 키웠다.

그는 자동차 제조 및 유통이라는 관점과 그를 위해 일하는 수천 명의 직원들의 관점에서 생각한다. 또한 수백만 달러의 운영 자본의 관점에서 생각하며, 운영 자본을 조달하기 위한 정책을 세워서 사업의 관점에서 생각한다. 직원들의 타당한 요구보다 훨씬 더 좋은 급여와 작업 환경을 제공함으로써 다른 사람들이 그의 사업을 넘볼 수 없게 유지한다. 그를 위해 일하는 수천 명의 노력을 효율적으로 조율해서 경제성을 확보

하고, 사업 파트너들과의 조화로운 협력의 관점에서 생각한다. 그와 뜻을 같이하지 않는 사람은 누구라도 그의 조직에서 퇴출시켜 생각을 행동으로 옮긴다.

이러한 것들은 활력이 넘치는 포드의 자아에 자양분을 공급해 자아를 유지하는 특성들이다. 이러한 특성 가운데 이해하기 어려운 것은 없다. 채택하고 활용하기만 하면 누구라도 가질 수 있다.

포드 이후로 자동차 제조업에 뛰어든 많은 사람을 살펴보라. 자세히 조사해 보면 그들이 누구였는지, 그들이 잠시나마 생산했던 자동차가 무엇이었는지 사람들이 기억하지 못하는 이유를 금세 깨달을 것이다.

포드에게 도전장을 내밀었으나 중도에 실패한 모두가 스스로 정한 한계나 자아의 소실 때문에 실패했다. 잊혀간 모두가 사실상 포드 정도의 지능은 있었다. 심지어 대부분은 포드보다 가방끈이 길뿐더러 더 활력이 넘치는 성격이었다.

포드와 그들의 주된 차이는 이렇다. 포드는 자아가 개인적인 성취를 훨씬 뛰어넘어 확장되도록 키웠다. 반면 다른 사람들은 금세 따라잡힐 정도로 자아를 제한했다. 계속 전진하도록 이끌기 위해 확장된 자아가 하는 일이 없었기 때문에 그들의 계획은 어려움에 봉착했다.

포드가 사업을 시작하고 얼마 지나지 않아 수백 명의 경쟁자들 가운데 그의 업적을 능가할 만큼 무척 빠르게 성장한 사람이 있었다. 만일 그의 자아에 문제가 발생하지 않았다면 업계에서 그의 성과는 포드의 업적을 무색하게 했을 것이다.

프랭클린 루스벨트처럼 사람을 끄는 매력적인 성품, 잘 갖추어진 교육, 사람들을 조화로운 정신으로 협력하게 만드는 놀라운 판매 능력, 필요한 운영 자본을 모두 조달할 수 있을 정도로 충분한 사업 성과가 바로 그의 두드러진 특징이었다. 그의 경력이 정점에 도달했을 때 그는 자기 회사의 대표가 되어 있었고, 그가 만들어낸 자동차가 같은 가격대에서 업계를 주도했다. 그에게는 사업 시작 초기보다 훨씬 더 밝은 미래가 있었다. 그의 이름은 당시 전국적으로 유명했다.

그의 자아는 역동적이고 강력하며 야심찼다. 우리가 일반적으로 사람들을 판단하는 기준에 따르면 그는 포드를 훨씬 앞서야 했다. 하지만 커리어의 정점에서 그에게 무슨 일인가가 발생했다. 그 바람에 그는 잊혀버렸고, 자동차 회사 명단에서도 곧 이름이 사라졌다. 성공에 취해 판단력이 약해지는 바람에 자아가 지나치게 팽창하도록 방치해서 그야말로 풍선처럼 부풀다 터져버린 것이다.

균형 잡힌 자아는 칭찬이나 비난에 심하게 영향받지 않는다. 스스로 택한 직업에서 성공한 사람들은 항상 명확한 핵심 목표를 설정하고, 그것을 달성할 계획을 세운다. 가장 쉽고 짧은 경로로 목표 달성을 향해 전진하고, 적의 말에 귀 기울이거나 친구들과 지나치게 오랜 시간 어울리지 않는다. 달리 표현하자면 성공한 인물들은 그가 가장 좋아하는 것만 탐닉하거나 좋아하지 않는 것에 영향을 받지 않도록 자아를 잘 통제한다.

나는 인생에서 높은 지위에 올랐으나 결국 가난에 찌들고 비참한 삶으로 추락한 수백 명의 사람들도 조사했다. 대부분이 누군가의 영향을 받아 표류하는 습관을 가지게 되어 실패했다고 확실히 말할 수 있다.

포드가 유명 인사들과 칵테일을 마시며 저녁 시간을 보내는 모습을 본 사람은 없다. 포드가 자신의 업적을 자화자찬하는 신문 기사를 읽어본 사람도 없다. 포드의 자아는 이러한 영향력으로 발전하지 않았기에 그는 은퇴를 준비할 나이에도 건강하고 활기차며 부유했다.

포드의 자아는 정확히 그가 원하는 대로다. 그는 항상 자아를 통제하기 때문에 현재 살아 있는 지구인의 50퍼센트보다 이 세상에서 더 큰 공간을 차지하고 더 큰 영향력을 미치고 있다. 얼마나 놀라운 사실인가.

포드의 힘은 지식에서만 비롯되지 않았다. 지능 혹은 교육에서만 비롯되지도 않았다. 운과는 아무런 관련이 없으며, 엄청난 행운을 타고난 운명도 아니다. 포드의 힘은 모든 두려움에서 완전히 자유롭고 스스로 정한 한계에 속박당하지 않은, 스스로 만든 자아의 표현일 따름이다.

포드가 루스벨트 대통령의 초대를 받고 워싱턴 D.C.로 향하면서 기자들에게 "아무것도 원하지 않는 사람을 보여주겠다"라고 말했을 때, 이는 자만이나 경박함을 드러낸 것이 아니었다. 그는 진실을 말했을 뿐이다. 포드는 지구상에서 그가 바라는 물질이나 그에 상응하는 것은 무엇이든 얻을 수 있다. 이는 포드가 자신의 자아를 발전시켰고, 계속해서 그것을 통제했기 때문이다. 그의 위대한 힘에 다른 비밀은 없다.

포드는 자기보다 교육을 많이 받고, 자기보다 더 훌륭한 인격을 갖추고, 자기 못지않은 지능을 가진 수천 명을 고용했다. 그와 그들의 주된 차이는 전적으로 자아의 차이다. 포드는 한계와 소실을 모르는, 스스로 만든 자아를 지녔다. 다른 사람들은 명확한 핵심 목표 없이 제한된 야심을 가진 채 표류하는 태도에서 나온 자아를 가졌다. 그 외에 다른 차이는 없으며, 이는 모든 직업에서 실패와 성공을 가르는 차이다.

포드의 자아는 이제 너무나 확고하게 자리를 잡아 포드 자신도 그것을 바꿀 수 있을지 의문이다. 몹시 긍정적으로 변화한 그의 자아는 '극복할 수 없는 장애물'이라는 개념 자체를 인정하지 않는다. 이와 같은 습관적인 태도가 포드의 마음속에서 믿음이 지속적으로 작용할 수 있는 완벽한 환경을 조성했다. 그의 자아는 후퇴를 모른다. 오직 한 방향으로만 전진한다.

인간의 자아, 즉 개인의 인격은 마치 자석처럼 그 본성과 조화를 이루는 모든 것을 끌어당긴다. 포드는 그의 자아에 사실상 한계가 없는 열망과 계획을 끌어당겼다. 그리하여 그는 가장 강력한 자연법칙인 믿음을 활용하여 자신이 바라는 것의 물리적 실체를 얻는다.

포드의 자아는 말 그대로 하나의 강박적인 집념에 사로잡혀 있으며, 그 집념을 실현하기 위해 그는 모든 다른 욕망을 철저히 억누른다. 하나의 명확한 핵심 목표에 열망을 집중시킨 후 그 열망을 강박의 불길로 키울 수 있는 사람은 그 누구라도 포드가 거대한 산업 제국을 건설했듯이 쉽게 열망의 대상을 획득할 수 있다. 모두가 알다시피 산업 제국의 건설은 오랫동안 포드의 강박이었다.

위대한 지도자들은 외부 영향을 받아 자아의 한계를 없애고, 그 자리를 믿음으로 채워 위대함을 성취한 것으로 알려져 있다.

분명 나폴레옹 보나파르트의 놀라운 자아는 의심할 여지 없이 첫 번째 아내의 영향을 받아 통제되었다. 그가 스스로 그 영향력에서 벗어난 후 머지않아 그는 영원히 실패했다.

찰스 디킨스Charles Dickens는 첫 번째 연인의 영향으로 자아에 변화가 일어난 결과 『데이비드 코퍼필드』라는 위대한 작품을 썼다. 어쩌다 보니 그는 자신의 경험을 바탕으로 그 책을 집필했다.

앤 러틀리지Ann Rutledge에 대한 사랑이 에이브러햄 링컨Abraham Lincoln 의 자아를 깨우고 야심을 품도록 하지 않았다면 분명 그는 이름 없는 변호사로 남았을 것이다.

토머스 에디슨의 두 번째 부인은 미국에 위대한 천재 발명가를 선사한 에디슨의 자아를 뒷받침하는 강력한 원동력이었다. 에디슨이 그녀를 처음 보았을 때부터 죽을 때까지 그녀는 에디슨의 삶에서 중심인물이었다. 그녀는 에디슨의 자아에 지속적이고 심오한 변화를 남겼다. 이는 에디슨에게 직접 들은 말이다.

지금까지는 그들이 선택한 사람 때문에 그들의 자아가 바뀌고 탁월한 성취를 이룬 인물들의 예다. 나는 이들보다 성취의 정도는 덜하지만, 상대방의 영향으로 성공한 다른 수백 명을 알고 있다.

모든 사람은 결국 그의 마음에 가장 강력한 인상을 남기는 사람을 닮는다. 우리는 모두 모방하는 생명체이며, 자연스럽게 우리가 택한 영웅을 따라 하려고 한다. 누군가의 영웅이 큰 믿음을 가진 인물이라면 그는 정말 행운아다. 영웅을 숭배하면 숭배의 대상이 가진 성격의 무언가가 따라오기 때문이다.

요컨대 자아는 적극적인 믿음을 불러일으키는 모든 자극을 키워낼 수 있는 비옥한 정원이다. 이 사실을 환기시키며 자아라는 주제에 대한 이야기를 요약하려 한다. 제대로 가꾸지 않으면 이 비옥한 땅에 두려움과 의심, 우유부단이라는 부정적인 작물이 자라나 실패로 이어질 수 있

다. 성공을 위해 필요한 행동을 취하는 데 대단히 중요한 '실행하는 믿음'
은 자아에 의해 영감을 얻고, 지시를 받으며, 그 실행이 촉진된다.

믿음은 눈에 비치는 모습과 얼굴 표정,
목소리 톤으로 틀림없이 그 모습을 드러낸다.
두려움 역시 같은 방식으로 그 모습을 드러낸다.

Faith unmistakably identifies itself through the look in one's eyes,
the expression on the face, and the tone of the voice.
Fear identifies itself through the same sources.

믿음은 바라고 믿고 행동함으로써 유도될 수 있는 마음 상태다.

Faith is a state of mind that can be induced
by desiring, believing, and doing.

모든 위대한 지도자가 큰 믿음을 가졌다는 것이 놀랍지 않은가?

Is it not significant that
all great leaders are known to possess great faith?

사람들에게 없는 것은 힘이 아니라 의지다.

— 빅토르 위고

People do not lack strength; they lack will.
— Victor Hugo

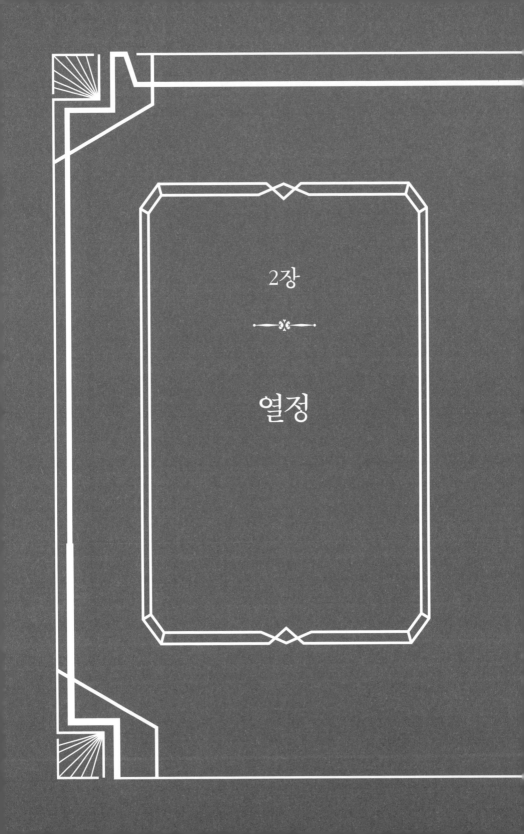

2장

열정

열정 없이 이룬
위대한 업적은
없다

Wishes Won't

Bring RICHES

열정은 영적인 힘을 통해 행동으로 옮겨지는 감정으로, 모든 위대한 업적의 시작이다. 누구나 어떤 식으로든 성공을 바란다. 하지만 열정이라는 불꽃을 강박적인 열망이라는 화염으로 키우는 습관을 가진 사람만이 괄목할 만한 성공을 달성할 수 있다.

40여 년 전 시골 꼬마의 계모가 다른 자녀들은 밖으로 내보낸 뒤 그를 응접실로 불러 그의 인생을 긍정적인 방향으로 바꾸는 이야기를 시작했다. 동시에 그녀는 아들의 마음에 열망을 심었고, 그는 훗날 그 열망을 수천 명의 마음에 심었다. 그 열망은 바로 유용한 서비스를 제공해서 스스로 결정하는 삶을 살겠다는 것이다.

이 소년은 당시 열한 살에 불과했지만, 소년이 살던 산골 사람들 사이에서는 '동네에서 가장 말썽꾸러기'였다. 계모는 그에게 이렇게 말했다.

"사람들이 너를 잘못 판단하고 있단다. 그들은 우리 동네에서 네가 가장 말썽꾸러기라고 말하지만, 넌 말썽꾸러기가 아니야. 너는 가장 활동적인 아이야. 네게 필요한 것은 호기심 가득한 마음을 집중할 수 있는 명확한 핵심 목표란다. 너는 예리한 상상력과 높은 진취성을 지녔어. 그래서 나는 네가 작가가 되면 좋겠구나. 만일 네가 그렇게 하기로 마음먹고 이웃들에게 장난치는 데 관심을 쏟는 만큼 독서와 글쓰기에 마음을 쏟는다면, 언젠가 너의 영향력이 우리 주 전역으로 퍼져 나갈 날이 올 거야."

계모의 목소리에 담긴 무언가가 이 '악동'의 마음을 움직였다. 소년은 계모의 말에서 열정을 느꼈고, 그 즉시 행동에 옮겼다.

열다섯 살 무렵 소년은 이미 작은 신문사와 여러 잡지에 기사와 칼럼 등을 쓰고 있었다. 글솜씨가 탁월하지는 않았지만, 글에 열정이 담긴 덕분에 읽을 만했다.

스물다섯 살이 되던 해《밥 테일러 매거진Bob Taylor's Magazine》의 편집자가 그에게 철강업에서 앤드루 카네기가 이룬 업적에 관한 이야기를 쓰는 일을 맡겼다. 이 일은 그의 인생에 또 다른 변화를 만들어낼 운명적인 계기가 되었다. 계모의 말대로 그의 영향력을 주 전체에 퍼지게 할 책들을 쓸 기회가 되었을 뿐 아니라 그 영향력이 세계 주요 지역으로 뻗어 나가는 기회로도 이어졌다. 아울러 미국의 생활양식이 사라지지 않도록 구하는 데도 일조할 것이 분명했다.

카네기와의 인터뷰에서 이 청년 작가는 그의 열정에 감동했다. 청년은 그 열정의 정신을 받아들였고, 그 정신 덕분에 그의 책은 오랫동안 베스트셀러가 되었다. 이제야 자랑스럽게 밝히지만, 그 '악동'은 바로 나다.

열정을 다루는 이 장은 카네기의 개인 서재에서 시작한다. 1908년 그곳에서 인터뷰를 진행하는 동안 카네기는 나에게 열정을 통제하는 기술을 가르쳐주었다.

⚡ 열정의
여덟 가지 이점

힐: 저는 카네기 씨가 열정이라고 부르시는 성공 원칙에 대한 분석을 들을 준비가 되었습니다. 이 용어의 뜻을 정의해 주시고, 어떻게 하면 열정을 자기 뜻대로 키울 수 있는지 설명해 주시기 바랍니다.

카네기: 열정은 감정의 능력을 자극하면 키울 수 있습니다.

힐: 그렇다면 열정은 행동하는 감정인가요?

카네기: 그것이 열정에 대한 간략한 표현입니다. 열정은 자발적인 감정이다, 즉 개인이 뜻대로 발생시킬 수 있는 감정이라고 하면 좀 더 정확할 것입니다. 하지만 당신의 질문에는 한 가지 중요한 요인, 즉 열정의 통제가 빠졌습니다. 감정을 행동으로 전환하는 방법을 아는 것만큼이나 감정의 작용을 조정하고 통제하거나 전적으로 차단하는 방법을 아는 것도 중요합니다.

하지만 감정의 통제를 논하기 전에, 열정으로 얻을 수 있는 이점부터 자세히 살펴봅시다. 우선 열정이란, 동기에 기반한 열망이 행동으로 표현된 결과임을 명심합시다. 정상적인 사람이 동기 없이 열정을 가질 수는 없습니다. 그러므로 모든 열정은 동기를 기반으로 한 열망에서 시작된다고 할 수 있습니다.

열정에는 두 가지 유형, 즉 수동적 열정과 적극적 열정이 있습니다. 더 정확하게 말하자면, 열정은 두 가지 방식으로 표현될 수 있습니다. 수동적으로는 감정적 자극을 통해, 능동적으로는 말이나 행동을 통해 감정을 표현하면 됩니다.

힐: 능동적 표현과 수동적 표현 가운데 무엇이 더 이롭습니까?

카네기: 그 답은 상황에 따라 다릅니다. 물론 적극적 열정이 표현되기 전에 항상 수동적 열정이 나타납니다. 행동이나 말로 열정을 표현하기 전에 먼저 느껴야 하기 때문입니다.

열정의 표현이 자신의 이익에 해로울 수 있습니다. 이는 지나치게 과도한 열정을 내보이거나 타인에게 알리고 싶지 않은 상황에서 자신의 마음 상태를 드러낼 수 있기 때문입니다. 그래서 어떠한 상황에서든 감정 표현을 자제하는 법을 배우는 것이 대단히 중요합니다. 아울러 자기 뜻대로 감정을 드러내고 표현할 줄 아는 능력을 습득하는 것도 필요합니다. 두 경우 모두 통제력이 중요한 요인입니다. 이제 수동적 열정과 적극적 열정의 이점 몇 가지를 간략하게 설명하겠습니다.

목소리 톤의 변화

열정은 목소리 톤에 영향을 미쳐 기분 좋고 인상 깊게 만듭니다. 영업 사원이나 대중 연설가가 마음대로 목소리에 열정을 불어넣는 능력이 없다면 무능해질 것입니다. 일상 대화에서도 마찬가지입니다. 가장 따분한 주제조차 열정을 가지고 표현한다면 흥미로워질 수 있습니다. 열정이 없다면 가장 흥미로운 주제도 지루해질 수 있습니다.

진취성

열정은 생각과 물리적 행동에 진취성을 불러일으킵니다. 열정을 느낄 수 없는 일을 잘해내기란 아주 어렵습니다.

피로 회복과 게으름 극복

열정은 신체의 피로를 없애주고 게으름을 극복하게 합니다. '게으른 사람은 열정이 없다'는 말이 있습니다. 게을러 보이는 이유는 열정을 가질 동기가 없기 때문입니다.

신체 기능의 증진

열정은 신경계 전체를 자극합니다. 특히 소화 기능을 비롯한 신체 기능을 효율적으로 수행하게 만듭니다. 이러한 이유에서 식사 시간은 하루 중 가장 즐거운 시간이 되어야 합니다. 개인적인 의견 차이나 가족 간의 갈등을 해소하는 자리가 되어서는 안 되며, 자녀의 잘못을 바로잡는 시간이 되어서도 안 됩니다.

잠재의식 자극

열정은 뇌의 잠재의식을 자극해서 열정을 불러일으키는 동기와 관련된 작업을 하게 합니다. 사실 자연스럽게 고취된 감정을 제외하고 잠재의식을 자발적으로 자극한다고 알려진 방법은 없습니다.

여기서 잠재의식이 긍정적이든 부정적이든 모든 감정에 따라 작용한다는 점을 강조할 필요가 있습니다. 잠재의식은 사랑의 감정에 따라 작용하는 것 못지않게 두려움의 감정에도 빠르게 작용합니다. 또는 풍요로움에 못지않게 가난에 대한 걱정에도 빠르게 작용합니다. 그러므로 열정이 감정을 그대로 표현한다는 사실을 아는 것이 중요합니다.

전염성

열정은 전염됩니다. 열정이 닿는 범위 안에 있는 모든 사람에게 영향을 미칩니다. 훌륭한 영업 사원이라면 누구나 이 사실을 잘 알고 있습니다. 아울러 개인은 열정을 능동적 또는 수동적으로 표현해서 타인에게 영향을 미칠 수 있습니다.

믿음의 준비

열정은 모든 부정적인 사고를 좌절시키고, 두려움과 걱정을 해소해서 마음이 믿음을 표현할 수 있도록 준비시킵니다.

의지의 지속

열정은 의지력과 쌍둥이 형제입니다. 열정은 의지를 지속시키는 주된 원천입니다. 또한 끈기를 계속 유지하게 하는 힘입니다. 따라서 의지력, 끈기, 열정은 개인이 신체 에너지를 최소한으로 쓰면서 행동을 지속시키는 삼총사라고 말할 수 있습니다. 사실 열정은 피로와 정적인 에너지를 활동적인 에너지로 전환합니다.

무엇보다 열정(한 가지 이상의 감정 표현일 수 있습니다)은 사고의 진동을 촉진하고 더 강렬하게 만듭니다. 그렇게 해서 열정을 촉발한 동기와 관련된 상상력이 작용한다는 점을 기억해야 합니다.

랠프 월도 에머슨은 "열정 없이 이룬 위대한 업적은 없다"라는 말을 통해 대부분이 깨닫지 못한 심오한 진리를 언급했습니다. 그는 열정이야말로 사람이 하는 모든 말과 손대는 모든 일을 훌륭하게 만들어준다는 사실을 잘 알고 있었던 것이 분명합니다.

힐: 작가들은 무의식적으로 자신의 열정이나 열정 없음을 단어 하나하나에 투사하기 때문에 무심코 글을 읽는 독자라도 집필 당시 작가의 마음가짐이 어땠는지에 대해 알 수 있다는 이야기를 들었습니다. 타당한 이론입니까?

카네기: 타당할 뿐만 아니라 사실입니다. 직접 확인해 보십시오. 글에는 대체로 작가가 집필 당시 느낀 열정의 정도가 그대로 옮겨집니다.

작성한 광고 문구에 열정이 없는 카피라이터들은 아무리 많은 사실을 묘사할 수 있다 해도 형편없는 문구를 작성한다는 말을 들었습니다. 또 수임한 사건에 대해 열정이 없는 변호사는 판사와 배심원을 설득하지 못한다는 말도 들었습니다. 의사의 열정이 병실에서 최고의 치료약이라는 무수한 증거도 있습니다. 열정과 믿음은 서로 밀접한 관련이 있음을 모두 알기 때문에 열정은 신뢰를 낳는 최고의 방법 가운데 하나입니다.

열정은 희망과 용기, 자신에 대한 믿음을 내포합니다. 저는 항상 자신이 맡은 직책의 잠재력을 최대한 발휘하고자 하는 의지와 열정을 먼저 보여준 사람만 승진시키거나 책임 있는 자리에 고용해 왔습니다. 또한 서기나 속기사로 우리 회사에 취업한 청년들이 맡은 업무에서 자신이 보여준 열정과 거의 정확히 비례해 책임 있는 직책으로 승진하는 것을 목격했습니다.

힐: 열정을 지나칠 정도로 표현하면 자신에게 좋을 것이 없습니까?

카네기: 그렇습니다. 통제되지 않은 열정은 종종 열정이 없는 것만큼 해롭습니다. 예를 들어 자신과 자기 생각에 대해 매우 열정이 넘쳐 대화를 독점하는 사람은 분명 인기가 없습니다. 두말할 것 없이 남의 말을 경청해서 배울 기회도 놓치게 됩니다.

자신을 가꾸고 가정을 돌보는 것보다 사교 모임에 더 열정적인 사람, 룰렛이나 경마에 지나치게 열정적인 사람, 유용한 서비스를 제공하는 것보다 거저 얻는 방법과 수단에 지나치게 열정적인 사람도 있습니다. 이런 종류의 통제되지 않은 열정은 그것이 영향을 미치는 모두에게 아주 해롭습니다.

힐: 육체노동에 종사하는 사람에게도 열정은 가치가 있습니까?

카네기: 우리 조직의 고위 임원들 대다수가 가장 보잘것없는 직책에서 시작했다는 점을 강조하면 가장 좋은 답이 될 것 같습니다. 제 사업 파트너들 가운데 가장 성공한 사람은 말뚝을 옮기는 운전사 출신입니다. 그는 과거에 트럭 운전사로 일했습니다. 그의 무한한 열정 때문에 저는 처음으로 그를 눈여겨보게 되었습니다. 그리고 그는 바로 그 열정 덕분에 한 단계씩 올라가 최고의 직책에 올랐습니다.

열정은 직업과 상관없이 누구에게나 가치가 있습니다. 왜냐하면 열정은 친구를 끌어오고, 신뢰를 쌓게 하고, 다른 사람의 반대를 무너뜨리기 때문입니다.

힐: 열정이나 열정의 부족이 가족관계에서는 어떤 역할을 합니까?

카네기: 조금 돌아가서, 남녀가 결혼이라는 유대 관계를 형성하는 데 열정이 어떤 역할을 하는지 생각해 봅시다. 남성이 자신이 선택한 여성에 대해 진정한 열정을 보이지 않고도 그녀의 마음을 얻었다는 이야기를 들어본 적이 있습니까? 그 반대도 마찬가지입니다. 자신에게 열정을 전혀 보이지 않는 여성에게 프러포즈를 하고 싶은 남자는 없습니다.

그러므로 대개 상호 간의 열정이 결혼의 근간인 만큼 부부 중 결혼 후 열정이 사그라들게 방치하는 쪽에게는 불행이 닥칠 것입니다. 우리는 이 관계를 사랑이라 부르지만, 사랑이란 두 사람이 서로에 대해 가진 열정입니다.

힐: 열정은 어떤 상황에서 개인에게 가장 큰 이익이 됩니까?

카네기: 마스터 마인드에서는 두 사람 이상이 명확한 핵심 목표를 달성하기 위해 완벽한 조화의 정신으로 협력합니다. 여기서 연대에 속한 개별 구성원의 열정은 다른 모든 구성원의 마음에 투사됩니다. 또 그룹 전체의 여러 마음이 조화로운 결합을 통해 형성된 열정의 총합은 각 개인에게 영향을 미치고 활용될 수 있습니다.

힐: 말씀을 듣고 보니, '열정'이라는 단어를 심하게 잘못 이해하고 있다는 생각이 듭니다.

카네기: 아마 영어에서 가장 오해받는 단어 중 하나일 것입니다. 흔히 말하는 열정은 대개 자아가 통제되지 않은 채 표현되는 것을 말합니다. 대체로 허영심을 무의미하게 표현한다고 인식되는 정신적인 흥분 상태입니다. 그런 종류의 열정은 몹시 해롭습니다. 어떤 식으로든 보통 과장되게 표현되기 때문입니다.

고딕 양식의 대성당, 라파엘로와 티치아노의 성모 마리아,
위대한 비극, 음악의 기적 같은 음율,
이 모든 것은 진정한 열정에서 탄생했다.

The Gothic cathedrals, the Madonnas of Raphael and Titian, the great tragedies,
the miracles of music-all sprang out of some genuine enthusiasm.

❦ 외모는 열정을
보여준다

힐: 카네기 씨가 고용한 많은 직원이 열정을 표현함으로써 스스로 승진했다고 말씀하셨는데, 이에 대해 좀 더 자세하게 설명해 주시겠습니까? 그들의 열정이 일에 어떠한 영향을 미쳤기에 승진할 수 있었는지 궁금합니다.

카네기: 열정은 그들의 일에 영향을 미쳤을 뿐만 아니라 함께 일하는 사람들에게도 영향을 주었습니다. 수백 명의 노동자와 만나는 공장 노동자 한 명이 부정적인 마음을 품으면 다른 모두에게 영향을 미쳐 덩달아 부정적으로 변합니다. 반대로 누군가 일을 하며 긍정적인 마음으로 열정을 표현해도 마찬가지입니다. 마음 상태는 전염됩니다.

이제 긍정적인 마음을 가진 직원 한 명이 부정적인 마음을 가진 다

수보다 더 가치 있는 이유를 이해할 수 있을 것입니다. 원래 열정적으로 생각하는 직원은 기쁜 마음으로 일에 임합니다. 건강한 마음가짐을 뿜어 내어 주변 사람들에게 퍼뜨립니다. 그러면 주변 사람들도 그의 태도를 일부 따릅니다. 그 결과 모두의 능률이 올라갑니다.

하지만 열정을 습관적으로 표현하는 사람이 더 바람직한 직위로 승 진하는 이유는 그뿐만이 아닙니다. 이미 말했지만 열정은 좀 더 예리한 상상력을 선사하고, 진취성을 높이며, 자기 마음을 좀 더 잘 알아채게 합 니다. 또 유쾌한 성품을 만들어 다른 사람의 협력을 이끌어냅니다. 이러 한 마음의 특성 때문에 그는 능력이 닿는 한 어떤 직책으로든 반드시 올 라가게 됩니다.

개인이 내보내는 모든 생각은 성격의 명확한 일부가 됩니다. 이러한 변환은 자기 암시의 원칙을 통해 일어납니다. 지배적인 생각이 긍정적 인 사람은 내보내는 생각마다 그의 성격에 힘을 더합니다. 이 사실에 비 추어 보면 수학자가 아니더라도 그런 사람에게 무슨 일이 일어날지 쉽게 예상할 수 있습니다.

지배적인 생각이 긍정적인 사람은 생각할 때마다 강한 의지력, 예리 한 상상력, 자립심, 끈기, 진취성, 용기, 원하는 무엇이든 얻겠다는 야심 을 갖춘 인격을 형성해 갑니다. 그런 사람이 승진하는 데 고용주는 큰 영 향을 주지 않습니다. 고용주가 그의 능력을 알아보지 못하더라도 그는 알아보아 줄 다른 고용주를 찾을 것이며, 원하는 방향으로 계속 성장하 고 발전할 것입니다.

힐: 무슨 말씀인지 알겠습니다. 열정의 정신이 마음을 지배하는 직원은 다른 직원들에게 미치는 영향뿐만 아니라 그가 얻은 인격의 장점 때문에 고용주에게도 이롭군요.

카네기: 제 말의 의미를 정확히 이해했습니다. 이 원리는 모두에게 적용됩니다. 가령 소매점의 주인이라면 그의 마음가짐이 가게에서 일하는 모두에게 확실하게 반영되는 것을 알 수 있습니다. 저는 어떤 가게든 들어가 단 몇 분만 직원들을 관찰하면 주인을 직접 보거나 그가 하는 말을 듣지 않고도 놀라울 정도로 가게 주인을 정확하게 묘사할 수 있다는 어느 노련한 심리학자의 말을 들었습니다.

힐: 그렇다면 가게든 사업이든 그곳에서 일하는 사람들이 품은 지배적인 영향력으로 이루어진 '인격'이 있다고 말할 수 있겠네요.

카네기: 그렇습니다. 가정이든 어디든 사람들이 늘 모여 있는 장소는 다 그렇습니다. 예리한 인식 능력을 가진 심리학자라면 어느 집이든 들어가 그곳의 '정신적인 느낌'을 파악해서 그 집을 조화의 정신이 주도하는지 아니면 다툼과 갈등의 정신이 지배하는지 정확하게 말할 수 있습니다. 사람들의 마음가짐은 그들이 처한 환경에 영구적인 흔적을 남기는 법입니다.

예를 들어 모든 도시에는 그곳에 사는 사람들의 지배적인 영향력과 마음가짐으로 이루어진 고유한 진동 속도가 있습니다. 더불어 모든 거리와 그 거리의 모든 블록에는 고유의 '인격'이 있습니다. 각 인격은 다른 인격들과 너무도 달라 훈련된 심리학자라면 어느 거리든 방문해서 눈을 가리고도 그 거리의 '정신적인 느낌'이 주는 정보를 충분히 입수해서 그곳 주민들을 정확하게 묘사할 수 있습니다.

힐: 그것은 좀 믿기 힘든데요.

카네기: 경험이 부족한 사람에게는 그렇게 보일 수 있지만, 사람의 '마음가짐'을 읽는 노련한 해석자라면 불가능하지 않습니다. 제가 말한 내용의 정확성을 뒷받침하는 설득력 있는 증거를 원한다면 직접 실험해 보십시오. 뉴욕시의 5번가를 거닐며 느껴지는 풍요의 느낌을 관찰하십시오. 그리고 나서 빈민가 구역으로 건너가 거리를 거닐며 느껴지는 패배주의와 가난의 느낌을 관찰해 보십시오. 이 실험을 하면 5번가의 진동과 빈민가의 진동이 한쪽은 긍정적, 다른 한쪽은 부정적으로 정확히 반대라는, 부인할 수 없는 증거를 얻게 될 것입니다.

실험을 확장해서 화목하고 협력적인 가정집에도 들어가 보십시오. 그리고 그 가족에게 한마디도 듣지 않은 채 이 집에서 느껴지는 정신적인 느낌만을 자세히 살펴보십시오. 그다음 부조화와 갈등으로 가족관계가 파괴되었다고 알려진 가정집으로 가서 그곳에서 느껴지는 정신적인 느낌을 살펴보십시오. 이런 실험을 열두 번 정도 해보면 모든 가정에는 '정신적인 분위기'가 있으며, 그 분위기가 그곳에 사는 사람들의 '마음가짐'과 완벽하게 일치한다는 사실을 직접경험으로 깨닫게 될 것입니다.

이 실험으로 사고 습관을 고정하고, 습관을 영구적으로 만드는 미지의 자연법칙이 있다고 확신하게 될 것입니다. 이 법칙은 개인의 마음속에서 생각을 고정시키고, 그 생각의 영향력이 개인이 속한 환경에까지 미치도록 확장시킵니다.

힐: 저는 각 가정의 정신적인 느낌에 차이가 있다는 사실은 이미 알고 있었습니다. 하지만 그 차이를 거주자의 재정적 지위 때문이라고 여겼습니다. 제 눈에는, 가난에 찌든 가정은 그곳의 물리적인 모습이나 살림살이의 상태로 가난하게 보였고, 반면 풍요로운 가정은 그 물리적 증거 때문에 풍요로워 보였습니다. 물리적 외관이 한 가정에서 받는 인상과 관련이 있다고는 생각하지 않으십니까?

카네기: 겉모습은 진실을 제대로 보여주지 않기 때문에 전적으로 믿을 수 없습니다. 많은 사람이 그런 식으로 속아 넘어갑니다. 풍요롭다는 증거는 정신적 조화를 전혀 나타내지 않습니다. 마찬가지로 가난하다는 물리적 증거가 정신적 조화의 부족을 확실히 드러내는 것은 아닙니다.

그렇다고 물리적 환경이 중요하지 않다고 섣불리 추정하지는 마십시오. 물리적 환경은 마음이 받아들여 행동으로 옮기는 긍정적 또는 부정적 마음가짐을 표현하기 때문에 중요합니다. 물리적 환경이 드러나는 대로 가난한 환경을 수용하는 사람은 가난만을 의식하게 될 것입니다. 반면 풍요로운 환경을 원하는 사람은 성공을 의식할 것입니다.

아울러 우리가 입는 옷은 마음가짐에 확실한 영향을 미칩니다. 굽이

닳은 구두같이 사소한 부분도 열등감을 주는 경향이 있으며, 이는 더럽혀진 셔츠나 면도하지 않은 얼굴에서도 마찬가지입니다. 이러한 것들은 누구나 아는 사실입니다. 하지만 겉보기에 사소한 것들이 가진 광범위한 영향을 누구나 인식하지는 못합니다.

차를 몰고 시골로 가 토지와 건물의 외관을 관찰하며 농부들의 정신적 습관을 분석해 보십시오. 가난을 의식하는 사람들은 농장과 건물이 낡고 '지저분'해지도록 방치합니다. 이에 대한 증거는 확실합니다. 같은 법칙이 도시의 가정에도 적용됩니다. 한번 들여다보면 그곳 거주자들의 마음가짐을 정확히 드러내는 외관의 인상을 얻을 수 있습니다. 잔디밭이나 집의 상태, 그 집 근처에 다가갔을 때 가지게 되는 '느낌'으로 그 증거가 나타납니다.

힐: 이전에는 결코 접하지 못한 사상의 분야로 인도해 주셨네요. 물리적인 환경과 개인의 외양을 관찰해서 사람들을 분석할 수 있는 새로운 기준을 알려주셨습니다.

카네기: 미 해군 장교들은 병사들의 외모를 아주 까다롭게 관리합니다. 그들은 경험을 통해 외모와 생활환경 관리를 소홀히 하는 지저분한 사람은 군인으로서도 형편없다는 사실을 압니다. 그것이 바로 군인들이 모든 구성원을 면밀하게 살펴보는 개인정비 시간을 정기적으로 가지는 이유입니다. 개인의 외모는 그의 마음에서 무슨 일이 벌어지는지 보여주는 정확한 통찰을 제공합니다.

군대보다 정도는 덜하지만 사업에도 같은 규칙이 적용됩니다. 예를 들어 어떤 소매점들은 가게 직원들의 겉모습을 매우 까다롭게 관리하며 정기적으로 점검하는 시간을 가집니다. 그들은 대체로 대중이 직원들의 겉모습을 보고 가게를 판단한다는 것을 경험으로 압니다. 많은 직원이 깔끔한 겉모습으로 주목받고 승진합니다. 물론 전적으로 외모만을 기준으로 한 승진은 아닐 것입니다. 그럼에도 외모는 다른 특징들을 함축하는 결정적 요인입니다.

힐: 그렇군요. 알겠습니다. 개인의 겉모습이 그 사람의 마음가짐을 보여주는군요.

카네기: 이제 제대로 이해한 것 같습니다. 아무리 애쓴다고 해도 자신의 마음가짐을 겉모습이나 물리적 환경과 떼어놓을 수는 없습니다. 이두 가지는 아주 밀접한 관련이 있습니다.

저는 이 규칙이 인간에게 적용되듯 반려동물과 야생동물에게도 적용된다는 사실을 강조하고 싶습니다. 우수한 개체일수록 외관에 신경을 더 많이 씁니다. 노래하는 새들은 깃털을 깨끗하고 깔끔하게 유지하는 반면 대머리독수리 같은 새들은 겉모습에 별로 신경 쓰지 않습니다. '청결함은 신성함에 가깝다'라는 속담은 그저 단순한 말이 아닙니다. 활기 넘치는 생명체일수록 겉모습과 환경으로 정신의 성격을 드러냅니다. 이 것만으로도 우리가 어떻게 처신해야 할지 알 수 있습니다.

힐: "활기 넘치는 생명체일수록"이라고 말씀하셨는데, 분명한 열정의 신호를 보이는 존재들을 가리키는 것입니까?

카네기: 그렇게 표현할 수도 있습니다. 우리는 사람들을 '활기찬' 또는 '열정적인' 사람들과 이 자질이 부족한 사람들로 구분할 수 있습니다. 활력이 없고 지저분한 사람들의 습관은 동물의 세계에서 활력이 없는 저차원 생명체의 습관과 다를 바 없습니다. 그렇습니다. 저는 어떤 동물들은 열정의 정신을 보여준다고 생각합니다. 가령 잘 훈련된 개는 말하기를 제외하고 거의 모든 것을 할 수 있습니다. 사실 개도 자기만의 방식으로 말할 수 있습니다.

열정에 가장 치명적인 것들

힐: 이제 열정을 꺾는 몇 가지 요인에 대해 생각해 보죠.

카네기: 아주 좋습니다. 열정과 반대되는 개념들 중 가장 치명적인 것부터 차례로 나열해 보겠습니다.

가난과 질병
'가난이 현관에 들어서면 희망, 야심, 용기, 진취성, 열정이 뒷문으로

도망간다'는 말이 있습니다. 또한 신체적·정신적으로 병들어 있을 때 무언가에 열정을 보이기는 어렵습니다.

사업상의 실패
패배를 새로운 노력으로 전환하는 기술을 배우지 못한 사람은 대개 사업상의 실패가 열정의 정신을 꺾어버리게 방치합니다.

실연
이런 종류의 실망으로 아파하면서 진정한 열정을 확신 있게 보여주는 사람을 본 적이 없습니다.

가족 간의 불화
일과를 끝내고 집으로 돌아왔을 때 다툼이 기다린다는 것을 알면 사업에서든 직업에서든 열정을 보이기 어렵습니다.

흔들리는 신앙
신앙심이 흔들려서 속이 상한다면 열정의 정신도 꺾일 것입니다.

두려움
열정과 두려움은 물과 기름의 관계와 같습니다. 이때 모든 종류의 두려움을 말합니다.

명확한 핵심 목표의 결여

야심이 부족하여 운에 맡긴 채 표류하는 사람은 열정을 통제하기 힘듭니다. 그런 사람은 보통 사소한 문제에 열정을 보이는데, 이는 그에게 전혀 좋을 것이 없습니다. 명확한 핵심 목표는 열정을 자극하는 모든 요소 가운데 가장 훌륭합니다. 개인에게 달성을 향한 강박적인 열망을 키울 수 있는 목표를 주면 열정은 자연스러운 습관이 됩니다.

부족한 자제력

감정에 따라 좌지우지되는 사람은 부정적인 감정의 희생양이 되기 쉽습니다. 물론 부정적인 감정은 열정에 치명적입니다.

무한한 지성에 대한 의심

무한한 지성에 대한 믿음이 없는 경우입니다. 아마도 열정 가운데 가장 이로운 유형은 신과 주파수를 맞추는 법을 깨달은 사람이 보이는 열정일 것입니다. 이런 사람은 믿음과 열정을 결합해서 어떤 행동을 하든 단호하게 움직이기 때문입니다.

미루는 습관

미루는 사람은 열정을 보인다 해도 뒷받침해 줄 단호한 무언가가 없기 때문에 열정에 힘이 없습니다. 스스로 발전할 기회가 부족해지는 것은 열정을 꺾는 요인으로서 가난과 동급입니다. 대부분 열정의 정신을 통해 기회를 끌어오는 방법을 배우지 못한 것으로 보입니다.

자기중심주의

다른 사람과의 협력 없이 개인의 진취성에 따라 행동하는 것입니다. '외로운 늑대'로 사는 사람은 대개 냉소적이며 열정을 거의 보이지 않습니다. 동료와 사업 파트너에 대한 신의가 없는 경우 이런 유형의 배신은 보통 일시적으로라도 열정을 꺾습니다. 마스터 마인드 원칙은 열정을 키우고 적용하는 가장 효과적인 수단을 제공합니다.

부족한 교육

교육의 부족이 열정을 꺾는 원인으로 과대평가되기도 하지만, 여전히 많은 사람의 마음속에는 그런 인식이 남아 있습니다.

불친절한 비판

대부분 비판받는 순간 침묵으로 일관하며 자기만의 껍질 안으로 몸을 숨기기 때문에 열정이 사라집니다. 아니면 냉소적으로 바뀌어 비판자들에게 반박합니다.

노화에 대한 불안

어떤 사람들은 나이 먹는 것을 더 큰 지혜를 얻는 방법이 아니라 능력이 줄어드는 신호로 받아들입니다. 성공철학을 완전히 익히고 적용하는 사람이 나이를 먹으면 마음을 더 잘 이해하고 사용할 수 있게 되어 오히려 능력이 상승합니다.

부정적인 마음가짐

살아가는 동안 겪는 여러 상황에서 어두운 면만 보는 습관은 열정에 치명적입니다. 또한 다른 사람과 인생 전반에 대한 비판으로 표현되는 부정적인 마음가짐입니다. 부정적인 마음을 가진 사람, 비관주의자, 냉소적인 사람과 어울리면서 열정의 정신을 유지할 수는 없습니다.

의심과 걱정

열정을 습관적으로 지니려면 무언가에 대한 강한 믿음이 필요합니다. 믿지 않는 사람은 부정적이고, 불신은 습관이 됩니다. 한 방향으로만 불신에 빠져 있다 해도 사방으로 영향력을 미칩니다.

걱정은 회의주의와 의심의 산물입니다. 걱정은 우유부단하고 행동하지 않는 태도에서 발생합니다. 열정의 가장 흔한 반대 개념 중 하나이며, 변명의 여지가 없습니다. 걱정은 마음에 의심이 파고들 여지가 없도록 명확한 핵심 목표를 채택하고, 그 목표를 열심히 추구하는 단순한 과정을 통해 제거할 수 있습니다.

이것들이 바로 열정을 파괴하는 주요 요인들입니다.

이러한 요인들이 결합해 마음을 지배할 때 부정적인 마음이 됩니다. 열정은 통제된 습관의 문제로, 늘 긍정적인 마음의 산물입니다. 자신의 일이 온 존재의 활력과 열정을 불러일으켜야 비로소 자신의 능력을 최대치로 발휘하게 됩니다.

힐: 그렇다면 먼저 부정적인 습관을 마음에서 제거해야 열정이 사고 습관의 일부가 될 수 있습니까?

카네기: 그렇습니다. 열정은 희망, 믿음, 이기겠다는 의지의 표현입니다. 열정은 의심, 불신, 불명확한 목표를 먹고서는 번성할 수 없습니다. 열정은 그에 걸맞는 행동으로 키워야 합니다. 단순히 바라기만 하고 백일몽만 꾼다고 해서 열정이 생기지는 않습니다.

명확한 핵심 목표를 달성하겠다는 강박적인 열망으로 그것을 달성하기 위해 자신이 가진 모든 것을 쏟아부으면, 그가 가진 열망의 행동적 요소가 열정으로 발전하게 됩니다.

힐: 열정은 믿음을 표현하기 위해 마음을 준비시킵니까?

카네기: 열정을 키우는 데는 분명한 세 가지 단계가 있습니다.

- 마음에서 사고 습관 정리하기
- 동기에 바탕을 둔 명확한 핵심 목표로 깨끗해진 마음 채우기
- 목표 달성을 위해 행동을 시작하고, 목표 이면의 동기가 강박이 될 정도로 목표 좇기

부정적인 사고 습관은 반대되는 더 강력한 습관을 채택함으로써 없앨 수 있습니다. 여기서도 마찬가지로 물리적인 행동이 중요한 역할을 합니

다. 바람직하지 않은 습관이 없어지기를 바라기만 해서는 사라지지 않습니다. 반드시 바람직한 성격의 더 강력한 습관으로 대체해야 합니다.

⚓ 열정이 부족해도 성공할 수 있는 비결

힐: 그 누구도 일을 피하는 방법은 없습니까?

카네기: 대다수가 일을 피하는 데 많은 시간을 할애합니다. 하지만 지금까지 그 당연한 결과인 실패를 경험하지 않고 이 목표를 달성할 만큼 똑똑한 사람은 없었습니다.

힐: 제가 제대로 이해했다면 카네기 씨는, 자신이 스스로 '납득시킨' 명확한 핵심 목표를 향해 나아간다면 일은 즐거운 경험이 될 수 있다고 생각하십니까?

카네기: 방금 당신은 모든 성취의 핵심을 정확하게 짚었습니다. 넓은 의미에서 평온한 마음과 행복을 찾지 않고는 누구도 성공할 수 없습니다. 명확한 핵심 목표를 좇는 과정에서 행복을 찾지 못한다면, 어떻게 행복을 찾을 수 있겠습니까?

많은 사람이 일에 대해 잘못된 믿음을 가지고 있습니다. 일이 가령 돈이나 생활필수품, 사치품과 같은 물질을 얻는 목적만을 충족시킨다는 것입니다. 하지만 일은 행복을 찾는 유일한 수단이라는 것이 진실입니다. 열심히 일하지 않고 빈둥거리는 사람은 절대 행복할 수 없습니다. 진정한 행복은 자신이 가장 좋아하는 일을 하는 데서 비롯합니다.

저는 돈이 아주 많습니다. 하지만 솔직히 말하면 돈에서 행복을 찾지 못했습니다. 제가 경험한 행복은 계획하고, 만들고, 창조하며 다른 사람들이 세상에서 자신의 자리를 찾을 수 있도록 도울 때 생겨났습니다. 돈과 물질적인 것들은, 그것을 소유한 사람이 다른 사람을 위해 행동하도록 사용될 때를 제외하고 진정한 동료애를 제공하지 않습니다. 구두쇠는 결코 행복할 수 없습니다. 그러나 마음을 표현하기 위해, 다른 사람이 표현하는 것을 지원하기 위해 물질적인 부를 사용하는 사람은 행복해질 수 있습니다.

네, 일을 올바른 태도로 하면 그 일은 즐거움이 될 수 있습니다. 저는 한때 토머스 에디슨에게 지치지 않고 어떻게 그렇게 오랜 시간 일할 수 있는지 물었습니다. 그는 이렇게 대답했습니다.

"저는 제가 하는 일에 너무도 관심이 많아서 당신이 말하는 일은 제게 오락과도 같습니다. 저의 문제는 일하는 시간이 긴 것이 아니라, 시간이 부족한 것입니다. 저는 잠자는 시간마저 아깝습니다."

이 대답을 듣고 저는 전혀 놀라지 않았습니다. 에디슨은 진리를 말했습니다. 그에게 일은 행복한 강박이 되었습니다. 그는 자신의 일에 대한 관심이 매우 커서 행복을 느낍니다. 이는 자신의 일을 찾고 열정적으로 그 일을 하고 있는 모든 사람의 경험입니다. 에디슨은 열정 덕분에 일에서의 단조로움과 고됨이 사라졌습니다. 그렇게 해서 그는 한 가지 일에서 수천 번 실패해도 끝까지 매달릴 수 있었던 것입니다. 그리고 그것이 바로 그가 세계에서 가장 위대한 발명가인 이유입니다. 발명은 그의 취미였습니다. 그는 발명하기 위해 '일'하지 않습니다. 놀이를 하듯 발명을 열심히 즐깁니다.

일을 강박으로 만든 사람을 관찰해 보면 일에서 행복을 얻는다는 사실을 알게 될 것입니다.

힐: 알겠습니다. 하지만 저는 가난하고 글을 배울 수 없는 환경에서 태어난 사람들이 계속 떠오릅니다. 저도 그런 환경에서 태어났기 때문에 잘 압니다. 보이는 모든 것과 만나는 모든 사람이 가난과 연결된다면 그 사람은 어떻게 해야 열정이 느껴지는 말을 찾을 수 있습니까?

카네기: 당신 스스로 불우한 환경에서 어떻게 빠져나왔는지를 떠올려 보면 그 질문의 답을 찾을 수 있다고 생각합니다. 당신은 어떤 단계를 거쳐 왔습니까? 어떤 마음 상태가 당신이 좀 더 바람직한 환경을 택하게 만들었습니까? 당신에게는 열정이 많습니다. 그렇다면 당신은 그 열정을 어떻게 얻은 것입니까? 이러한 질문에 답하다 보면 제가 줄 수 있는 답보다 훨씬 좋은 답을 스스로 찾게 될 것입니다.

힐: 저는 가난을 받아들이기를 거부한 한 훌륭한 여성 덕분에 불우한 환경에서 벗어날 수 있었습니다. 바로 제 의붓어머니입니다. 어머니

는 제게 명확한 핵심 목표를 가지라는 열망을 심어주시고 제 상상력에 불을 지펴주셨습니다. 저는 그 목표를 좇아 불우한 환경에서 벗어났습니다. 말씀하셨다시피 어머니의 열정에는 전염성이 있었습니다. 저는 그것에 전염되었고, 결국 제 열정이 되었습니다.

저는 우연히 긍정적인 마음의 영향을 받는 행운을 누린 것입니다. 모두가 저처럼 운이 좋지는 않습니다. 운이 그렇게 좋지 않은 사람들은 어떻습니까? 그들은 어떻게 하면 가난에 찌든 치명적인 환경의 악영향에서 벗어날 수 있습니까?

카네기: 당신이 이 질문을 해서 기쁩니다. 저는 그 답을 알고 있으며 당신이 꼭 기억해 주길 바라기 때문입니다. 앞서 말했지만, 모든 사람의 인생에서 가난에 대한 의식과 패배주의 정신을 극복하려는 의지가 자리 잡는 전환점은 일반적으로 긍정적인 마음을 가진 누군가의 영향을 받을 때입니다. 대체로 우연히 자신에게 딱 맞는 사람을 만나서 이 전환점에 도달하게 된다고 인정할 수밖에 없습니다. 사실 이 점을 강조하고 싶습니다. 바로 이것을 깨달았기 때문에 저는 오랜 세월 성공철학을 집대성하는 데 도움을 줄 사람을 찾았던 것입니다. 이 철학이 완성되면 가난에 대한 의식을 비롯해 원치 않는 것에서 벗어나고자 할 때 필요한 외부의 영향력으로 작용할 것입니다.

따라서 당신은 지금 당신이 던진 그 중요한 질문에 제가 답할 수 있도록 돕기 위해 교육받고 있는 것입니다. 이 철학이 완전히 정립된 뒤 검증이 끝나면, 세계에서 가장 어려운 환경에 처한 사람들에게도 보내질 것입니다. 그러니 우리가 이 철학을 집대성하면서 가장 낮은 위치의 사람들도 이해할 수 있는 용어로 작성해야 한다는 것을 잊지 맙시다. 이 철학은 인생에서 원치 않는 상황에서 벗어나기 위해 무엇을 해야 하는지뿐만 아니라 어떻게 해야 하는지도 알려주어야 합니다. 인간의 독창성을 이용해서 가급적 모두가 이 철학을 활용할 수 있게 해야 합니다.

힐: 제가 드린 질문이 부메랑처럼 저에게 돌아왔군요.

카네기: 아니요, 당신의 질문은 제가 기다려 온 기회를 열어주었습니다. 당신이 짊어진 책임의 성격을 확실하게 이해시킬 기회 말입니다. 저는 당신이 가난에 찌든 사람들을 해방하는 인물이 되기를 바라는 마음으로 이 일을 수행하기를 바랍니다. 당신은 사람들이 스스로 정한 한계로 자신을 가두고 있는 마음속 감옥의 문을 열도록 도와줄 준비를 하고 있습니다. 이런 관점에서 당신의 일을 바라본다면 지나치게 스스로를 몰아치지 않는 한 당신의 열정에 대해 전혀 염려할 필요가 없습니다.

이제 당신이 크게 만족할 만한 이야기를 해도 되겠습니까? 당신은 미국인과 전 세계인을 위해 성공철학을 정립하는 것을 도울 저의 특사로 선정되었습니다. 당신이 선택된 이유는 단지 제가 이 기회를 제시했을 때 그것을 알아채고 붙잡은 기민함 때문만은 아닙니다. 당신의 보잘것없는 출신 배경이 사람들에게 깨우침을 주고, 가난에 대한 의식을 벗어던지도록 도와줄 철학의 필요성을 인식할 수 있도록 당신을 준비시켰기 때문이기도 합니다.

당신은 직접 겪어보았기 때문에 가난이 무엇인지 압니다. 또한 이제 부를 누리기 시작했기 때문에 풍요가 무엇인지도 압니다. 가장 중요한 것은, 당신이 가난에서 탈출하는 방법을 안다는 점입니다. 아직 아니라면 성공철학을 집대성하는 일을 끝낼 무렵이면 알게 될 것입니다.

당신은 '모든 역경은 그에 상응하는 성공의 씨앗을 가져다준다'는 이론의 타당성을 뒷받침하는 가장 훌륭한 증거를 직접경험에서 찾았습니다. 당신이 가진 가장 좋은 기회는 당신이 태어난 환경의 어려움에서 비롯된 것입니다. 저는 당신이 이 사실을 제대로 이해하기를 바랍니다. 그리고 이 생각을 다른 사람들에게도 제대로 이해시켜 주기를 바랍니다. 인생에서 중요한 사실이기 때문입니다.

이 이론의 중요성은 개인이 패배에 굴복해서 열정이 완전히 사라지는 비상 상황일 때 가장 분명해집니다. 이 철학을 완전히 숙지한 사람은 패배가 일시적임을 알아차릴 것입니다. 아울러 패배가 닥쳐올 때 그에 상응하는 성공의 씨앗을 가져다준다는 사실을 알고, 그 씨앗을 찾기 시작할 것입니다. 따라서 좌절은 열정으로 바뀔 수 있습니다.

힐: 카네기 씨의 반짝이는 눈을 보니, 당신이 제게 교훈을 줄 수 있는 질문을 던지도록 의도적으로 유도하셨다는 것을 알겠네요.

카네기: 그렇다고 인정해야겠습니다. 저는 당신의 허를 찌를 기회를 기다렸습니다. 그래야 당신이 의심을 믿음으로 전환하도록 도와줄 수 있을 테니 말입니다. 저는 당신이 부정적인 환경에서 태어난 사람들이 어

떻게 탈출할 수 있을지 걱정한다는 것을 알고 있었습니다. 당신의 걱정
은 직접적인 경험에서 비롯되었고, 아직 태어난 환경이 주는 영향을 완
전히 떨쳐버릴 수 있을 만큼 충분히 멀리 벗어나지 못했기 때문입니다.
하지만 더 이상 걱정하지 마십시오. 이제부터 당신은 성공을 의식하는
사람들과 어울릴 것이며, 그들의 영향력 덕분에 희망과 믿음을 가지게
될 것입니다. 그런 사람 모두가 자기 마음의 주인이 되기 전에 당신과 유
사한 경험을 했다는 사실을 알게 되기 때문입니다.

저는 당신에게 덫을 놓았습니다. 그리고 당신이 걸려들어 기쁩니다.
당신의 눈앞에 주어진 임무와 관련해, 가장 중요한 주제에 대해 스스로
본인의 선생님이 될 기회가 생겼기 때문입니다. 미래의 누군가에게 "모
든 역경은 그에 상응하는 성공의 씨앗을 가져다준다"라고 말할 때 당신
은 경험에서 우러난 말을 할 수 있습니다. 단순히 들은 말이 아니라 직접
경험한 것이기 때문에 더욱 설득력이 있을 것입니다. 물론 여전히 다른
덫도 준비하고 있으니 방심하지 마십시오.

힐: 가난한 환경에서 태어난 사람들은 긍정적인 마음을 가진 누군가
의 영향을 통해서만 벗어날 수 있다는 것입니까?

카네기: 아닙니다. 타고난 성향상 가난에서 벗어날 방법을 스스로 찾
는 사람도 있습니다. 그들은 어려움을 타개해야 할 처지가 되면 혼자 힘
으로도 탈출할 방법을 찾기 시작합니다.

힐: 하지만 그들에게 야심과 자신감을 불어넣어 줄 누군가의 도움을 받는다면 훨씬 더 빨리 탈출할 방법을 찾지 않겠습니까?

카네기: 맞는 말입니다. 제 경험상 스스로 가난을 극복할 방법을 찾기 시작하는 사람들도 결국 언젠가 그들에게 상상력, 진취성 또는 도움이 될 다른 자질을 불어넣어 주는 누군가를 만나게 됩니다. 제가 만난 괄목할 만한 성취를 이룬 사람들 모두가 한 사람 이상에게 이러한 영향을 받았습니다. 제가 이룬 대부분의 성취들도 다른 사람들에게 받은 도움 덕분입니다.

힐: 다른 사람에게 도움을 청하는 습관을 권하십니까? 아니면 자신의 진취성만으로 홀로 나아가는 것이 낫습니까?

카네기: 자신의 진취성만으로 전진하는 사람이 다른 사람에게 의지하는 사람보다 성공할 가능성은 훨씬 더 큽니다.

사람이 무언가를 하고자 할 때 일단은 스스로 시작해야 합니다. 손에 쥐어진 도구가 무엇이든 그것을 가지고 노력해야 합니다. 그러면 자신에게 주어진 자원을 활용한 정도에 비례하여 더 큰 자원을 얻게 될 것입니다.

세상은 타인에게 지나치게 많이 의지하는 사람에게 우호적이지 않습니다. 언젠가 보았던 인상적인 표어가 생각납니다. "어떤 사람들은 다른 사람의 격려에 힘입어 성공하는 반면 소수는 모든 불운에도 성공한다." 저는 이 표어의 뒷부분이 마음에 듭니다. 다른 사람의 격려는 큰 도움이 되지만 스스로 하는 격려야말로 필수 요소입니다.

힐: 극복하겠다는 의지는 있지만 타고난 열정이 부족한 사람에게는 어떤 격려를 하시겠습니까? 물론 아시겠지만, 그런 사람들이 있습니다. 이런 사람들은 실패할 수밖에 없습니까?

카네기: 방금 당신은 그 질문을 통해 또 다른 덫에 발을 들여놓을 뻔했습니다. 저는 이미 이 질문에 답했습니다. 당신 스스로 그 질문에 답해보기 바랍니다.

힐: 마스터 마인드 원칙이 개인의 결함을 해소해 줄 수단을 제공한다는 의미이지요. 이 생각을 염두에 두신 것 아닙니까?

카네기: 정확합니다. 적극적인 열정은 전혀 보이지 않지만 자신이 선택한 직업에서 성공한 사람들의 이름을 열 명 이상 댈 수 있습니다. 그들은 현명하게도 자신의 마스터 마인드 그룹에 적극적인 열정을 공급할 역량을 가진 한두 명을 포함시켰습니다. 제 마스터 마인드 그룹에도 열정이 전혀 없는 사람들이 여럿 있습니다. 어찌나 심한지 사실 그중 한 명은 우리 그룹의 '흥을 깨는 사람'으로 알려져 있습니다. 하지만 우리는 바로 그런 이유로 그를 그룹에 포함시켰습니다.

그의 임무는 통하지 않을 계획을 찾아내는 것입니다. 그는 모든 것에 대해 문제를 제기합니다. 그가 미소 짓는 모습을 본다면 오직 그가 잠들었을 때일 것입니다. 그런데도 그는 우리 그룹에서 가장 소중한 구성원 중 한 명입니다. 아이디어 창시자가 자신의 아이디어를 비판하는 경우는 매우 드뭅니다. 하지만 만일 우리 그룹에 열정을 가지고 상상력을 활용해 계획과 아이디어를 짜는 사람들이 없다면, 그의 가치도 떨어질 것입니다.

힐: 이번에는 제가 카네기 씨를 덫에 빠뜨린 것 같습니다. 열정 없이도 조직의 중요한 일부가 될 수 있다고 방금 인정하신 셈이니까요.

카네기: 다시 생각해 보십시오. 당신은 제가 열정을 제공하는 사람들이 우리 마스터 마인드 그룹에 있다고 말한 사실을 간과했습니다. 열정이 있는 사람들이 열정이 없는 사람과 교류해서 이익을 얻듯 열정이 없는 사람도 마찬가지입니다. 열정이 없는 사람에게는 열정이 있는 사람들의 아이디어가 필요합니다. 그런가 하면 열정이 있는 사람들은 열정이 없는 사람들의 '균형을 잡는' 영향력이 필요합니다.

힐: 무슨 뜻인지 알겠습니다. 열정이 없는 사람이 홀로 자기 뜻대로만 행동한다면 그렇게 값진 존재가 아닐 수도 있겠군요.

카네기: 바로 그 생각 때문에 당신이 저를 위해 놓은 덫이 작동했습니다. 이제 당신이 저를 위해 놓았다고 생각한 바로 그 덫에 당신이 걸려

들었다는 사실을 살펴봅시다. 당신은 제가 제대로 이해시키려고 애쓴 마스터 마인드 원칙에 대한 관점이 생겼습니다. 알다시피 마스터 마인드 그룹은 아이디어를 만드는 사람들과 비판하는 사람들로 구성되어야 하며, 그 둘이 조화롭게 협력해야 합니다. 모든 마스터 마인드 그룹에는 다른 구성원들이 제안하는 아이디어를 검증해 줄 '흥을 깨는 사람'이 적어도 한 명은 있어야 합니다. 오직 이 방식으로만 '균형 잡힌' 열정을 가질 수 있습니다.

열정에 고취된 사람들이 가진 약점 중 하나는 대부분 건설적인 비판자의 영향과 같이 열정을 통제할 수 있는 신뢰할 만한 수단이 없다는 것입니다.

열정적인 직원은 그가 가진 기술을
훌륭하게 발휘해서 결과를 창출한다.

An enthusiastic workman dignifies his art and arrives at results.

✦ 열망이 믿음이 될 때까지
열정을 습관화하라

힐: 무슨 말씀인지 알겠습니다. 성공철학에 그 점을 반드시 포함해야겠군요. 많은 사람이 카네기 씨가 방금 하신 설명의 핵심을 이해하지

못했기 때문에 사업 파트너를 선택할 때 형편없는 판단력을 보이는 것이 아닌가 싶네요.

카네기: 이제야 제대로 분석하는 것 같습니다. 저는 사업상의 실패가 일반적으로 사람을 잘못 등용했기 때문이라는 것을 거듭 목격했습니다. 현대 산업은 너무도 복잡해서 성공적으로 경영하려면 다양한 유형의 사람이 필요합니다. 한 유형의 사람만 지나치게 많이 등용한 사업은 처음부터 불리한 입장에 놓입니다.

힐: 카네기 씨는 '흥을 깨는 사람'이 아이디어 창시자들의 열정에 찬물을 끼얹지 않도록 어떻게 관리하십니까?

카네기: 잘 운영되는 사업에서는 두 유형의 사람이 일할 자리가 있습니다. 둘 다 성공적으로 사업을 운영하기 위해 필요합니다. 물론 전문적인 비판은 사회적 관계에서 사람들이 자발적으로 하는 비판과는 전혀 다르다는 점을 이해하실 것입니다. 전문적인 비판은 영향을 받는 모두를 이롭게 하기 위한 우호적인 분석으로 받아들여져야 합니다. 대개 사적인 비판은 종종 적대감을 바탕으로 한 반대의 표현에 지나지 않습니다.

힐: 그렇다면 고용주가 직원들의 우호적인 비판을 받아들여야 한다고 생각하십니까?

카네기: 그렇지 않다면 고용주는 그와 함께 일하는 사람들에게서 최고의 서비스를 얻지 못할 것입니다. 많은 고용주가 그렇듯 주변을 '예스맨'으로 채우면 좀처럼 성공하지 못합니다. 우호적인 비판을 통해 누릴 수 있는 진정한 성공도 결코 달성하지 못합니다.

힐: 매우 통찰력 있는 분석입니다. 이제 카네기 씨가 철강 산업에서 가장 크게 공헌한 부분이 사람을 선택하는 능력에 있다고 말한 것이 무슨 뜻인지 조금씩 이해가 됩니다. 제가 정확하게 판단했다면 지금 제게 유능한 인재로 조직을 구성하는 기술을 가르쳐 주고 계시네요.

카네기: 정확합니다. 모든 인간관계에 적합한 접근법을 명확하게 설명하지 않는 한 성공철학은 그 사명을 달성하지 못할 것입니다. 인간관계는 가장 중요한 주제입니다. 성공과 실패 모두 인간관계에 달려 있습니다. 교육 시스템이 제공할 수 있는 최고의 서비스는 다른 사람들의 반대를 최소화하면서 인생을 잘 헤쳐 나가는 방법을 가르치는 것입니다. 이것이 예술과 과학 교육보다 훨씬 더 중요합니다.

예술과 과학 분야에서 실력이 출중한 사람은 많습니다. 그들은 임금을 받고 고용될 수도 있습니다. 하지만 조화로운 인간관계를 맺는 능력이 뛰어난 사람은 드뭅니다. 성공철학의 주된 사명은 사람들이 조화의 정신으로 타인과 관계를 맺고, 타인도 그렇게 하도록 영향을 주는 능력을 갖추도록 사람들을 훈련시키는 것입니다.

힐: 무슨 말씀인지 이해했습니다. 아울러 이 토론을 시작했을 때보다 열정이라는 주제를 훨씬 더 깊이 이해하고 있습니다. 이 주제는 한 단원만으로는 충분히 다룰 수 없습니다. 개인의 이익을 도모하는 수단으로서 효과를 가지기 위해 성공철학의 다른 원칙들과 함께 적용되어야 합니다.

카네기: 이제 제대로 된 관점으로 이 철학을 이해하기 시작한 듯합니다. 이 철학의 모든 원칙은 다른 원칙들과 맞물려 있습니다. 사슬처럼 서로 얽혀 있습니다. 예컨대 열정은 자제력, 호감 가는 성품, 체계적인 노력, 조직적 사고의 원칙과 직접적인 관련이 있습니다. 만약 열정에서 자제력을 빼면 과장이라는 위험한 습관에 빠지기 쉽습니다.

힐: 역시 '습관'이라는 단어가 이 철학에서 꽤 자주 등장하네요.

카네기: '행동'이라는 단어도 마찬가지입니다. 둘 다 핵심 단어입니다. 습관은 행동을 반복하면 형성됩니다. 신체적 습관과 정신적 습관 모두 마찬가지입니다. 광고업계 종사자들은 성공적인 광고의 핵심 요소가 아이디어의 반복이라는 것을 깨달았습니다. 그래서 제품의 이름을 반복해서 강조하는 데만 해마다 수백만 달러를 쏟아붓습니다. 광고에서 반복의 원리가 타당하다면 다른 관계에서도 타당할 것입니다.

어떤 사람들은 아이디어가 처음 나왔을 때 그 뜻을 전혀 이해하지 못하기도 합니다. 반복되면 '무언가 소음을 들었구나' 하고 생각할 수 있습니다. 하지만 무슨 뜻이었는지 확신하지 못합니다. 다시 반복되면 그

제야 무슨 말이었는지 막연하게 파악합니다. 네 번째로 반복되면 무슨 말이었는지 분명하게 알아들을 수 있습니다. 그렇다고 뇌리에 박히는 것은 아닙니다. 다섯 번 정도 반복되면 의식에 침투할 수는 있겠지만, 그 후에 더 반복되지 않으면 의식에 계속 남아 있기가 힘듭니다.

물론 여기서 말하는 것은 새로운 아이디어에 관한 것입니다. 사람들은 새로운 아이디어를 서서히 받아들이며 대개 처음 들었을 때는 반감을 보입니다. 오직 훈련되고 자기 수양이 된 깨어 있는 마음만이 새로운 아이디어가 처음 소개될 때 온전히 받아들일 수 있습니다. 그러나 이런 유형의 마음은 드뭅니다. 새로운 아이디어를 이해하고 싶을 때 이 말을 기억하십시오.

힐: 처음 말했을 때 듣자마자 바로 이해되는 말이 떠오르네요. 남성이 여성에게 자주 하는 말입니다. 바로 '사랑해'입니다.

카네기: 하지만 그 말의 이면에 있는 아이디어는 새롭지 않습니다. 오히려 인류가 존재한 만큼 오래되었습니다. 심지어 이 말도 자주 반복해야 그 의미를 잃지 않게 됩니다. 이 말이 의심스럽다면 아내나 연인에게 더 이상 사랑한다는 말을 하지 않는 남성을 관찰해 보십시오. 사랑의 정신이야말로 세상의 다른 어떤 주제보다 열정을 더 많이 제공합니다. 하지만 말과 행동을 반복해서 계속 불씨를 살리지 않으면 시들어 죽어버립니다.

우정도 마찬가지일 수 있습니다. 우정의 감정을 말과 행동으로 표현하기를 소홀히 한 사람은 조만간 친구를 잃게 됩니다. 제아무리 대단한 우정이라도 그것을 뒷받침하는 행동이 없다면 살아남을 수 없습니다.

힐: 모든 것에는 대가가 따르며, 대가를 지불하지 않으면 영원한 가치를 지니는 것은 그 무엇도 얻을 수 없다는 말을 달리 표현한 것이네요.

카네기: 그렇습니다. 사랑이든 우정이든 아무것도 얻을 수 없습니다. 이처럼 중요한 인간관계가 공짜라고 믿는 사람은 본인을 속이는 것입니다. 사실 사랑과 우정만큼 신중하게 가꾸어야 하는 관계도 없습니다. 말과 행동으로 자양분을 주는 일을 그만두는 순간 금세 시들어버리고 맙니다.

힐: 열정에 대한 분석에서 벗어나 사랑에 대한 토론으로 끌고 갈 의도는 없었습니다.

카네기: 이런, 그러지 않았으니 걱정 마십시오. 당신은 그 무엇보다 더 큰 열정을 불어넣는 주제를 꺼낸 것입니다. 사랑과 우정에서 열정을 빼면 남는 것이 없습니다. 사랑과 우정은 자연스럽게 고취된 감정 가운데 가장 고귀합니다.

힐: 한발 더 나아가 "이 세상에서 사랑과 우정을 빼버린다면 싸워서 얻을 만한 가치가 있는 것은 아무것도 없다"라고 말할 수도 있겠네요.

카네기: 사랑과 우정의 관계는 문명이 이룬 가장 높은 성취와 관련이 있습니다. 친구나 사랑하는 사람이 없다면 원시 상태로 돌아가 밀림 속 짐승처럼 사는 편이 차라리 나을 것입니다.

힐: 저는 열정을 개인의 심미적인 본성에서 필수적인 부분이라고 생각해 본 적이 없습니다. 하지만 이제 그것이 맞다는 것을 알겠습니다.

카네기: 한낱 일부분이 아니라 사실상 전체입니다. 예술적인 것을 즐기거나 만드는 인간의 역량은 그 자체로 열정의 한 형태입니다. 열정이 감정을 고도로 집약한 형태에 지나지 않음을 기억한다면 이해할 수 있을 것입니다. 열정은 모든 긍정적인 감정과 직접적으로 관련이 있습니다.

힐: 그렇다면 열정은 마음에서 시작하는 모든 건설적인 노력에 영감을 주고, 모든 긍정적인 동기에 행동력을 부여하는 실천적 특징이겠네요.

카네기: 이제 제가 하려는 말을 이해하는 것 같습니다. 이제 당신은 "열정 없이 이룬 위대한 업적은 없다"라는 랠프 월도 에머슨의 말을 이해할 것입니다. 그의 말은 열정의 힘에 대한 깊은 이해에 기반한 것입니다. 에머슨은 열정이 모든 긍정적인 사고와 건설적인 노력이 가진 실천적 특징임을 틀림없이 알고 있었을 것입니다.

힐: 이제 왜 인생의 명확한 핵심 목표의 근간으로서 강박적인 동기

를 채택해야 한다고 강조하셨는지 이해합니다. 강박적인 동기가 바로 열정이라는 감정의 이면에 숨겨져 있군요.

카네기: 정확하게 이해했습니다. 또한 열정은 다른 습관처럼 정신적·신체적 습관을 조절하여 키울 수 있다는 점도 이해해야 합니다.

힐: 카네기 씨의 분석 덕분에 오랫동안 저를 괴롭혔던 질문에 대한 답을 얻었습니다. 저는 평범한 대중 연설가에게서 자신의 연설 첫 몇 분 동안 '워밍업'하는 시간을 거쳐야 열정의 신호가 나타나는 것을 보았습니다. 열정과 행동의 관계에 대한 말씀을 듣고 보니 워밍업 과정이 말의 신체적 표현과 생각을 조율하는 시간이라는 결론에 도달했습니다. 생각은 신체적 표현을 통해 강렬해져 열정이 됩니다.

카네기: 흠, 그것은 새로운 생각인 것 같습니다. 하지만 당신 말이 맞는 듯합니다. 전에는 한 번도 해보지 않았던 생각인데, 대중 연설과 관련해서 또 다른 요인이 있습니다. 저는 대중 연설가가 그의 열정이 최고조에 달할 때 가장 뛰어난 생각에 도달하는 것을 보았습니다. 따라서 열정이 최고조에 달하는 어떤 조건에서 잠재의식을 통해 상상력을 자극하고, 기억력을 더 예리하게 만들고, 나아가 아마도 대중 연설가에게 무한한 지성과의 직접적인 연결 고리를 제공하는 것이 분명합니다. 오래전 저는 고도로 감정적인 조건에서 탄생한 아이디어들이 잠재의식에 의해 빨리 수용되고 행동으로 옮겨지는 것을 목격한 적이 있습니다.

힐: 믿음으로 알려진 마음 상태는 열정이라는 감정과 직접적으로 관련되는군요.

카네기: 그렇습니다. 강렬한 열정은 사고가 진동하는 속도를 높여 의식이 무한한 지성과 직접 연결되게 합니다. 만일 이 이론이 옳다면 기도가 원하는 결과를 가져오지만, 때로는 전혀 소용이 없다는 사실도 설명해 줍니다. 저와 기도에 대해 이야기했던 모든 사람이, 기도할 때 믿음이 수반되지 않으면 원하는 결과를 결코 얻을 수 없다고 이구동성으로 말했습니다. 열정이라는 감정이 마음에서 믿음을 방해하는 사고 충동을 제거해 준다고 믿을 만한 충분한 이유가 있습니다.

이제 이 이론이 (비록 하나의 이론에 불과하지만) 기도 외에 다른 상황에도 적용된다는 사실에 주목합시다. 가령 명확한 핵심 목표라는 습관을 채택해서 모든 일상의 루틴에 적용하면 조만간 원하는 대상을 손에 넣을 수 있습니다. 생각을 열망에 집중시키면 때가 되었을 때 대개 바라는 것을 얻을 수 있다는 믿음으로 보상받습니다. 여기서 주목해야 할 중요한 특징은 열정으로 열망을 강화하는 정도에 비례해서 평범한 열망이 절대적인 믿음으로 변환된다는 사실입니다. 열정이 너무도 커져서 아직 실제로 손에 넣지 않았는데도 바라는 대상을 이미 얻은 것처럼 보일 만큼 (상상 속에서) 충분한 믿음을 가진다면 기도를 통해 얻게 될 바로 그 결과를 경험하게 될 것입니다.

이 신비한 힘을 무엇이라고 부르든 그것은 중요하지 않습니다. 이 힘은 어떤 이름으로 불리든 결과를 가져옵니다. 이 주제에 접근하는 마음 상태가 정말로 중요합니다. 두려움, 의심, 불명확성, 열정 부족은 항상 열망의 원칙과 관련하여 부정적인 결과를 초래합니다. 만약 마음이 이러한 부정적 요소 중 하나에 지배당한다면 열망의 결과도 부정적일 것입니다. 이 점에 대해서는 확실히 말할 수 있습니다. 저는 제 경험과 다른 많은 사람의 경험을 바탕으로 이 주제를 평생 연구해 왔기 때문입니다.

열정이 없으면, 명확한 핵심 목표라는 원칙을 적용하고 격식을 갖추어 열망을 표현한 기도를 한다고 해도 부정적인 결과를 초래할 수 있다는 점이 매우 중요합니다.

끈기가 있는 사람은 원하는 것을 가질 수 있으니
반드시 최고의 것만을 추구해야 한다.

Since the persistent man is likely to have what he desires,
be sure to ask only for the things that are best.

부정적인 생각은 반드시 겉모습에 묻어난다

힐: 그렇다면 열정을 키울 수 없는 사람은 가망이 없을 정도로 불리한 단점을 가진 것이네요.

카네기: 아닙니다. 그렇게 단언하지는 않겠습니다. '가망이 없을 정도'라는 표현은 결과를 지나치게 단정합니다. 그건 '죽음'만큼이나 결과를 단정 짓는 표현입니다. 저는 어떤 상황이라도 치유할 수 없을 정도로 가망이 없다고 생각하는 것을 싫어합니다.

열정을 키울 수 없거나 키우지 않는 사람이라도 마스터 마인드 원칙에서 희망을 발견할 수 있습니다. 이 원칙을 통해 열정을 키울 마음의 이점을 얻을 수 있습니다.

또한 극심한 우울증과 건강 염려증(상상의 병) 같은 경우 암시요법(경미한 최면)으로 치료하는 의사의 도움을 받아서 열정을 키우는 데 필요한 사고를 방해하는 상태에서 벗어날 수 있습니다. 나쁜 성질, 부정적인 마음가짐, 무신경, 게으름, 기민함이 없는 마음 등은 일반적으로 치료할 수 있는 신체 상태임이 밝혀졌습니다. 이러한 상태를 추적해 보면 뇌의 정신적인 부분에 발생한 특이한 현상이 원인임을 알 수 있습니다. 이런 현상은 암시요법과 자기 암시로 치료할 수 있습니다. 단 마음의 작동 원리를 이해하고, 마음의 정상적인 작동을 방해하는 해악을 바로잡으려는 의지가 있어야 합니다.

힐: 열정과 건강은 공통점이 많아 보입니다.

카네기: 그렇습니다. 나아가 열정의 부재는 당신이 지금 신체 건강을 돌보아야 한다는 신호라고 말할 수도 있습니다. 거기서 원인을 찾을 수 있기 때문입니다. 신체적·정신적 건강이 좋은 사람에게 열정이 없는 경

우는 거의 없습니다. 기민한 마음은 둔하고 침체된 신체에서 작동할 수 없습니다.

힐: 술을 마시는 습관은 어떻습니까? 열정을 파괴하는 원인 가운데 하나 아닙니까?

카네기: 술 마시는 습관의 해악은 열정을 파괴하는 것 이상입니다. 술을 마시면 처음에는 열정이 상승합니다. 하지만 '숙취'라는 반응이 열정을 심하게 파괴합니다. 인체는 알코올을 필요한 만큼 자체적으로 생성합니다. 이 양을 넘어서 몸 안에 흡수되는 알코올은 인체의 저항을 무너뜨리는 독이 될 수 있습니다. 의사가 의학적 치료를 위해 적용하는 때를 제외하고 인체에 유일하게 안전한 자극제는 영감과 열정을 통한 정신적 자극뿐입니다. 이런 자극은 어떠한 해로운 신체 반응도 초래하지 않습니다. 자연이 주는 약입니다. 정신적 자극을 습관화하면 약물이나 알코올 같은 인공 자극원보다 훨씬 더 이롭습니다.

힐: 그렇다면 마약과 알코올의 사용을 비난하십니까?

카네기: 물론입니다. 환자를 치료하는 의학적 목적으로 평판 좋은 의사의 지시 아래 투여하는 것이 아닌 이상 반대합니다.

힐: 사교를 위한 음주도 권하지 않으십니까?

카네기: 사교를 위한 음주는 적당히 마신다면 해롭지 않을 수 있습니다. 하지만 너무 많은 사람이 사교를 목적으로 가끔씩 마시다가 음주 습관이 생깁니다. 아예 입에 대지 않는 것이 제일 안전합니다.

힐: 저는 일부 대단히 훌륭한 작가, 음악가, 시인 들이 술에 취해 최고의 작품을 창작했다는 이야기를 들었습니다. 에드거 앨런 포Edgar Allan Poe, 로버트 번스Robert Burns, 제임스 휘트콤 라일리James Whitcomb Riley, 스티븐 포스터와 같은 인물들이지요.

카네기: 그들이 술에 취한 상태에서 걸작을 탄생시켰는지는 정확히 모르지만, 그들 인생이 맞은 비극을 간과하지 마십시오. 우리는 그런 비극의 일부만 알지, 전부를 알지는 못합니다. 술에 절어 있으면서 마음이 건강할 수는 없습니다. 술은 뇌의 활동을 자극하지만, 그 반작용도 만만치 않습니다. 두통이 생기고 마음의 능력이 둔화합니다. 이런 식으로 마음을 자극하는 것이 습관이 되면 자연스럽게 고취된 감정을 느끼는 능력은 파괴됩니다. 자연스럽게 고취된 감정은 불쾌한 영향을 남기지 않으며 자연의 에너지로 마음을 자극하는 방법입니다. 개인은 열정에 몹시 취할 수 있지만, 자연스럽게 취하면 나중에 두통이 생기지 않습니다. 또한 열정을 불어넣는 자극에 반응하는 뇌의 능력을 파괴하지도 않습니다.

힐: 그렇다면 사람이 뇌를 자극하기 위해 자연이 이미 제공한 방법을 자신의 방식으로 대체한다면, 이는 자연의 방법이 자신에게 통하지

않게 해서 결국 자신의 잘못에 대한 대가를 치르는 것처럼 보인다, 그런 말씀이십니까?

카네기: 바로 그렇습니다. 자연은 그것의 작동 방식을 방해하면 벌을 줍니다. 이는 마음의 자극이라는 문제에서뿐만 아니라 다른 모든 측면에서도 마찬가지입니다. 예를 들어 자연은 머리를 보호하기 위해 머리카락으로 두피를 덮습니다. 하지만 머리를 조이는 모자를 쓰면 머리카락의 뿌리에서 흐르는 혈류의 순환을 방해하게 됩니다. 사람이 '자연의 작품'을 덮개로 보완해서 개선하려 한다면 자연은 탈모를 유발하여 그런 간섭을 처벌합니다.

마찬가지로 자연은 뇌를 자극하는 자연의 방식을 알코올과 마약을 사용한 자신만의 방법으로 대체할 때도 정확히 같은 방식으로 작용합니다. 하지만 이 경우 자연은 인간의 노력을 유독 싫어하는 것처럼 보입니다. 두통과 중독으로 처벌할 뿐만 아니라 인간의 어리석음으로 눈을 멀게 만드는 습관을 고착시키기 때문입니다.

알코올 중독이나 마약을 하는 습관으로 고통받는 사람을 잘 안다면 뇌를 자극하는 자연의 방법을 버리고 인위적인 자극제로 대체한 사람에게 자연이 어떤 끔찍한 처벌을 내리는지도 알 것입니다. 결국 그런 습관이 계속되면 질병에 걸리거나 심지어 죽음에 이르는 식으로 자연은 자연법칙을 어긴 것에 대해 최악의 벌을 내립니다. 따라서 뇌는 인간이 간섭할 경우 아무도 감당할 수 없는 지독한 처벌을 받는 인체의 한 부분이 분명합니다.

힐: 무슨 뜻인지 이해했습니다. 게다가 카네기 씨의 분석을 들으니 뇌를 부정적인 사고로 자극할 때 발생하는 피해의 성격에 대해 더 깊이 이해하게 되었습니다. 그것은 바로 자연은 믿음이 부족한 사람에게 불신의 습관을 고착시킴으로써 벌을 준다는 사실입니다.

카네기: 이 같은 원리가 개인의 마음가짐에도 적용됩니다. 마음가짐이 긍정적이면, 자연은 습관의 법칙으로 긍정적인 마음이 가진 이점으로 개인에게 보상합니다. 이 법칙을 통해 이점은 영원히 지속될 수 있습니다. 반대로 마음가짐이 부정적이면 자연은 바로 부정적인 습관의 법칙을 통해 개인의 과오를 처벌합니다.

힐: 그렇다면 자연은 인간이 생각하거나 행하는 모든 것을 간과하지 않는 듯 보입니다.

카네기: 작은 생각 하나도 놓치지 않습니다. 개인이 드러내는 모든 생각과 신체적 행동은 성격의 일부가 됩니다.

힐: 그렇다면 지배적인 생각이 부정적인 사람은 결국 대부분의 행동도 부정적인 상태에 이르게 된다는 뜻입니까?

카네기: 그것이 바로 자연이 작동하는 방식입니다. 왜 그렇게 많은 사람이 열정을 가질 역량을 갖추지 못했는지 설명해 줍니다. 그들은 자

연이 가진 수단으로 마음을 자극하는 능력을 스스로 파괴했습니다. 그런 사람들 다수는 인위적인 자극제가 자신들에게 이로우리라는 헛된 믿음을 가지고 술과 마약에 의존합니다. 하지만 그런 자극제는 그들에게 가해진 처벌을 더 강화할 뿐이라는 것이 진실입니다. 인위적인 자극제로 두려움, 걱정, 슬픔에서 벗어나려는 사람은 모래 구덩이에서 탈출하려고 발버둥 치는 것과 같은 경험을 하게 됩니다. 벗어나려고 애쓸수록 더 깊은 수렁으로 빠져들 뿐입니다.

힐: 저는 무관심과 열정 부족이 술과 관련된다고 상상한 적이 없습니다. 하지만 카네기 씨의 분석을 들으니 이제 그렇다는 것을 알겠네요.

카네기: 술에서 막 깨어난 사람을 자세히 보면 술로 혜택은커녕 피해만 보았다는 것을 알게 됩니다. 얼굴 표정은 일그러져 있고, 눈은 충혈되고 흐릿하며, '성마름'이 보입니다. 상상력도 둔해지고, 초조하고, 위가 아프며, 입맛도 없습니다. 이 모든 것이 무시할 수 없는 이야기를 전합니다.

반면 강박적인 열망이나 열정 또는 다른 형태의 영감으로 뇌를 자극한 사람을 관찰한 뒤 그의 마음 상태에 주목해 보십시오. 차분함, 평정심, 반짝이는 눈, 쾌활한 목소리, 부드럽게 다문 입술, 마음의 기민함을 발견할 것입니다.

이런 관찰 결과들을 보면 자연은 자연스럽게 고취된 감정을 제외하고 마음을 자극하는 다른 방법들을 사용하면 반드시 처벌한다는 확신을 가지게 됩니다. 이 결론은 부인할 수 없습니다.

힐: 그렇습니다. 저는 그런 점들을 관찰했고, 카네기 씨가 말씀하신 사례들이 분노, 두려움, 복수심, 시기 또는 다른 부정적인 감정으로 마음을 자극하는 사람에게도 술 마시는 사람의 경우와 마찬가지로 적용된다는 사실을 알게 되었습니다.

카네기: 아주 정확합니다. 저는 부정적이든 긍정적이든 이 모든 습관이 얼굴 생김새와 목소리 톤에 지울 수 없는 흔적을 남긴다는 사실을 당신이 명심하기를 바랍니다. 그것이 바로 인간이 가진 특별한 사고력을 최대한 활용하는 것에 대해 자연이 보상하거나 처벌하는 또 다른 방식입니다.

자연은 개인의 얼굴에 정신적 습관의 그림을 그려서 온 세상에 그의 성격에 대해 경고합니다. 흐리멍덩한 눈, 거칠고 거슬리는 목소리 톤, 굵은 얼굴 주름, 심술궂은 입 모양, 신경질적인 움직임이 모두 합쳐져 그의 마음이 편하지 않다는 것을 세상에 알립니다.

✦ 그럼에도 성공에 열정이 필요한 이유

힐: 카네기 씨의 분석을 들으니 자신의 마음가짐에 대해 스스로를 속이지 않기 위해 거울에 비친 자기 모습을 아주 세심하게 들여다보는 것이 좋겠다는 생각이 드네요.

카네기: 제가 말한 신호들을 읽는 법을 배운다면 그렇게 하는 것이 훌륭한 계획일 것입니다. 하지만 자기 마음가짐의 진정한 본질을 정확히 파악할 수 있는 또 다른 신호가 있습니다. 바로 자신의 내적 느낌입니다. 열정, 희망, 자립심은 자기 수양이 잘된 사람이 자연스럽게 가진 자산입니다. 이런 마음 상태가 없다면 조사할 필요가 있는 무언가가 있다는 뜻입니다.

이 법칙에 예외는 없습니다. 자기 자신 그리고 세상과 갈등이 없는 사람은 내일에 대해 어느 정도 희망을 가지고 잠자리에 듭니다. 모두가 이 점을 매일 직접 시험해 보아야 합니다. 희망이 없다면 무언가 없애야 할 것이 그 자리를 대신 차지하고 있다는 뜻입니다. 자연은 모든 인간에게 자기분석이라는 정확한 수단을 제공합니다. 이 간단한 시험으로 희망이 있는지 없는지 분명히 드러납니다.

힐: 저는 희망에 대해 그런 식으로 생각해 본 적이 없습니다. 방금 하신 말씀을 들으니 카네기 씨의 말이 옳다는 것을 제 경험을 통해 깨달았습니다. 카네기 씨의 설명으로 저는 명확한 핵심 목표라는 원칙을 더 깊이 이해하게 되었습니다. 명확한 핵심 목표가 있다면 자립심, 진취성, 상상력, 자제력, 창조적 비전, 조직적 사고 등 여러 중요한 특성에 대해 스스로를 시험하는 수단을 가지게 됩니다. 어떤 사람이 명확한 핵심 목표를 달성할 수 있는 희망이 없다고 느낀다면 이는 그에게 필요한 정신적 특성이 결여되었거나 해로운 습관이 자리 잡기 시작했다는 경고로 받아들여야 한다는 말씀이십니까?

카네기: 완벽하게 정리했습니다. 희망은 믿음의 전조입니다. 희망이 없는 곳에 믿음이 있을 수 없습니다. 또한 열정이 없는 곳에는 희망이 없습니다. 둘은 밀접한 관계이기 때문입니다. 사실 열정은 희망의 명확한 표현입니다. 열정의 결과로 희망이 먼저 생깁니다. 그러고 나서 열정을 통해 희망이 표현되고, 희망이 무르익으면 믿음이 됩니다. 믿음은 모든 종류의 패배를 다스립니다. 개인과 그의 명확한 핵심 목표 또는 목표를 달성하게 할 작은 목표들 사이에 발생하는 모든 장애물을 극복하는 마음 상태입니다.

그러므로 희망, 열정, 믿음은 아주 많은 의미가 담긴 핵심 단어들입니다. 이들은 서로 밀접한 관계를 맺고 있으며, 우리가 성공이라고 부르는 삶의 상황과도 밀접하게 관련이 있습니다. 이 가운데 하나라도 없으면 성공은 불가능합니다.

힐: 성공하기 위해서는 열정이 꼭 필요하다는 말씀입니까?

카네기: 정확합니다. 성공은 결국 자신의 마음가짐 문제로 귀결됩니다. 어떤 마음가짐보다 열정이 중요하다는 사실을 확인했기를 바랍니다. 강박적 열망과 열정은 동의어입니다. 타오르는 열망은 열정이 뒷받침된 열망을 의미합니다. 우리는 이것이 창조적 비전, 진취성, 자립심, 명확한 핵심 목표와 성취에 필수 불가결한 다른 모든 자질을 일으키는 열망이라는 것을 압니다.

힐: 열정이 그렇게 많은 관련성이 있는 줄 지금껏 몰랐습니다. 열정은 모든 마음의 긍정적인 자질과 관련된 것 같습니다.

카네기: 그렇습니다. 열정은 마음의 모든 부정적인 특성을 억누르는 강력한 저지력입니다. 열정은 명확한 핵심 목표를 달성하는 데 필요한 마음의 자극제일 뿐만 아니라 부정적 습관의 침투를 막기 위해 마음을 정찰하는 데도 도움이 됩니다.

힐: 그렇다면 이것이 '하루에 한 번 쾌활하게 웃으면 노인의 우울증마저 사라지게 하는' 이유를 설명해 줄 수는 없습니까? 제 기억상 말할 때 미소 짓는 사람들은 대체로 건설적인 주제에 대해서만 이야기하는 것 같습니다.

카네기: 더 넓게 생각해 보면, 말하지 않을 때조차 습관적으로 웃는 사람들은 그렇게 함으로써 자신의 지배적인 생각이 긍정적이라는 것을 세상에 알리고 있습니다. 조금 더 관찰해 보면 웃을 때 마음가짐과 신체 행동이 조화를 이루어 뇌가 작동할 때 바람직한 변화를 일으킨다는 것도 알 수 있습니다.

또한 제가 지금 분석하고 있는 이론은 스스로 정말 관심이 있어서 운동할 때, 즉 심신이 조화를 이룰 때 하는 운동이 강제적인 신체 훈련보다 더 이로운 이유도 설명합니다.

힐: 카네기 씨의 설명을 들으니 모든 행동에서 동기가 가장 중요한 요인이라고 했던 말씀이 떠오릅니다. 이제 보니 아버지가 잘못된 행동에 대한 처벌로 강제로 시킨 운동은 낚시 여행을 갈 때 필요했던 노동량과 별반 다르지 않았지만, 그 효과는 엄청나게 달랐습니다.

카네기: 당연합니다. 강제적인 노동은 뒷받침해 줄 열정이 없습니다. 하지만 낚시에는 열정이 있습니다. 낚시 여행에서는 심신이 조화를 이루지만, 강제 노동에는 그런 것이 없습니다. 그리고 저는 당신이 강제 노동을 할 때보다 낚시할 때 피로감을 훨씬 덜 느끼면서도 열 배 더 많은 노동을 했으리라 생각합니다. 어떤 신체 행동이든 열정의 정신으로 하면 같은 행동을 열정 없이 할 때보다 훨씬 적은 에너지가 사용됩니다.

힐: 당신이 말하는 것은 결국 마음가짐이 모든 신체 움직임에 사용하는 에너지를 변화시킨다는 의미인 것 같습니다.

카네기: 그렇습니다. 우리가 일과 놀이를 할 때 사용하는 에너지의 차이만 보아도 마음가짐이 신체 에너지의 손실이나 보존에 중요한 요소임을 알 수 있습니다. 무슨 일을 하든 열정은 노동에서 단조로움과 지루함을 없애줍니다. 따라서 누구나 하루에 일정 시간을 관심 있는 활동을 하며 즐기는 데 투자해야 합니다. '놀지 않고 일만 하면 바보가 된다'라는 속담은 단순한 비유가 아닙니다. 이는 타당한 심리학적 근거가 있는 말입니다.

힐: 하지만 놀이보다 일을 더 좋아하는 사람들은 어떻습니까? 그런 사람에게는 일이 곧 오락이지 않습니까?

카네기: 어느 정도는 그렇습니다. 하지만 건강을 유지하고 싶다면 누구나 정신적 습관과 신체 행동 모두를 바꾸어야 합니다. 사람은 일만큼 열심히 노는 법도 배워야 합니다. 아울러 온 마음을 '일 모드'에서 '놀이 모드'로 전환하는 법도 배워야 합니다. 이것은 건강을 위해 필요한 일종의 자제력입니다.

저는 자기 전 침대에서까지 일을 한 사람들을 압니다. 대부분 평균 수명도 못 채웠습니다. 이런 상황을 보면 열정을 잃지 않으면서 일에서 놀이로 동기를 전환할 수 있을 만큼 충분한 자제력이 필요하다는 것을 알 수 있습니다.

인체에 다양한 음식이 필요하듯 다양한 생각과 신체 활동이 필요합니다. 사람이 한 차원에서만 살며 항상 특정 상태에서만 일하면 결국 '이상한' 사람이 되고 맙니다. 균형 감각을 잃고 자제력도 잃게 됩니다. 평정심을 잃지 않으면서 자기 뜻대로 한 마음가짐에서 다른 마음가짐으로 변화시킬 수 있고, 한 종류의 신체 활동에서 다른 종류의 활동으로 전환시킬 수 있을 정도로 충분히 유연해야 합니다. 이런 방식을 통해서만 루틴이 가진 일상의 리듬을 깨고, 고착된 습관에서 탈출할 수 있습니다. 그렇지 않으면 습관에 계속 묶여 있을 것입니다.

수년간 저는 명확한 핵심 목표와 전혀 무관한 다른 목표로 마음을 전환하는 일을 매일의 루틴으로 삼고 있습니다. 때로는 골프를 치고, 때로는 음악, 특히 교향곡을 듣기도 하고 독서도 합니다. 일하는 동안 매일 한 번쯤은 인생의 명확한 핵심 목표와 관련된 모든 생각을 내려놓는 시간을 가집니다. 이렇게 하면 명확한 핵심 목표로 돌아갔을 때 심기일전하고 마음이 기민한 상태가 되어 더 효율적으로 일할 수 있다는 것을 알게 되었습니다.

지구상에서 가장 슬픈 존재는 경제적 압박이나 다른 이유로 놀 수 있는 특권을 누리지 못하는 아이들입니다. 그런 삶이 불러일으키는 파괴적인 영향은 그 아이들의 삶 내내 따라다닙니다. 인간은 타고나기를 건강과 행복을 유지하기 위해 습관을 지속적으로 바꾸도록 설계되었습니다. 바로 이 부분과 관련하여 인간 본성의 자연스러운 반응 때문에 누구나 여행을 좋아합니다. 여행은 생각의 변화를 주고, '정신적 휴식'까지 제공합니다.

힐: 이 분석은 저를 꽤 깊은 수렁으로 빠뜨렸지만, 고백하건대 그 덕분에 개인의 삶에서 열정이 얼마나 중요한 역할을 하는지 더 잘 이해하게 되었습니다.

무엇보다 지속적인 열정을 가지려면 다양한 생각과 신체 활동이 필요하다는 것을 알게 되었습니다. 게다가 단조로운 루틴이 열정을 가질 수 있는 역량을 파괴할 수도 있음을 알게 되었네요. 앞으로 놀 때는 놀이의 이로운 목적을 염두에 두고 놀아야겠습니다.

카네기: 그것이 바로 제가 당신이 이해하기를 바랐던 점입니다. 개인

이 하는 모든 일은 명확한 핵심 목표를 가지고 진행해야 합니다. 그래야 노력에 열정이 더해지기 때문입니다. 일과 놀이를 결합할 때처럼, 오직 이런 방식으로 열정은 습관이 됩니다.

힐: 그렇다면 카네기 씨는 뒷받침하는 계획이나 목적이 없는 열정은 무용지물이라고 생각하십니까?

카네기: 무용지물일 뿐만 아니라 아주 위험할 수도 있습니다. 열정은 다른 모든 감정과 마찬가지로 자제력의 엄격한 통제를 받아야 합니다.

힐: 열정을 키우고 통제하는 데 자제력과 관련된 적절한 습관이 있어야 한다고 생각하시는 것 같습니다.

카네기: 그렇습니다. 습관은 자제력을 행하는 방법 가운데 개인이 통제할 수 있는 유일한 방법입니다.

✦ 철학가와 사상가가 말하는 열정의 힘

"열정은 인간의 가장 위대한 자산 가운데 하나다.
열정은 돈, 힘, 영향력을 능가한다. 확고한 열정을 가진 사람은 노동자 집단이 축적한 부로는 거의 관심을 불러일으키지 못하는 곳에서도 사람들을 설득하고 이끌어 간다.

열정은 편견과 반대를 이기고, 무기력을 없애고, 눈사태가 모든 장애물을 압도하고 삼켜버리듯 열정의 대상인 성채를 휩쓴다.

열정은 다름 아닌 실행하는 믿음이다. 믿음과 진취성이 제대로 결합하면 산처럼 거대한 장애물도 옮기고, 기적적이고 유례없는 일을 이룬다.

당신의 공장이나 사무실, 농장에 열정의 씨앗이 떠돌게 하라. 태도와 매너에 열정을 담아라. 그러면 당신이 깨닫기도 전에 산업의 면면에 확산되어 영향을 미칠 것이다. 바로 생산량이 증가하고, 비용이 절감된다는 뜻이다. 노동자들이 기쁨과 즐거움, 만족을 느낀다는 뜻이다. 삶에 진실로 에너지가 넘친다는 뜻이다. 확실한 결과가 자연스럽게 발생한다는 뜻이다. 이것이 바로 사는 내내 좋은 결과를 가져다줄 아주 중요한 것들이다."

— 헨리 체스터Henry Chester

열정의 중요성에 대한 앤드루 카네기의 분석을 읽다 보면 열정이 모든 창의적인 노력과 관련된 필수 에너지임을 깨닫게 된다. 그의 분석은 열정이 단순한 낙관주의나 소망적 사고, 공상에 비할 바가 아니라는 것을 확신하게 만든다.

당신이 택한 사람들을 횡단면으로 분석해서 그들이 처한 일상의 상황들을 자세히 조사해 보라. 그러면 높은 수준의 열정을 가진 사람들이 열정이 적거나 아예 없는 사람들보다 삶의 '휴식'을 더 잘 즐긴다는 사실을 발견할 것이다.

이 특이한 사실에 숨겨진 비밀은 무엇일까? 열정은 어떻게 닿는 곳마다 유리한 기회를 끌어당기고, 조화로운 인간관계를 만들까?

모든 훌륭한 철학자와 사상가는 열정이 말에 의미를 더하고 행동의 의미를 바꾼다는 것을 발견했다. 일부는 열정이 말뿐만 아니라 생각에 더 큰 힘을 실어주는 것을 발견하기도 했다.

"나는 한 노련한 변호사가 이렇게 말하는 것을 들었다. 그는 변호사가 진심으로 의뢰인이 무죄라고 믿지 않는다면 그 변호사가 배심원단에게 미칠 영향이 걱정된다고 했다. 변호사가 의뢰인을 믿지 않으면 그의 불신은 모든 항변에도 배심원단에게 드러날 것이며, 결국 그들마저 무죄라는 주장을 믿지 않게 될 것이기 때문이다."

— 랠프 월도 에머슨

"활력이 넘치는 삶을 살아야만 성공할 수 있다. 그런 삶은 에너지, 열정, 기쁨이 많이 쌓여야 이룰 수 있다. 활력이 넘치는 삶은 살아 있음에 전율을 느끼며 신나게 하루를 맞이하고, 기쁨의 절정을 느끼며 아침을 맞이하는 것이다. 진정한 영적인 공감 속에서 인류의 하나 됨을 깨닫는 것이다."

— 릴리언 휘팅Lilian Whiting

"두 개의 세상이 있다. 하나는 선과 자로 측정할 수 있는 세상이며, 다른 하나는 심장과 상상력으로 느낄 수 있는 세상이다."

— 리 헌트Leigh Hunt

"열정적으로 원하는 것은 아주 쉽게 믿게 된다."

— 테런스Terence

"이마에는 주름이 생기더라도 마음에 생기는 것을 방치하지 마라. 영혼이 늙어서는 안 된다."

— 제임스 가필드James A. Garfield

"인간이 단지 자기 몸을 위해, 혹은 빵과 집, 옷을 구하기 위해 땀 흘려 일한다는 생각은 옳지 않다. 인간을 모욕하는 말이므로 장려되어서는 안 된다. 인간 활동의 진정한 원천은 깊은 내면에 존재하는 신성하고 의식적인 요소를 외부 세계에 실현하고 싶은 끊임없는 충동이다."

— 프리드리히 프뢰벨Friedrich Fröebel

"내 철학은 감정과 열망의 체계인 삶을 훌륭하게 만들고, 지식을 단지 관찰자로 만든다. 이 감정의 체계는 우리 마음속에 있는 하나의 사실로, 논쟁의 여지가 없다.

이것은 우리가 직관적으로 아는 사실이기에 논쟁으로 유추하거나 추론으로 생기는 그런 지식이 아니다. 또한 우리가 선택하는 대로 받거

나폴레온 힐 더 리치

나 무시할 수 있는 그런 지식도 아니다. 오직 직면한 지식에만 현실이 있다. 이 지식은 생명에서 비롯되므로 이것만으로 행동에 생명을 불어넣을 수 있다."

— 요한 고틀리프 피히테Johann Gottlieb Fichte

"많은 사람이 내가 쓰는 언어의 강도(열정)를 반대한다. 하지만 그렇게 강하게 표현하는 데는 이유가 있지 않을까? 내가 아무리 강하게 말해도 진실만큼 혹독하거나 정의만큼 단호하지 않을 것이다. 이 주제에 대해 나는 절제하며(열정 없이) 생각하거나 말하거나 글을 쓰고 싶지 않다. 절대 그러지 않을 것이다.

집에 불이 난 사람에게 점잖게(열정 없이) 알려보라. 약탈자의 손에서 사랑하는 사람을 점잖게 구하라고 해보라. 아기 엄마에게 불구덩이 속에서 아기를 천천히 구하라고 말해보라. 하지만 내게 지금과 같은 이유로 절제하라고 요구하지 마라. 나는 열정적이다. 나는 모호하지 않을 것이다. 변명하지 않을 것이다. 소리쳐 말할 것이다. 사람들의 무관심이 너무 심해 모든 동상이 받침대에서 튀어 오르고, 죽은 사람의 부활을 앞당길 정도다."

— 윌리엄 로이드 개리슨William Lloyd Garrison

"우리는 세월이 아니라 행동 속에 산다. 숨이 아니라 생각 속에 산다. 전화기 다이얼의 숫자가 아니라 감정 속에 산다. 우리는 심장 박동으로 시간을 세어야 한다. 가장 많이 생각하고, 가장 고귀한 감정을 느끼며, 최선을 행하는 사람이 가장 잘 사는 것이다."

— 필립 제임스 베일리 Philip James Bailey

"힘들 때는 친구도 없다."

— 타키투스 Tacitus

수십 년 전에 한 말이지만 개리슨이 남긴 말에서 어떻게 감정을 통해 마음을 움직이는지 보라. 이 말의 힘은 바로 카네기가 그토록 강조한, 말을 할 때 품은 열정이다. 다른 언어로 번역되더라도, 아무리 많이 재인쇄된다 해도 말이 표현될 때 지닌 그 감정은 말과 함께 고스란히 지면에 담긴다.

베일리가 말한 열정의 힘에 대한 이해 또한 진실이다. 열정을 품고 '가장 고귀한 감정을 느끼며, 최선을 행하면' 어떤 상황에 처하든 면밀하게 살펴본 뒤 행동에 나서는 데 도움이 된다.

타키투스는 역경이 대개 감정을 상하게 하고 열정에 물을 끼었기 때문에 어려운 일이 닥치면 우정이 사그라진다는 진리를 말했을 것이다.

형이상학에 대한 이해가 깊은 사람들은 물질적 상황이 본질적으로 무의미하다는 것을 안다. 물질적 상황은 물이 중력의 법칙에 따라 자연스럽게 흘러가듯이 마음 상태에 따라 그 형태를 변화시킨다. 또한 형이상학자는 친한 친구나 사랑하는 사람의 죽음이 꼭 슬픔을 초래할 필요는 없다는 것도 안다. 감정의 변환이라는 원리가 작용해 죽음이 더 고귀한 노력과 더 깊은 사고의 영감이 될 수 있다는 사실을 안다.

에머슨은 형이상학에 대한 자신의 이해를 이렇게 드러냈다.

"열병, 불구가 되는 일, 잔인한 실연, 재산의 손실, 친구와의 절연은 그 순간 돌이킬 수 없는 상실처럼 보인다. 하지만 시간이 흐르면 모든 사실 아래 존재하는 깊은 치유의 힘이 드러난다.

친한 친구, 배우자, 형제, 연인의 죽음은 박탈로만 보이겠지만, 시간이 조금 지나면 안내자로서의 측면이 드러난다. 그런 사건은 흔히 삶의 방식에 파격적인 변화를 가져온다. 유아기나 청춘을 끝내고, 익숙한 직업이나 생활 방식을 깨뜨리며, 성격 성장에 유리한 새로운 변화를 만든다. 이를 계기로 새로운 인간관계가 형성되거나 기존 관계가 변화하고, 중요한 영향을 받아들이게 된다.

정원사가 소홀히 관리하는 바람에 뿌리가 뻗어 나갈 공간도 없고, 벽이 무너지고, 지나치게 햇볕이 내리쬐는 정원의 꽃으로 남았을 사람이 그런 경험을 통해 숲의 반얀나무가 되어 인간이라는 이웃들에게 그늘과 열매를 줄 수 있다."

긍정적 감정과 부정적 감정의 밀접한 관계와, 부정적 감정이 긍정적 감정으로 바뀔 수 있는 놀라운 가능성을 인식하면 이 장이 주는 혜택을 모두 얻을 수 있다. 이 가능성을 일단 이해하면 확신에 찬 비관주의자도 마음가짐을 바꾸어 심오한 낙관론자가 되어 비관주의를 표현했던 것만큼 열정을 표현할 수 있게 된다.

마음은 번개, 전기 또는 무선통신보다 더 빠르게 이동한다.

빛은 초당 약 30만 킬로미터 이동한다.

하지만 마음은 측정할 수 없을 정도로 순식간에

가장 멀리 떨어진 별까지 이동할 수 있다.

The mind travels faster than lightning, electricity, or radio.

Light travels 186,000miles a second.

The mind can travel to the most distant star in no time that can be measured.

긍정적인 생각을 만드는 첫 번째 단계

앤드루 카네기는 자기 마음의 주인이 되는 일이 얼마나 바람직한지 자주 언급했다. 어떤 마음은 너무도 부정적이어서 그것의 주인이 되라고 권하고 싶지 않지만, 그런 마음을 긍정적인 마음으로 전환한 뒤에는 그것의 주인이 되어야 한다고 권할 것이다. 부정적인 마음은 우리가 원하지 않는 결과를 초래하며, 그 대가는 상당히 크다. 카네기는 이 점을 강조하며 사람들에게 자기 마음의 주인이 되라고 훈계했다. 물론 그는 긍정적인 마음이 가진 잠재력도 언급했다.

메리 베이커 에디Mary Baker Eddy는 다른 용어를 써서 카네기와 같은 생각을 표현했다.

어떤 명제가 좋다고 증명되려면 반드시 옳아야 한다. 이에 대한 의견들은 끊임없이 대두되고 있다. 두 가지 이론, 즉 모든 것이 물질이라는 것과 모든 것은 마음이라는 것은 둘 중 하나가 승자로 인정될 때까지 끊임없이 다툴 것이다.

율리시스 그랜트Ulysses S. Grant 장군은 군사 작전을 짜며 이렇게 말했다. "여름 내내라도 이 전선에서 끝까지 싸우겠소." 과학은 모든 것은 마음속에 있으며 생각을 만든다고 말한다. 당신은 이 전선에서 끝까지 싸워야 한다고 말한다.

물질은 당신에게 도움을 줄 수 없다. 조화는 그 원칙에 의해 생기고 통제된다. 신의 원칙은 바로 인간의 생명이다. 그러므로 인간의 행복은 물리적 감각에 달려 있지 않다. 진리는 과오로 더럽혀지지 않는다. 인간의 조화는 음악 못지않게 아름다우며, 부조화는 부자연스럽고 비현실적이다.

에디의 생각을 정확하게 해석하면 생각 에너지는 마음가짐을 통해 어떻게 활용하는지에 따라 좋거나 나쁘거나, 부정적이거나 긍정적으로 된다는 것이 핵심이다.

오직 한 종류의 생각만 존재한다. 이 생각은 부정적이든 긍정적이든 여러 방식으로 표현될 수 있다. 이 단순한 전제를 토대로 추론해 보면 어떤 부정적인 감정도 나에게 도움이 되는 긍정적인 표현으로 변환할 수 있다고 쉽게 이해할 수 있다. 이 가능성에서 우리는 열정이 가장 심오하게 적용되는 것을 발견할 수 있다. 슬픔의 고통을 주는 바로 그 에너지가 명확한 핵심 목표나 다른 소소한 목표와 관련해서 창조적인 행동을 일으켜 기쁨을 주도록 전환될 수 있다. 여기서 바로 자제력이 도움을 준다. 오직 절제된 마음만이 슬픔을 기쁨으로 바꿀 수 있다.

부정적인 감정을 긍정적인 표현으로 바꾸는 기술은 마음의 작용을 신체적 행동과 조율하기 위한 습관을 형성함으로써 얻을 수 있다. 이 점에서 체육은 장점이 많다. 열정적인 운동선수는 운동에서 얻은 열정을 그가 택한 직업적 노력으로도 쉽게 전환할 수 있다.

특히 테니스는 심신을 조율하는 습관을 형성하는 데 가장 훌륭한 수단이다. 다른 이유는 차치하더라도 이러한 이유로 테니스는 전 국민이 즐기는 스포츠가 되어야 한다.

마음의 에너지를 걱정으로 소모하는 나쁜 습관을 가진 사람에게 테니스는 걱정을 열정적인 용기로 전환하는 훌륭한 수단이 될 것이다. 테니스 코트에서 한 시간 동안 뛰면 마음에 걱정이 스며들 틈이 없다.

운동 훈련에는 또 다른 이점이 있다. 열정이라는 습관뿐만 아니라 깨끗한 스포츠맨십이라는 습관을 길러준다. 인생에서 가장 큰 성공을 누리려면 이러한 특징 모두가 필요하다.

아울러 마음에 일시적인 조화를 가지도록 하는 것은 무엇이든 열정을 키우는 경향이 있다. 음악가는 그가 좋아하는 악기의 도움을 받아 걱정을 열정적인 용기로 빠르게 전환할 수 있다. 한 유명 작가는 약 한 시간의 작업 시간 사이에 피아노를 치며 '휴식' 시간을 보낸다. 대개 복잡하지 않은 음계만을 치지만 이렇게 손과 마음이 조화를 이루면 휴식이 되고 에너지가 새로 생성된다.

카네기가 말한 대로 활기찬 활동으로 심신을 조율하는 것은 마음에 열정을 생기게 하는 가장 확실하고 빠른 방법이다. 춤은 심신을 조율해서 마음에 열정이 생기도록 준비시키는 또 다른 훌륭한 운동이다. 나는 노련한 춤 선생에게 이런 운동이 정신질환 환자들을 치료하는 데도 효과적이라는 말을 들었다. 분명 춤의 리듬은 마음에서 콤플렉스와 두려움을 제거해 일시적이나마 열정을 표현하기 때문에 이로움이 있다. 이 이론은 카네기의 견해와 꼭 들어맞는다.

나는 오랜 세월 타자기 앞에서 생각하는 훈련을 해왔다. 자판에 손을 대는 순간 마음은 열정적으로 작동하고, 상상력은 점점 더 예리해지며, 아이디어가 개울처럼 흐르기 시작한다. 많은 경우 생각을 글로 표현하기 전에 한 주제에 대해 깊이 생각하려고 노력했지만 생각이 뚝뚝 끊기는 경험을 하기도 했다. 때로는 낯선 주제에 대한 마음의 '워밍업'이 아직 되지 않아서 열정이 보이지 않을 때도 글쓰기를 시작해야 했다. 그런가 하면 애초에 열정이 부족해서 원고를 열 장 정도 찢어버리고 다시 작성해야 할 때도 있었다.

이러한 경험은 연설의 첫 5분 내지 10분 동안 마음이 워밍업될 때까지 열렬히 자신을 표현하는 게 힘든 대중 연설가의 경험과 정확히 일치한다.

운동선수들도 비슷한 경험을 한다. 그들이 경기 시작 전에 유사한 워밍업 과정을 거치는 이유다. 그들은 열정이 생기도록 심신을 충분히 조율하고 나서야 비로소 최고의 기량으로 경기에 임한다. 이 상태는 전적으로 신체가 아닌 정신의 것이다. 그러니 명심하라. 부정적인 생각을 긍정적인 표현으로 전환할 때 취해야 할 1단계는 생각과 조화를 이루는 신체 활동이다.

✸ 당신이 내뱉는 모든 말에 열정을 담아라

먼저 열정의 중요한 효과를 간략히 설명하겠다. 앤드루 카네기는 이미 이 필수적인 마음의 자질을 파괴하는 주요 요소를 간략하게 제시했다. 그렇다면 열정은 무엇을 하는가?

열정의 역할

1. 열정은 사고의 진동을 '강화'해서 상상력을 좀 더 예리하게 만든다.
2. 마음에서 부정적인 감정을 제거해서 믿음이 생길 수 있는 길을 연다.
3. 신뢰성과 진실성을 방출한다.
4. 목소리 톤을 듣기 좋게 만든다.
5. 일에서 단조로움과 지루함을 제거하는 데 도움이 된다.
6. 성격에 호감을 더한다.
7. 자신감을 불어넣는다.
8. 건강 유지에 도움이 된다.
9. 적절한 신체 활동이 수반되면 열정은 부정적인 감정을 긍정적인 감정으로 전환하는 아주 중요한 수단이 된다.

10. 열정은 열망에 필요한 힘을 주어 잠재의식이 열망에 즉각적으로 반응하도록 영향을 미친다. 일부 심리학자들은 감정이 부정적이든 긍정적이든 잠재의식이 그 감정이 담긴 생각만을 행동으로 옮긴다고 믿는다.

열정은 '주문받는 직원'을 일류 영업 사원으로 변모시킨다. 열정은 연설가와 청중 사이에 조화를 형성해서 대중 연설에서 '무미건조함'을 제거한다. 따라서 직업적 성공이 말하기에 달린 사람이라면 누구든지 일에서 열정은 필수 불가결한 특성이다. 열정적인 연설가는 그의 마음대로 청중을 좌지우지한다.

열정이 있으면 말에 재치가 생긴다. 열정이 있으면 연설가가 (잠재의식을 통해) 무한한 지성의 힘을 직접 이용할 수 있다는 데 상당히 믿을 만한 근거가 있다. 분명 예리한 기억력도 생긴다.

하지만 단연 열정에서 가장 중요한 두 가지 기능은 이렇다. 확실히 열정은 부정적인 감정을 긍정적인 감정으로 전환하는 주요 요인으로 기능한다. 아울러 마음에 믿음이 생기도록 준비시킨다. 이 두 가지 기능과 비교해 볼 때 열정의 다른 모든 기능은 미미하다.

카네기가 말한 대로 열정은 동기의 결과다. 명분 없이 열정적일 수 없다. 그러므로 열정은 명확한 핵심 목표를 달성하는 데 핵심 요소다. 물론 소소한 목표들을 달성하는 데도 사용되는 자산이다.

열정은 생각을 행동으로 이끄는 원동력이다. 충분히 열정이 강하면 그 열정을 불러일으킨 본성에 적합한 신체 활동을 강력하게 촉진한다.

그러므로 나는 카네기가 열정과 신체 활동 간의 관계를 강조한 것은 매우 적절하다고 믿는다.

적절한 신체 활동 없이 열정을 키우는 것은 허공에 대고 다이너마이트를 터뜨리는 것과 같다. 큰 소음 말고는 아무 일도 일어나지 않는다. 열정에 고취될 때 적절한 신체 활동으로 신속하게 움직이면 열정을 키우는 습관을 기를 수 있다.

이 습관을 시작하는 훌륭한 방법은 말에 열정을 불어넣는 것이다. 이것은 누구나 할 수 있다. 시작하기 위해 딱히 준비가 필요 없는 습관이다. 현재 상태에서 누구를 상대로 무슨 목적으로 말하든 열정을 담아 말할 수 있도록 훈련하라. 이 습관은 수줍음을 극복하게 하고, 더 큰 자신감을 불어넣어 줄 것이다. 진취성도 생길 것이다.

열정을 담아 말하는 훈련과 더불어 목소리에 듣기 좋은 톤을 담아라. 통제되지 않은 톤으로 크게 말하면 듣기 싫은 소음이 될 뿐이다. 말을 정서적으로 표현해서 당신이 의도한 정확한 의미를 담는 법을 배워라. 효과적으로 말하기보다 성공하는 데 더 필요한 요소는 없다. 색과 열정이 없는 말은 효과가 없다.

감정을 말하는 단어 하나하나에 열정이 실리도록 신중하게 노력한다면 단 한 주 만에도 향상되는 말솜씨에 놀랄 것이다. 또렷이 말하라. 각 단어를 분리해서 말하라. 여러 단어를 뭉쳐서 각 단어가 잘 들리지 않게 말하지 마라. 명확하고 또렷하게 말하고, 단어 하나하나에 힘을 실어라. 대부분이 저지르는 흔한 잘못 가운데 하나가 부주의하게 말하는 것이다. 타인은 당신이 말하는 태도에서 당신 마음이 어떻게 작동하는지, 당신이 어떤 성격인지 알아챌 수 있는 확실한 단서를 얻는다는 것을 명심하라.

생각과 발화라는 신체 활동을 조율하는 습관을 키우는 한 가지 방법이 있다. 지인들이 당신인지 거의 못 알아볼 정도로 한 달 안에 말하는 태도를 크게 개선할 수 있다. 이 습관은 자제력을 키우는 유익한 수단 가운데 하나가 될 것이다. 분명 말에 대한 절제력은 성공에 가장 필수적인 요소이기 때문이다.

대부분 말을 지나치게 많이 하고, 너무 부주의하게 말하고, 자신에게 도움이 되는 말을 거의 하지 않는다. 말에 대한 절제는 이런 단점을 극복하게 해줄 것이다. 한 번의 노력으로 단점을 없애고 장점도 계발하는 이중 목적 달성에 도움이 될 것이다.

아무도 모르게 모든 대화에서 말에 대한 절제력을 발휘할 수 있다. 우선 가족에게 시작하라. 그러고 나서 친구들과 지인들과의 대화에서 계속 시도하라. 말하기 전에 한 마디 한 마디를 유심히 살피고, 신중하게 조절하고 나서 비로소 입 밖으로 내뱉는 일을 매일의 루틴으로 삼아라. 한 단어에 5달러가 든다고 생각하며 말을 아껴라. 말할 때는 반드시 자기 목소리를 듣고, 지혜를 드러내서 다른 사람에게 깊은 인상을 남겨라. 타인이 당신에게서 받았으면 하는 생각만을 전달하라. 듣는 사람이 해석했으면 하는 말에만 정확한 감정을 실어라.

앞 단락에서 많은 사람에게 성패를 가를 만큼 타당한 조언들을 충분히 제시했다. 대다수 사람들에게 이런 조언이 절실하게 필요하다는 것은 이 시대의 비극 가운데 하나다.

'말은 쉽다'라는 속담이 진리라고 한다면 그것은 말하는 사람 자체가 '변변치 않기' 때문일 것이다. 말하기 전에 이 점을 명심하라. 성공한 사람들이 얼마나 신중하게 말하는지 관찰하고 배워라. 그들은 '경박한 대화'에는 좀처럼 끼지 않는다. 비속어를 사용하지 않는다. 한가로운 가십 따위에는 시간을 쓰지 않는다. 타인을 비방하지 않는다. 말할 때 일반적으로 들을 만한 가치가 있는 말만 한다.

끊임없이 부주의한 말을 내뱉는 사람은 그것밖에 할 줄 모른다. 그런 사람은 대개 성공한 축에 끼지 못한다. 그런 사람에게 시간은 '죽이는' 대상에 불과하다. 명분도 없이 초대받지 않은 채로 대화에 불쑥 끼어들고 대화를 독점하는 일이 비일비재하다. 이런 사람에게 열정이 있다고 해도 그의 말은 아무에게도 이롭지 않기 때문에 낭비일 뿐이다.

나는 말이 열정을 표현하는 주요 수단이기 때문에 말의 주제를 강조한다. 목적 없는 '값싼 수다'로 열정을 위한 이 훌륭한 수단을 더럽히지 말자. 말만큼 명확한 핵심 목표가 필요한 것도 없다. 목적 없는 말은 아예 하지 않는 것이 낫다.

산다는 것, 다시 말해 역경을 이겨내고 어느 정도의 성공을 달성하는 것은 진지한 일이다. 개인이 가진 모든 시간과 노력을 필요로 한다. 한가롭게 수다를 떨거나 무신경한 말로 1분도 낭비할 여유가 없다.

오직 소수만이 각자의 방식으로 인생에서 성공을 거두며, 대다수가 실패한 인생을 사는 것은 결코 우연이 아니다. 사람들이 시간을 어떻게 사용하는지 분석하면 성공과 실패의 원인을 알 수 있다. 성공한 사람들은 명확한 핵심 목표를 가지고 일하며, 모든 시간을 열정의 정신으로 목표를 달성하는 데 쏟아붓는다. 실패하는 사람들은 먹고, 자고, 최대한 적게 일하고, 목적 없는 말을 하느라 시간을 다 보낸다. 성패를 결정짓는 요인은 능력의 차이가 아니다. 중요한 것은 자기 능력을 어떻게 사용하느냐다.

🌱 9999번째 실패 다음의 1만 번째 성공을 위하여

실패하는 많은 사람이 처한 특이한 상황 가운데 하나는 그들이 한 걸음만 더 나아갔다면 성공했을 수도 있다는 사실이다. 내가 분석한 모든 성공한 인물이 패배가 닥쳤을 때 계속하지 않았다면 숱하게 실패했을 것이라고 인정했다. 강박적인 열망에 이끌리는 사람은 일시적인 패배를 실패로 받아들이는 법이 없다. 이기겠다는 의지가 그만두려는 마음보다 크다. 만약 열정이 패배가 닥쳐도 계속하려는 마음이라면 열정을 키우는 데 필요한 모든 시간은 충분히 정당화된다.

열정은 인생에서 높은 목표를 달성하기로 마음먹은 사람에게 필수적인 자질이다. 이는 패배를 새로운 노력을 위한 동력으로 바꾸는 힘이기도 하다.

나는 토머스 에디슨과의 인터뷰에서 위대한 발명가가 지닌 열정의 힘을 발견했다. 또 열정을 키우는 데 마스터 마인드 원칙이 얼마나 중요한지 그 가치를 확실히 인식하게 되었다. 위대한 에디슨이 이 주제에 대해 무슨 말을 했는지 보자.

나는 이렇게 인터뷰를 시작했다.

"에디슨 씨는 세상에 축음기, 영화, 백열전구를 비롯한 여러 유용한 기계를 선사해 주셨습니다. 이러한 편리한 장치들을 발명하는 과정에서 맞닥뜨린 좌절과 일시적인 패배를 어떻게 다스렸는지, 그 비결을 알려주십시오."

에디슨은 아무런 답을 하지 않았다. 당황한 나는 얼굴이 벌게져서 마치 그의 침묵을 설명해 줄 누군가를 찾듯이 두리번거렸다. 그러자 에디슨의 비서인 메도크로프트 씨가 끼어들어 이렇게 말했다.

"죄송합니다. 제가 미리 말씀드리지 못했습니다. 에디슨 선생님은 듣지 못하십니다. 질문을 종이에 적어주셔야 합니다."

인터뷰는 그때부터 순조롭게 진행되었다. 질문을 종이에 적어서 전하자 에디슨은 "어디서부터 시작하면 됩니까?" 하고 물었다. 나는 이렇게 답했다.

"괜찮으시다면 소년 시절부터 시작하죠. 학교 다닐 때 이야기를 해 주세요."

"아, 학창 시절 말입니까? 학교를 다닌 지 3개월 만에 선생님이 쪽지 하나를 적어주며 저를 집으로 돌려보냈습니다. 제가 학교에 다닐 만큼의 지각력이 없다는 내용이었습니다. 그때부터 책을 통한 배움은 멈추었습니다. 하지만 저는 상황이 그렇게 흘러간 것이 행운이었다고 생각합니다. 쓸데없이 추상적인 규칙들을 배우느라 시간 낭비를 하지 않을 수 있고, 아울러 모든 교육 기관 가운데 가장 훌륭한 '역경대학교'를 다니게 되었으니 말입니다."

에디슨은 말을 계속 이어갔다.

"교육은 어려움을 극복함으로써 이루어지는 것이지, 단순히 무언가를 읽는 데서 오는 것이 아니라는 것을 당신도 알잖아요."

나는 에디슨에게 에드윈 반스Edwin C. Barnes가 그의 사무실에서 서기로 일하다가 어떻게 사업 파트너 자리에까지 올랐는지 알려달라고 요청했다. 에디슨은 크게 미소 지으며 이야기를 시작했다.

"아마도 반스가 당신에게 직접 말하는 편이 낫겠지만 제가 그 이야기를 조금 해주겠습니다. 하루는 일하다 고개를 드니 한 청년이 여행 가방을 들고 서 있었습니다. 메도크로프트 씨가 그 청년이 화물열차를 타고 도착했다고 말했습니다. 실제로 그래 보였습니다. 반스는 저를 위해 일하려고 먼 길을 왔다며 무슨 일이든 하겠다고 말했습니다. 저는 그에게 작은 일거리를 주었지만, 그는 조만간 저의 사업 파트너가 될 것이라고 저에게 알려주고 싶어 했습니다.

저는 그를 머리부터 발끝까지 꼼꼼히 살펴보았습니다. 틀림없이 그는 매우 당황스러웠을 것입니다. 그는 또 제게 '에디슨 씨를 위해서 일할 수만 있다면 저는 굶어 죽어도 여한이 없습니다'라고 말했습니다. 이 말이 제 마음에 쏙 들었는데, 왜냐하면 그의 눈이 열정의 불꽃으로 반짝거렸기 때문입니다. 그가 목표를 달성할 때까지 결코 그만두지 않을 사람이란 것을 알 수 있었습니다.

저는 그에게 마루를 청소하는 일을 주었고, 그것이 제가 그에게 줄 수 있었던 전부였습니다. 그 후로 그는 내게 끊임없이 무언가 영감 같은 것을 주며 저를 바쁘게 했고, 결국 저와의 파트너십을 얻어 '에디폰'을 설치했습니다. 반스와 대화할 때 그의 정장에 대해 물어보십시오. 그는 한

달 내내 매일 갈아입을 서른한 벌의 정장이 있었는데, 열정을 자극하기 위해 필요하다고 말했습니다."

일자리 얻기가 어렵고, 충분한 '인맥'이 없어서 더 나은 자리를 얻을 기회가 없다고 불평하는 사람들은 에디슨의 유일한 사업 파트너가 어떻게 기회를 발견했는지 명심해야 한다. 분명 그는 어려움을 디딤돌로서 받아들였다. 일을 최대한 '대충'하며 그렇게 된 것은 분명 아니었다.

에디슨은 "저는 그에게 마루를 청소하는 일을 주었고, 그게 제가 줄 수 있었던 전부였습니다"라고 말했다. 이 문장 속에는 자신의 서비스를 판매하고자 하는 모든 사람에게 큰 가치가 있을 만한 생각이 담겨 있다.

나는 반스의 이야기에서 벗어나 청력을 잃은 것이 삶에 큰 걸림돌이 되지 않았는지 에디슨에게 물었다. 곧바로 그는 이렇게 대답했다.

"전혀 아닙니다. 걸림돌이 아니라 오히려 큰 축복입니다. 청력을 잃으니 할 말도 없으면서 많은 시간 떠들어대는 사람들의 쓸데없는 수다를 듣지 않아도 되었습니다. 저는 청력을 손실한 대신 내면의 소리에 귀 기울이는 습관을 가지게 되었습니다. 거기서 저는 제 발명의 대부분이 비롯된 지식의 원천에 접근할 수 있었습니다."

나는 이렇게 물었다.

"에디슨 씨가 실수로 화물열차에 불을 내는 바람에 화가 난 열차 운전사가 귀를 때려서 청력을 잃게 된 것이 사실입니까?"

에디슨이 이렇게 답했다.

"그렇습니다. 그것이 사건의 전말입니다. 수년 후 그 열차 운전사와 마주쳤을 때 저는 고맙다고 했습니다."

인터뷰는 이제 축음기의 발명으로 넘어갔다.

"최초의 축음기를 완성하기까지 수년이 걸렸다는 말이 있습니다. 사실입니까?"

에디슨이 답했다.

"아닙니다. 저는 첫 번째 시도에서 실린더 안에서 회전하는 왁스 조각의 소리를 잡아내어 '메리에게는 어린 양이 있다'라는 문장을 기록하는 데 성공했습니다."

"축음기의 아이디어를 어떻게 얻게 되었는지 말씀해 주시겠습니까? 시간 낭비라고 느끼지는 않으셨습니까?"

"제 안의 무언가(영감), '육감' 같은 무언가가 제게 계속 시도하면 원하는 것을 얻으리라고 말했습니다. 이상해 보일지 모르지만, 저는 아이디어를 찾기 시작한 지점에서 아주 가까운 곳에서 비밀을 찾았습니다. 실험을 처음 시작했을 때 사용했던 바로 그 조악한 장치의 도움을 받아 찾아냈습니다. 이 기계에서 처음으로 소리가 기록되어 재생된 후 오랜 시간 동안 그 장치는 일종의 모델로 사용되었습니다. 모든 상업용 축음기는 그것을 본딴 것입니다."

"말씀을 듣다 보니 경험을 통해 사람들에게 알려진 지식이나 책에 기록된 지식이 아닌 그 외부에 지식의 원천이 있다고 생각하시는 것 같습니다."

에디슨이 대답했다.

"만일 그런 지식의 원천이 없었다면 최초의 축음기는 결코 완성되지 못했을 것입니다. 명심하십시오. 그것은 최초였습니다. 제게는 따라 할 선례가 없었습니다. 아무도 이 주제에 대해 저를 인도해 줄 어떠한 정보도 주지 않았습니다. 소리의 진동을 기록해서 재생하는 비결은 그야말로 사람들에게 알려지지 않은 지식의 원천이 제게 알려준 것입니다."

내가 물었다.

"이 숨겨진 지식의 원천은 무엇입니까? 그것을 사용하기를 바라면 누구나 사용할 수 있습니까?"

"제게는 그에 대한 이론이 있습니다. 저는 그것을 많이 시험해 보았으니 아마 단순한 이론 그 이상일 것입니다. 하지만 당신이 인정할 정도로 설명할 수 있을지는 모르겠습니다. 이 이론에 따르면 모든 지식은 에테르라고 알려진 위대한 에너지의 일부로서 에너지 형태로 존재합니다. 모든 지식이 기록되는 고차원적인 진동의 원천과 의식적인 생각이 연결될 때까지 끊임없이 집중해서 그런 생각들을 투사하겠다는 의지력과 믿음이 있는 사람들만이 이 원천에 닿을 수 있습니다."

에디슨은 이렇게 말을 이어갔다.

"당신도 물론 알겠지만, 엘머 게이츠Elmer Gates 박사는 어두운 방에 앉아 미완성 발명품과 관련해 알려진 요소들에 마음을 집중하다 보면 그가 모르는 요소들이 생각의 형태로 모습을 드러나게 할 수 있다는 사실을 발견했습니다. 이 방법이 늘 성공적인 것은 아니지만, 종종 성공하기 때문에 그는 일부 유명한 기업들을 위해 아이디어를 생각해 내는 것으로 생계를 유지합니다. 아울러 미지의 요소에 대한 답을 찾기 위해 앉아서 기다림으로써 다른 발명가들이 제대로 완성하지 못한 발명품을 100개 이상 완성했습니다."

에디슨의 이런 말은 나 같은 애송이 작가가 감당하기에 다소 심오했으나 훗날 게이츠 박사와의 인터뷰를 통해 그의 말이 사실임이 증명되었다. 에디슨은 백열전등을 만드는 동안 오랜 기간 잘 알려졌던 두 가지 원리를 이전에는 결코 시도된 적 없던 방식으로 결합하여 해법을 찾아냈다고 말했다. 그 아이디어는 하루 종일 해법을 찾느라 고생한 뒤, 잠시 졸고 나서 갑자기 '직감'처럼 떠올랐다고 했다.

에디슨의 말대로 그 원리들은 오래되었지만, 그것들의 결합 방식은 새로웠다. 인류의 경험과 실험에서 얻은 체계적인 지식이 문제에 대한 해법을 내놓지 못할 때마다 그가 늘 의지하던 위대한 지식의 숨겨진 원천에서 온 것이다. 이 말을 들으면 에디슨은 인간이 문명의 다음 발전을 위해 필요한 지식의 원천을 아직 다 밝혀내지 못한 것이 아닌가 하고 의아할 수 있다. 또한 그가 말한 '숨겨진 원천'이 교육자들이 인간의 마음을 더 똑똑하게 활용할 수 있도록 돕는 데 중요한 가치를 지닌 어떤 것일 수도 있는데, 에디슨은 그것도 제대로 밝혀내지 못한 것이 아닐까 하는 생각도 들 수 있다.

명심하라. 이것은 세계 최고의 발명가에 대한 인터뷰이지, 남을 돕기 위한 아이디어를 설파하는 긴 머리의 거리 연설가와의 대화가 아니다. 나는 에디슨이 어떻게 수학, 화학, 물리학에 대한 최소한의 기초 지식도 없이 위대한 발명가가 될 수 있었는지 궁금했다.

"에디슨 씨는 어떻게 초등 교육을 받지 않고도 발명을 잘 해내실 수 있었습니까?"

내가 이렇게 질문하자 에디슨은 눈을 반짝이며 대답했다.

"전문적으로 훈련받은 사람들을 고용할 수 있었습니다. 당신도 알다시피 그런 사람들은 기초 교육을 많이 받았잖습니까? 하지만 저는 그들이 자주 필요하지는 않습니다. 제 발명의 대부분은 상식, 끈기 그리고 이루고자 하는 목표에 대한 명확한 지식을 결합해 완성했습니다.

대부분 자신이 무엇을 원하는지조차 모릅니다. 그러면 학교 교육을 아무리 많이 받는다고 해도 도움이 안 됩니다. 축음기를 완성할 때 무엇을 원하는지 명확하게 아는 것이 핵심 요소였습니다. 저는 축음기를 만들기 전에 이미 마음속에서 그 기계를 보았습니다. 더 중요한 사실은 평생이 걸려도 '메리에게는 어린 양이 있다'라는 말을 기록하고 재생하는 기계를 꼭 만들고야 말겠다는 다짐을 했다는 것입니다. 제가 이런 기계를 완성하리라는 데 일말의 의심도 없었습니다.

이 정도로 목표가 명확했고, 계획도 확실하여 꾸준히 노력할 수 있었습니다. 이 두 가지는 무슨 일에서든 성공을 위한 필수 요건입니다. 만일 당신이 성공하기 위해 노력하는 사람들에게 이 성공철학을 전할 수 있다면 학교에서 배우는 것보다 더 훌륭한 서비스를 제공하는 셈입니다."

대중은 과거에 에디슨과 헨리 포드, 하비 파이어스톤, 존 버로스의 관계에 대해 여러 이야기를 들었다. 나는 에디슨에게 4인방이 오랫동안 그토록 친밀한 관계를 유지하게 한 힘에 대해 설명해 달라고 요청했다.

내가 물었다.

"포드 씨, 파이어스톤 씨, 버로스 씨와 에디슨 씨를 하나로 묶어준 것은 단지 우정뿐이었습니까?"

에디슨이 대답했다.

"우정만은 아닙니다. 그것은 단순한 우정보다 훨씬 깊은 무언가였습니다. 우리는 우리의 교류가 서로에게 도움이 되는 사고를 자극하는 원천이 된다는 것을 깨달았습니다. 당신도 알다시피 버로스는 생각하게 만드는 사람입니다. 저는 우리 모두 그의 탁월한 두뇌에서 유용한 아이디어를 받았다고 생각합니다."

에디슨이 말을 이어갔다.

"두 사람 이상이 조화의 정신으로 마음을 조율하면 언제나 각 개인은 평범한 생각을 뛰어넘는 정신적 자극을 경험하게 됩니다. 이 사실 때문에 '원탁 토론'이라는 단어가 만들어졌습니다. 한 집단의 사람들이 둘러앉아 어떤 주제든 진지하고 조화롭게 토론하기 시작하면 그 집단의 구성원 누구도 이전에 알지 못한 아이디어, 계획, 지식이 발생한다는 것은 잘 알려진 사실입니다."

에디슨이 설명하는 원칙이 바로 마스터 마인드다. 마스터 마인드 원칙을 통해 사람들은 직접경험으로 지식을 얻지 않고도 타인의 지식을 이용할 수 있다. 에디슨은 발명가로서 연구할 때 이 원칙을 자유롭게 활용한다고 설명했다. 그는 바로 이 원칙이 그가 초등 교육을 받지 못해 생기는 깊은 간극을 메워준다고 덧붙였다. 앤드루 카네기는 다른 모든 성공 원칙보다 바로 마스터 마인드 원칙 덕분에 에디슨이 막대한 부를 축적했다고 말했다. 아울러 게이츠 박사는 이 원칙을 적용해서 수백 가지 발명을 완성했다고 인정했다.

에디슨은 완벽한 조화의 정신으로 조율된 마음이 있어야만 이 원칙의 모든 이점을 누릴 수 있다고 강조했다. 이 말은 중요하다. 에디슨의 마스터 마인드 원칙에 대한 설명을 들은 후, 나는 이 원칙에 관심이 생겨서 꾸준히 연구하게 되었다. 결국 의식적이든 무의식적이든 어떤 직업에서 탁월한 성공을 거둔 모든 사람이 이 원칙을 활용했다는 것을 발견했다.

에디슨과의 첫 인터뷰 이후 세계의 지도가 다시 그려졌고, 경제 공황은 전 세계 사람들의 습관과 운명을 바꾸어놓았다. 하지만 에디슨이 사용했던 열일곱 가지 성공 원칙은 여전히 변함이 없으며, 지금은 이 원칙들을 이해하고 적용하는 사람들에게 유리한 시기다.

경제 공황으로 수백만 명이 일자리를 잃었다. 아마도 십중팔구 공황이 시작된 이래로 여러 차례 일자리를 구하려고 시도했으나 실패했을 것이다. 그들이 미국 뉴저지주에 사는 위대한 발명가 또한 백열전등을 완성하기까지 1만 번을 시도하고 실패했다는 사실을 기억한다면 모두에게 도움이 될 것이다.

경제 공황 동안 일자리를 잃은 사람들은 반스의 정신을 기억하면 좋다. 그는 에디슨의 파트너가 되겠다는 결심이 대단히 확고해서 화물열차를 타고 뉴저지주로 가서 마루 청소도 마다하지 않았다. 반스는 자신이 무엇을 원하는지 알고 목표를 달성할 때까지 계획을 기꺼이 고수해서 지난 30년간 그 대가로 많은 것을 이루었다. 마찬가지로 그런 확고한 태도는 현재에도 통한다.

에디슨은 세상에 훌륭한 교훈을 남겼지만, 그중 최고는 성공이 오직 성공 이외의 결과는 받아들이지 않는 사람에게 온다는 사실이다. 에디슨은 1만 번의 실패에도 결코 좌절하지 않았다. 보통 사람이라면 1만 번의 실패는 말할 것도 없고, 실패의 조짐이 보이자마자 포기할 것이다. 이것이 바로 '보통' 사람은 그토록 많은데, '에디슨'은 단 한 명인 까닭이다.

다른 사람들의 계획이 그렇듯 에디슨의 계획도 자주 실패했다. 한 계획이 실패하면 에디슨은 결단력과 열정으로 또 다른 계획으로 대체해서 목표를 향해 끊임없이 전진했다. 그는 목표를 바꾸지 않았다. 9999가지 계획을 시도하고 모두 실패해도 "아, 이게 다 무슨 소용인가? 마음을 고쳐먹고 감자 껍질 깎는 기계나 만들어야겠다"라고 말하지 않았다. 그 대신 계속 밀고 나아가 1만 번째 계획을 택했고, 마침내 그 계획이 통한 것이다. 에디슨의 끈기와 더불어 우주 어디에선가 모든 문제에 대한 답을 찾을 수 있으리라는 그의 믿음이 우주에 명확한 아이디어의 패턴을 투사했고, 결국 그 아이디어는 그에 상응하는 물리적 실체를 만났다. 어떤 기묘한 마력으로 이런 일이 벌어지는지 위대한 에디슨을 비롯해 그 누구도 설명할 수 없다.

에디슨은 인생이란 길들이고 이끌어야 하는 것이라고 믿었다. 그는 마음으로 패배를 받아들이지 않는 한 결코 패배하지 않는다는 것을 증명했다. '연줄'도 없고, 기차 탈 돈도 없는 초라한 청년이었던 그의 파트너 반스조차 일을 포기하지 말아야 하는 이유를 증명했다. 아울러 더 나은 일을 할 만한 자격이 될 때까지 보잘것없는 육체노동이더라도 해야 할 필요가 있다는 것도 증명했다. 그는 위대한 에디슨의 파트너가 되는 일을 인생의 명확한 핵심 목표로 삼았고, 그 선택을 눈부신 현실로 만들었다. 행운이나 '운수' 따위는 그가 누린 좋은 결과와 관련이 없었다. 그의 마음속에서 만들어지고 실행된 그의 작품이다.

모두가 세계에서 가장 위대한 인물들의 파트너가 될 수 있는 것은 아니다. 하지만 누구나 명확한 목표를 설정해서 높은 곳을 바라보며, 모든 장애물이 사라지거나 장애물을 목표 가까이에 오르게 해줄 '디딤돌'로 전환할 수 있을 때까지 열정적으로 마음과 영혼을 다해 그 목표를 뒷받침할 수는 있다.

에디슨은 세상을 떠났지만, 그를 독보적인 세계 최고의 발명가로 만들어준 간단한 원칙들은 그가 사용한 것처럼 오늘날에도 여전히 적용될 수 있다. 이러한 원칙 가운데 최고는 하나의 목표를 열정적으로 좇고, 그것이 그에 상응하는 물리적 혹은 금전적 실체의 옷을 완전히 입을 때까지 그 목표에 노력을 집중하는 것이다.

모든 성공은 사고 충동의 형태로 시작된다. 바로 아이디어다. 에디슨은 아이디어를 실현하겠다는 타오르는 열망(열정)으로 그것을 뒷받침하는 단순한 과정을 통해 사고 충동 이상의 단계로 나아갔다. 그의 강박은 발명이었고, 아마도 그것은 가장 어려운 일이면서 모든 직업 가운데 일반적으로 가장 수익성이 적은 일이었을 것이다. 하지만 에디슨은 그의 일을 통해 큰 부를 축적했다. 더불어 명확한 핵심 목표에 열정이 뒷받침되면 뜻하는 대로 기회를 창출할 수 있음을 증명했다.

우리는 우리 자신을 넘어서는,
더 훌륭하고 강인한 무언가를 사랑하는 법을 배워야 한다.
— 찰스 와그너

We must learn to love something outside ourselves, something greater and stronger.
— Charles Wagner

⚡ 마음에 열정을 불어넣는
습관 만들기

이 장에서 열정의 뜻은 용어는 각자가 원하는 비율로 마음의 감정과 머리의 이성적 사고를 결합할 수 있는 방식을 의미한다. 다음과 같은 단계를 밟으면 열정을 품는 습관을 키울 수 있다.

열정을 품는 습관을 키우는 10단계

1. 명확한 핵심 목표를 채택한다.

2. 그 목표를 달성하기 위해 강박적인 열망(열정적인 동기)으로 목표를 뒷받침한다.

3. 명확한 계획을 세우거나 여러 계획을 결합해서 즉시 실행에 옮긴다. 이때 앤드루 카네기가 강조한 대로 신체 행동을 통해 심신을 조율하는 것이 중요하다는 점을 명심한다.

4. 명확한 핵심 목표와 계획을 분명하게 적고, 하루에도 수차례 반복해 읽어 잠재의식으로 보낸다.

5. 계획이 약하더라도 꾸준히 적용하면 간헐적으로 또는 열정 없이 적용하는 강력한 계획보다 더 나은 결과를 가져온다는 점을 명심한다. 끌어낼 수 있는 모든 열정을 바탕으로 끈기 있게 계속 밀고 나간다.

6. '흥을 깨는 사람'과 확신에 찬 비관주의자를 멀리한다. 그들의 영향은 치명적이다. 그들 대신 낙관적인 파트너들로 당신의 주변을

채운다. 무엇보다 당신에게 무조건 동조하는 사람들은 제외하고, 아무에게도 당신의 계획을 발설하지 않는다.

7. 당신이 택한 명확한 핵심 목표의 성격상 필요하다면 도움을 줄 수 있는 사람들과 연대한다.

8. 패배가 닥치면 계획을 면밀하게 다시 살핀다. 변경이 필요하면 바꾼다. 하지만 목표는 바꾸지 않는다.

9. 아무리 적은 시간이라도 매일 반드시 계획을 실행한다. 당신은 지금 열정을 품는 습관을 키우고 있으며, 그 습관을 들이려면 신체 행동이 필요하다는 점을 명심하라.

10. 자기 암시는 모든 습관을 키우는 강력한 요인이다. 그러니 당신의 명확한 핵심 목표가 아무리 요원하다고 해도 달성할 것이라는 믿음을 끊임없이 자신에게 '주입'하라. 마음가짐이 목표를 위해 잠재의식이 취할 행동의 성격을 결정한다. 열정은 긍정적인 마음에서만 번성한다는 것을 명심하고, 언제나 마음을 긍정적으로 유지하라. 긍정적인 마음은 두려움, 시기심, 탐욕, 질투, 복수심, 증오, 편협함, 게으름과 섞이지 않는다. 열정은 행동이 있어야 번성한다.

지금부터는 당신 스스로 해나가야 한다. 다음 행동은 당신의 몫이며, 아무도 당신을 대신해 줄 수 없다. 열정의 힘을 누리기 위해 당신이 무엇을 해야 할지는 알려줄 수 있지만, 실행은 당신의 몫이다. 당신 자신과 마스터 마인드 구성원들을 제외하고는 아무도 도와줄 수 없다.

열정은 전염된다는 카네기의 말을 명심하라. 비관주의 역시 전염된다는 것을 명심하라. 열정을 표현하는 동료들을 영입하고, 마스터 마인드 그룹에 그런 사람을 적어도 한 명은 포함시켜야 한다.

모든 사람은 두 개의 세계에 산다. 하나는 그의 마음가짐의 세계로, 이는 주로 그가 속한 물리적 환경과 개인적 관계에 큰 영향을 받는다. 다른 하나는 생계를 위해 고군분투해야 하는 물리적 세계다. 물리적 세계의 상황은 개인이 정신적 세계와 어떤 관계를 맺는지에 따라 크게 좌우될 수 있다. 이 부분은 개인이 통제할 수 있다. 물리적 세계 자체는 통제할 수 없지만, 자신의 정신적 태도와 조화를 이루는 일부를 끌어당기는 정도로는 통제할 수 있다.

열정은 개인의 정신세계에 큰 영향을 미치는 힘이다. 열정은 목표에 힘을 실어주며, 마음속에 조화를 이루게 해준다. 마음에서 부정적인 영향을 없애는 데 도움을 준다. 상상력을 일깨우고 물리적 세계의 상황들을 개인의 필요에 맞게 조성하도록 행동하게 만든다.

열정은 생각을 행동으로 이끄는 원동력이다. 열정이 없는 곳에는 흔히 미루는 습관이 자리 잡는다. 100명 가운데 자신이 가장 원하는 것이 무엇인지 모르는 98명에 속한다면 일단 원하는 것부터 찾아라. 결정을 내릴 때는 명확해야 한다.

아무리 열정이 넘치더라도 명확한 핵심 목표를 대신할 수는 없다. 자신이 인생에서 무엇을 바라는지 정확히 모른다면, 명확한 핵심 목표를 가진 사람들이 선택하고 남긴 것들만 얻게 될 것이다. 그 남은 찌꺼기는 결코 바람직하지 않다.

지금 당신이 무엇을 원하는지 안다면 당장 그것을 좇아라. 당신이 가진 모든 것을 쏟아부어 노력하라. 열망을 강박으로 만들어 당신이 열망을 주도하는 것이 아니라 열망이 당신을 주도하게 하라. 열정이나 명확한 핵심 목표가 없는 사람은 증기가 없거나 달릴 선로가 없거나 달려갈 목적지가 없는 기차와 같다.

미국인이라면 풍요의 나라에 살고 있다는 사실을 알 것이다. 기회, 물질적인 부, 유용한 서비스를 제공할 수 있는 사람들에 대한 수요가 많다. 현재 상태가 당신에게 맞지 않는다면 바꿀 수 있다. 진심으로 원하는 것은 무엇이든 얻을 수 있고 할 수 있다는 사실은 경험을 통해 수없이 증명되었다.

미국에는 경기 침체, 전쟁 그리고 성공한 사람들과 그렇지 못한 사람들이 다녀갔다. 이 모든 변화에도 여전히 미국은 가장 큰 기회의 땅이다. 어딘가에 당신의 기회가 존재하니 찾아라. 비관주의자와 무엇 하나 잘하지 못하는 사람들이 자신이 실패했다는 이유로 이 나라를 조각내어 다시 세워야 한다고 주장한다. 그들을 무시하고 기회를 잡고 최대한 활용하라.

일부 사람들을 제외하고 이 나라에는 아무런 문제가 없다. 진심으로 기회를 찾는 사람들은 기회를 찾고야 만다. 하지만 가만히 '일이 벌어지기만을 기다려서' 찾는 것이 아니다. 자신이 처한 상황 속에서 흔들림 없는 믿음으로 자신과 이 나라의 미래를 긍정적으로 바라보며, 진취적으로 행동해 무언가를 일어나게 함으로써 기회를 찾아낸다.

패배주의자와 전문적인 선전·선동가의 말에 귀 기울이며 그 영향으로 기회를 놓치는 사람은 당연히 그런 손해를 입을 만하다. 세상은 불신하는 사람에게 보답하지 않는다. 무한한 지성과 동료, 자신을 믿는 사람들에게 보답한다. 열정은 자신에 대한 믿음을 불어넣는다. 개인의 성취에 관한 찬란한 기록을 보며 미국의 생활양식이 제공하는 기회를 포착하고, 이 나라의 미래에 대한 믿음을 가져야 한다.

나는 경제 공황이 시작된 후, 특히 제2차 세계대전이 발발하고 나서 미국에 퍼진 패배주의 정신에 주목했다. 패배주의는 열정을 가지기 어렵게 만들기 때문이다.

패배주의는 언제든 그것을 받아들이는 모두에게 치명적이지만, 전시 상황일 때는 특히 더 위험하다. 비상시에는 미국의 생활양식을 파괴하는 것이 목적인 전문가들 때문에 패배주의가 퍼진다. 이 전문적인 선동가들은 어떤 행동이나 말을 할 필요가 없다. 그저 이 나라에 대한 믿음이, 자신에 대한 확신이 무너지게 방치하기만 하면 된다.

마음에 열정을 불어넣는 습관을 가지면 확고한 믿음을 지니게 된다. 그러니 불신의 씨앗이 전국에 뿌려지고 있는 이때, 이 원칙을 면밀하게 연구하고 적극적으로 적용해야 한다.

이 장을 읽는 데 그치지 말고 그 내용을 적절히 활용하여 자신에게 적용하고, 이어서 다른 사람들에게 패배주의를 믿음으로 대체하도록 가르쳐라. 카네기가 말한 대로 남에게 무언가를 가르칠 정도가 되어야 비로소 그것을 충분히 익힌 것이다. 아울러 카네기는 열정을 품는 습관을 키우는 실질적인 수단으로서 적절한 신체 행동을 통한 몸과 마음의 조율이 중요하다고 강조했다.

우리는 슬픔에 젖어 있고, 정신적으로 병든 세상에 살고 있다. 우리는 이런 병폐의 원인이 인간관계를 제대로 조절하지 못한 결과임을 알고 있다. 또한 성공철학이 더 나은 이해를 높이는 길을 제시해 준다는 것도 잘 알고 있다. 이 철학은 현재 모든 분야에서 사람들을 혼란스럽고 당황스럽게 하는 문제들에 대한 해답을 가지고 있다. 이는 이 철학이 지금과 같은 형태로 시험되고 제대로 준비되기 전에도 이미 과거에 이 철학이 세운 놀라운 기록들로 증명되었다.

세계 역사에서 위대하고 경이로운 순간은
모두 열정이 승리한 순간이다.
*Every great and commanding moment in the annals of the world is
the triumph of enthusiasm.*

❋ 역경을 이기게 하는
아주 오래된 철학

성공철학은 빠른 속도로 모든 분야에서 인종과 신념을 넘어 모든 인간관계에 대한 기준을 제시하는 지침서로 자리 잡고 있다. 잘나가는 생명보험사들의 영업팀에서도 채택했고, 은행, 소매점, 공장 등에서도 고용주와 직원에게도 똑같이 가르침을 주고 있다. 모두가 이 철학이 이를 채택한 이들에게 똑같은 도움을 줄 것이라고 확신하며, 이 철학에서 협상할 수 있는 공통의 영역을 발견했다.

미국 전역에서 진행되는 '분열과 통제'를 위한 고도로 조직화된 노력, 특히 고용주와 직원 간의 협력 관계를 파괴하는 것을 목표로 하는 시도들을 고려할 때, 이 철학이 이러한 파괴적인 노력을 퇴치하는 해독제로 작용하고 있다는 사실은 고무적이다.

저서『화이트칼라 노동자의 모험Adventures of a White-Collar Man』의 마지막 부분에서 제너럴모터스의 사장인 앨프리드 슬론Alfred P. Sloan은 이런 철학이 산업 제국의 성공에 어떤 역할을 했는지 보여주는 놀라운 예시를 제시한다. 그는 그만의 표현으로 제너럴모터스의 운영 철학을 다음과 같이 묘사한다.

- **경영**: 지성, 경험, 상상력의 집합적인 노력(마스터 마인드 원칙).
- **사실**: 끊임없는 진실의 추구(조직적 사고).
- **열린 마음**: 편견 없는 분석을 토대로 세운 정책(사고의 자유: 관용).
- **용기**: 리더십에는 대가가 따른다는 사실을 인식하고, 기꺼이 위험을 감수하려는 마음(체계적인 노력, 실행하는 믿음).
- **평등**: 타인의 권리에 대한 존중(황금률 적용).
- **자신감**: 개인의 신념이 가진 용기(실행하는 믿음, 자제력).
- **신의**: 명분을 위해 어떤 희생이라도 기꺼이 감수하겠다는 마음(특단의 노력: 보수보다 더 많이 일하기).
- **진보**: 항상 더 나은 방법이 분명히 있다는 인식(창조적 비전).

- 일: 이 모든 요소에 에너지를 부여해서 공동의 명분을 도모하는 데 각자의 역할을 할 수 있게 하는 촉매제이자 가속기(체계적인 노력).

괄호 안의 말은 내가 적어넣은 것으로, 슬론이 의식적으로든 부의식적으로든 극찬하고 있는 성공 원칙들을 나타낸다. 따라서 우리는 슬론이 성공철학의 여러 원칙을 언급하며, 그것이 위대한 제너럴모터스라는 조직을 지탱하는 사업 철학의 근간임을 알 수 있다.

"이것이 바로 내가 제너럴모터스의 사장이 될 당시 우리 조직의 지침으로 제시한 기본 원칙들이다. 세월이 흐르는 동안 이 원칙들은 계속 나를 인도했다. 숱한 스트레스와 의문이 드는 순간에도 이 원칙들이 통하지 않은 적은 없었다. 나는 개인이나 조직이 맞닥뜨릴 문제나 역경이 무엇이든 이 원칙들이 항상 통할 것이라고 확신한다.

빌 크누센Bill Knudsen과 나는 뉴욕 세계 박람회에서 제너럴모터스 사옥에 있던 기자 클럽에 앉아 있었다. 우리는 박람회의 개막을 축하했다. 1000명의 저명인사가 박람회를 보고, 또 미래 생활 전시관을 둘러보았다. 그러고 저녁을 먹었다. 새로운 방법, 프로세스, 제품의 형태로 미국 산업의 최근 성과를 담은 영화가 상영 중이었다. 등장한 모든 기업과 그 밖의 많은 기업이 '진보의 심포지엄'에 기여했다. 특히 장기간의 공황 속에서 열린 박람회는 우리가 이룬 성취를 보여주는 놀라운 기록이었다. 모두가 그곳에서 보고 들은 것에 전율을 느꼈다. 나는 이 박람회가 우리가 겪는 진화의 가장 새로운 단계라는 것을 여러 면에서 깨달았다. 박람회에는 최신식 기술이라는 옷을 입은 제품들이 전시되었다. 접촉과 즐거움의 새 지평을 여는, 더 나은 생활을 위한 장치들이 즐비했다.

나는 크누센에게 말했다. '아시겠지만 이 모든 제품은 자유기업에 대한 미국의 계획을 말해줍니다. 즉 더 큰 가치를 가지는 더 좋은 제품과 서비스를 생산하기 위한 끝없는 연구를 보여줍니다. 이 제품들은 오늘날 미국의 산업을 상징합니다. 더 많은 사람을 위해 호사를 일상 속 편리함으로 끊임없이 탈바꿈하는 산업 계획 말입니다.'

그러자 크누센이 말했다. '더 많은 일자리를 제공하는 유일한 방법은 이 모든 것을 가능하게 한 것들을 계속 해내는 것임을 절대 잊지 말아야 합니다. 그 일들을 더 잘하기만 하면 됩니다. 좋은 품질의 제품, 더 좋은 방법, 높은 임금, 낮은 가격, 더 좋은 도구, 공정한 거래, 그리고 모두가 나서서 열심히 일을 하는 것입니다.'

나는 이렇게 말했다. '생각해 보십시오. 우리는 이 모든 놀라운 일들을 불과 얼마 전에 시작했습니다. 꾸준한 노력과 진취성으로 우리가 오래전에 시작한 패턴을 지속하기만 한다면 미국에 주어진 기회는 모두가 꿈꾸는 수준을 뛰어넘을 것입니다. 가령 1960년대의 세상이 어떤 모습일지 보여주는 미래 생활 전시관을 보십시오. 하지만 1960년대의 모습이 실제로 어떨지 누가 알겠습니까? 미국에 사는 우리가 우리의 비전을 유지하고, 진보를 이루는 근간을 굳게 믿는다면 진정한 미래의 세상은 오늘날 우리의 상상을 뛰어넘을 것입니다. 도시의 삶을 위한 새로운 편의시설, 시골을 위한 새로운 생활환경, 가정을 위한 편리한 장치, 새로운 고속도로, 새로운 통신 수단, 건강·교육·문화의 발전 같은 생활 속 진보. 우리가 실현할 수 있는 잠재력은 인간 정신으로는 이해하기 어려울 정도입니다.'"

이 철학은 우리가 상상할 수 있는 그 무엇보다도 해로운 패배주의 정신을 해소하는 데 더 큰 기여를 할 것이다. 노련한 기술자와 과학자들이 제너럴일렉트릭, 제너럴모터스, 포드자동차, US스틸 같은 기업들이 운영하는 연구소에서 끊임없이 연구하고 있다. 새롭고 개선된 일 처리 방법을 찾기 위해 이 연구소들에 매년 막대한 자금이 투입된다. 이곳의 기술자와 과학자들은 우연한 발견을 바라며 목적 없이 일하는 것이 아니라 구체적인 주제를 가지고 명확한 정보를 찾고 있다. 여기서 바로 성공 철학의 고귀한 형태가 발휘되는 것을 볼 수 있다.

미국의 생활양식은 이러한 성공 원칙들을 일상에 통합한 사람에게 풍부한 기회를 제공한다. 슬론이 잘 말했듯이 "꾸준한 노력과 진취성으로 우리가 오래전에 시작한 패턴을 지속한다면 미국에 주어진 기회는 지금 모두가 꿈꾸는 수준을 뛰어넘을" 것이다. 슬론은 "만일 선조들이 이 패턴을 만들 때 가진 바로 그 열정과 믿음의 정신으로 우리가 오래전에 시작한 그 패턴을 지속한다면"이라고 덧붙였을 수도 있다.

이 감정은 앤드루 카네기가 이 철학을 집대성하는 데 도움을 주던 시절에 한 발언을 떠올리게 한다.

"미국에 기회가 부족할까 걱정하지 마십시오. 오히려 걱정해야 할 것은 기회를 받아들이는 데 필요한 야심, 열정, 창조적 비전의 부족입니다.

우리는 미국의 기회에 대해 제대로 살펴보지도 않았습니다. 이 나라에서 미래의 성취 가능성은 과거보다 훨씬 커서 비교할 여지조차 없습니다.

우리는 세계 그 어느 나라보다 천연자원도 1인당 보유한 사적 재산도 많습니다. 또한 문명사회 중 가장 높은 생활수준을 향유하고 있습니다. 하지만 이 모든 강점에도 이제 막 기회를 이용하기 시작했습니다. 만일 미국인에게 주어진 특권과 기회를 최대한 활용하도록 영감을 불어넣어 줄 리더들을 충분히 양산할 수만 있다면 우리는 산업·과학·교육·문화에서 세계를 선도할 수 있습니다."

인간은 상상할 수 있는 것은 무엇이든 이룰 수 있다.
Whatever a man can imagine, he can do.

⚚ 모두가 풍요로움을 누릴 미래를 위해서

앤드루 카네기가 이 말을 했을 당시 우리에게는 라디오도, 개선된 교통 시스템도, 위대한 자동차 산업도, 연방준비은행도 없었다. 형편이 어려운 집은 냉장고를 살 수 없었고, 오늘날과 비교해 임금도 형편없었다. 지난 30년이라는 기간 동안 이 나라에 벌어진 진보를 고려할 때 미국의 미래에 대한 카네기의 예언을 정당화하고도 남는다. 그러한 진보를 고려할 때 카네기는 앞으로 30년간 이룩할 성취가 지난 30년의 성취와 비교할 수 없을 정도로 뛰어날 것이라는 타당한 예측을 할 수 있었다.

미래에 이룰 성취의 열매는 이 철학을 완전히 숙지하고 적용하는 사람들이 이룬 결과일 것이다. 마찬가지로 그 열매는 선견지명과 야심을 가지고 이 철학을 적용하는 사람들이 소유할 것이다. 과거에도 그랬고 미래에도 그럴 것이다. 미국과 같은 자유 국가에서 기회는 믿음이 뒷받침하는 열정의 정신을 가지고 진취적으로 움직이는 사람의 것이다. 미국의 장점을 공짜로 누리고 싶어 하는 지도자를 가진 채 미국을 시기하는 나라들이 미국에 침투시킨 패배주의 정신을 제외하고 그 무엇도 이것을 바꿀 수 없다. 개인의 열정, 명확한 핵심 목표, 자립심, 개인의 진취성과 야심으로 패배주의 정신을 퇴치할 수 있다.

미국의 미래는 누구든 열정을 키우는 것을 정당화한다. 그것이 앨프리드 슬론, 헨리 포드, 오웬 영Owen D. Young과 같은 거대 생명보험사의 대표들, 에디 리켄배커Eddie Rickenbacker와 같은 항공기 제작자 등 비전을 가진 인물들이 패배주의 철학에 관심을 두지 않고 이 나라의 미래에 대한 그들의 믿음을 증명하기 위해 확장 정책을 정면으로 추진하는 이유다. 그리고 미국 대기업의 연구소들이 밤낮 없이 일하며, 미래를 발전시킬 방법과 수단을 강구하고, 사람들이 그것을 백분 활용하도록 지원하는 이유다.

얼마 전 제너럴일렉트릭의 연구소장 윌리엄 쿨리지William D. Coolidge가 위대한 과학자의 시선으로 미국의 미래를 간략하게 묘사했다.

"얼마 전 한 신문기자가 내게 신문 조판을 더 빨리하는 방법을 발견하는 사람이 100만 달러를 벌게 될 것이라고 말했다. 나는 그 일을 어떻게 해결할지 말할 수 있다. 음화陰畵를 통해 판에 투사될 때 활자를 판에 새기는 빛을 재빨리 찾으면 된다. 하지만 어떤 빛을 사용해야 하는지, 어떤 판을 사용해야 하는지는 말할 수 없다. 또 다른 100만 달러는 컬러 사진을 종이로 출력하는 간단하고 저렴한 방법을 발명하는 사람에게 주어져야 한다.

과학자에게 '불가능'이라는 말은 달리는 말에게 박차를 가하는 것과 같다. 수년간 유리와 금속을 완벽하게 결합하는 일은 불가능했다. 냉기나 열의 영향을 받으면 둘이 다른 속도로 수축하거나 팽창해서 서로 밀어내기 때문이다. 하지만 얼마 전 우리 연구소의 앨버트 헐Albert Hull 박사가 금속 실린더에 완전히 고정시킨 거대한 유리 실린더를 들고 내 사무실로 찾아왔다. 그는 자신이 개발한 특수 유리와 정확하게 같은 수축 속도를 가진 금속 혼합물을 발견했다. 이제 우리는 유리와 금속을 결합할 수 있으니 수많은 제품의 품질을 개선하고 가격을 더 낮출 수 있다.

최근에 한 고객이 '이 모터는 나선(절연체로 피복하지 않은 전선—옮긴이)으로 되어 있소'라고 우리를 비난하며 전기 모터를 가져왔다. 우리는 이 나선이 안전하게 절연된다고 어렵사리 설득했다.

우리는 그의 의심을 비난할 수 없었다. 30년간 전선을 절연하는 방법에 혁신이 거의 없었기 때문이다. 두터운 면화나 종이 혹은 쉽게 금이 가는 바니시와 에나멜을 사용해야만 했다. 최근에 와서야 비로소 석탄과 석회로 만든 절연 물질을 알게 되어 그것들을 전선의 일부처럼 보이게 만들 수 있었다. 이 절연 물질로 코팅한 전선은 납작하게 뭉개거나 수천 번 꼬아도 멀쩡하다. 그렇게 해도 코팅이 그대로다. 이미 이 마법의 코팅은 산업 전체에 퍼지고 있다.

1916년 미국에는 열아홉 개의 산업 연구소가 있었으나 현재는 약 2000개가 있다. 많은 독창적인 인재가 복잡한 메커니즘으로 미국의 국방을 위해 열심히 연구해서 항공기 엔진의 여압 기술을 개선하고, 아주 강력한 탐조등을 개발하고 있다. 이 탐조등을 쏘면 약 20킬로미터 떨어진 비행기 안에서도 신문을 쉽게 읽을 수 있다. 극비리에 진행 중이어서 언급할 수 없는 프로젝트들도 있다.

아마도 언젠가 사람들은 은으로 도금한 캔에 든 음식을 구매하게 될 것이다. 이미 내가 아는 과학자가 이를 제작했다. 미국에는 은이 많아 캔의 주석을 대체할 수 있다. 이것은 주석 공급이 차단될 경우 국방력에 대단히 중요한 영향을 준다.

잘 훈련받은 유기화학자와 금속공학자가 부족한 이 두 분야에는 기회가 무궁무진하다. 화학자, 기계공학자, 전기공학자는 정말 좋은 직업이다. 물리학자도 마찬가지다. '놀라운 금속'인 우라늄235가 있다. 누군가 자연 상태에서 혼합되어 있는 이 우라늄을 약 450그램 정도만 분리하는 법을 발견한다면 그것만으로 수백만 킬로그램의 석탄이 내는 에너지를 만들어낼 수 있다.

새로운 백열전등은 더 나은 재료를 요구한다. 텔레비전은 더 예민한 카메라 튜브(광 신호를 전기 신호로 바꾸는 진공관)를 요구한다. 항공

술은 계기 착륙을 하는 안정적인 방법을 요구한다. 햇빛을 이용하겠다는 오래된 꿈도 있다. 우리는 이미 햇빛을 이용해서 증기와 작은 전류를 발생시킨다. 하지만 아마도 언젠가 놀라운 새로운 물질이, 햇빛에 극도로 예민한 물질이 발견되어 이 마법의 문을 완전히 열 것이다. 이런 목록은 끝이 없다. 완벽한 것은 없다. 산업과 연구 분야는 인재를 애타게 찾고 있다. 명예와 부가 모든 시험관 속에, 모든 현미경 아래 숨어 있다."

물론 쿨리지는 물리적 세계에서의 성취 가능성을 말했다. 그가 제시한 대로 그것은 그가 속한 세상이며, 그 세계에는 물질 연구를 전문적으로 하는 사람들이 잡을 수 있는 기회가 무수히 많다.

그러나 물리적 세계에 존재하는 것보다 더 큰 기회를 제공하는 또다른 분야가 있다. 그것은 마음의 잠재력, 두뇌의 활용, 사고의 기능과 힘의 가능성에 있다. 여기에는 과학이 거의 손대지 않은 그 자체로 온전한 세계가 있다.

앞으로 누군가, 많은 사람이 이 철학이 끝나는 지점에서 출발해 마음의 작용에 대한 연구를 시작할 것이다. 이 연구 분야는 부당한 두려움과 스스로 정한 마음의 한계를 원하는 대로 없애는 방법을 밝혀낼 것이다.

잠재의식은 거대하고 아직 탐색되지 않은 우주로, 우리는 그것이 품은 힘을 아직 다 이해하지 못했다. 일각에서 믿는 대로 잠재의식이 의식과 무한한 지성 사이에 존재하는 유일한 연결 고리라면, 모두가 자유롭게 사용할 수 있으며 마음의 현상을 연구하는 소수에게만 국한되지 않는 어떤 방법이 발견되어야 한다. 아마도 이것이 사고의 힘에 대한 더 나은 접근법을 발견할 수 있는 마음 현상의 한 분야일 것이다.

이른바 직감과 영감을 주는 '육감'을 체계적인 조사로 광범위하게 연구해야 한다. 육감은 인간의 상상력을 흔드는 분야다. 개인의 마음은 그의 뜻대로 우주에 존재하는 모든 지식 및 사실, 태초부터 존재하는 모든 것과 연결되는 수단일 수 있다. 잠재의식이 자극받아 마음을 행동으로 옮기게 하는 수단부터 연구해야 한다. 육감이 설령 잠재의식의 명확한 일부가 아닐지라도 그것과 밀접한 관련이 있는 것은 분명하다.

잠재의식은 어디에 있을까? 잠재의식을 어떻게 원하는 대로 자극해서 행동하게 할 수 있을까? 잠재의식과 육감이 작용하도록 길을 열기 위해 무엇을 해야 할까? 이러한 질문들에 대한 답을 찾아야 하고, 아마도 향후에는 찾아낼 것이다. 그러면 우리는 삶이 주는 물질적 혜택뿐만 아니라 영적인 혜택도 누리게 될 것이다.

이것은 단순히 내가 사로잡힌 신조, 교리 또는 종교가 아니다. 인류가 물질적인 것들을 미친 듯이 좇는 과정에서 놓칠까 봐 내가 염려하는 문제다. 나는 사람들이 형제애에 대해 단순히 말만 하지 말고, 실제로 그 정신을 실천하는 미래를 꿈꾼다. 탐욕과 이기심은 저속한 것으로 낙인찍히는 세상, 모두가 누릴 만큼 풍족해서 내가 이익을 얻기 위해 남에게 상처를 줄 필요가 없음을 알기에 다 함께 평화롭게 살 수 있는 세상, 유토피아는 아닐지라도 사람들 사이에 일반적인 예절이 선택과 습관을 통해 시대의 풍조가 되는 세상을 꿈꾼다.

음식을 먹거나 자거나 100달러를 벌려면 상당한 시간이 걸린다.
하지만 우리 삶의 빛이 되는 희망과 통찰을
실천에 옮기는 데는 아주 금방이면 된다.

It takes a good deal of time to eat or to sleep, or to earn a hundred dollars.
And a very little time to begin to action a hope and an insight
which becomes the light of our life.

과거에 작별을 고하고 미래를 반갑게 맞이하라.

— 댄 크로퍼드

Hats off to the past; coats off to the future.
— Dan Crawford

열정이 없다면 인간은 무슨 쓸모가 있을까?

What is a man good for without enthusiasm?

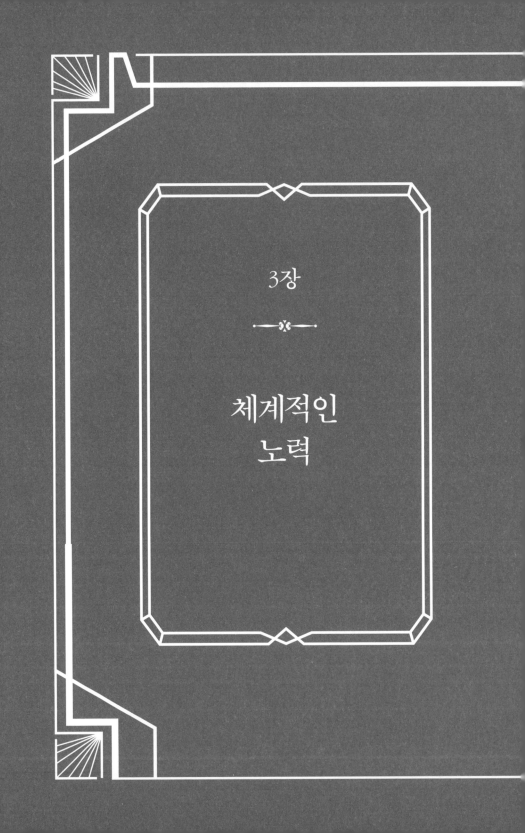

3장

체계적인
노력

일을 계획하고,
그 계획을
실행하라

Wishes Won't

Bring RICHES

이 장은 성공한 리더들의 뚜렷한 특징 중 하나를 분석하면서 시작한다. 이 자질은 '아메리카니즘Americanism'의 특징이기도 한데, 대단히 중요해서 미국 헌법에서는 모든 국민에게 이를 보장하고 있다.

　그것은 바로 개인이 진취성을 발휘할 특권이다. 이는 명확한 핵심 목표만큼이나 개인적 성공을 이루는 데 필수적인 자질이다. 분명 이 특권은 야심 있는 사람이라면 절대 포기할 수 없는 권리다. 이 특권 없이는 어떤 직업에서든 괄목할 만한 성취를 이룰 수 없기 때문이다.

　미국은 산업과 상업 그리고 전문직 분야에서 진취성을 발휘한 훌륭한 선례를 남겼다. 다른 무엇보다 이 한 가지 자질 덕분에 미국은 세계에서 '가장 부유하고 자유로운' 나라라고 주장할 수 있다.

　이 장에서 제시하는 체계적인 노력이라는 주제는 목적의식을 가지고 개인이 진취성을 발휘할 권리와 책임을 유익하게 실행하는 방법을 설명한다. 밤새 생각만 한다면 어떤 특권도 도움이 되지 않는다. 명확한 계획으로 정리해서 실행하지 않으면 어떠한 특권이라도 누구에게든 큰 도움이 될 수 없다.

이 장에서 앤드루 카네기는 명확한 목표 달성을 위해 진취성을 체계적으로 계획해서 사용할 수 있는 방법을 설명한다. 이 인터뷰는 1908년 카네기의 개인 서재에서 시작한다.

✦ 성공한 리더가 꼭 지녀야 할 자질

힐: 카네기 씨는 체계적인 노력이 성공 원칙 가운데 가장 중요하다고 말씀하셨습니다. 이 원칙이 개인의 성취와 어떤 관계인지 분석해 주시겠습니까?

카네기: 우선 진취성은 보일러 속 증기에 비유할 수 있습니다. 진취성은 계획, 목표, 목적을 행동으로 옮길 때 사용되는 힘입니다. 모든 인간 특질 중 최악이라 할 수 있는 미루기와 반대되는 특성입니다.

성공한 사람들은 항상 행동하는 사람들이라고 알려져 있습니다. 진취성을 발휘하지 않고서는 행동할 수 없습니다. 행동에는 두 가지 형태가 있습니다. 필요해서 어쩔 수 없이 하는 행동과 전적으로 자유의지에 따라 선택해서 하는 행동입니다. 리더십은 후자에서 생겨납니다. 이는 개인이 동기와 열망에 따라 행동한 결과입니다.

힐: 진취성이라는 권리가 미국 국민으로서 향유하는 특권 가운데 최고에 속한다는 말씀이십니까?

카네기: 단순히 위대한 특권 중 하나가 아니라 가장 위대한 특권입니다. 이 특권은 대단히 중요해서 헌법에서는 이 특권을 모든 미국인에게 구체적으로 보장하고 있습니다. 또한 경영이 잘되는 기업들은 모두 사업 발전을 위해 진취성을 잘 사용하는 구성원들을 인정하고 적절히 보상해 줍니다.

진취성을 발휘하면 가장 낮은 위치에 있는 노동자도 어떤 사업에서 필수 불가결한 인물이 될 수 있습니다. 이 특권을 행사하면 일용직 노동자도 회사의 주인이 될 수 있습니다.

힐: 방금 하신 말씀을 들으니 진취성에 따라 행동하는 특권이 모든 성취에서 아주 중요한 디딤돌이라고 생각하시는 듯합니다.

카네기: 저는 진취성에 따라 행동하지 않고서 탁월한 성공을 거둔 사람을 본 적이 없습니다. 미국 같은 형태의 정부와 산업 시스템에서는 진취성을 발휘해서 서비스를 제공하면 누구나 보상받습니다. 아무도 자기 뜻에 반대되는 무언가를 하도록 강요받지 않습니다. 미국의 생활양식은

누구나 노력해서 그가 바라는 지위에 오르도록 장려합니다. 체계적으로 노력하는 사람들은 당연히 명확한 목표나 목적 없이 표류하는 사람들보다 앞서 나갑니다.

힐: 틀림없이 더 성공한 리더들이 계발하고 적용한 리더십의 명확한 특징들이 있을 것입니다. 카네기 씨는 리더십에 필수적인 자질이 무엇이라고 생각하십니까?

카네기: 다양한 사람들을 접하다 보니 모든 직업에서 성공한 리더들은 리더십을 구성하는 서른 가지 이상의 자질 가운데 한 가지 이상을 몸소 보여주는 것을 발견했습니다. 물론 그런 자질을 모두 가진 경우도 있었습니다.

성공한 리더가 되기 위해 갖추어야 할 자질

1. 명확한 핵심 목표와 그것을 달성하기 위한 명확한 계획의 채택.
2. 명확한 핵심 목표를 추구하면서 지속적인 행동을 끌어내기에 적합한 동기 선택. 명확한 동기 없이 어떤 위대한 일도 달성할 수 없습니다.
3. 괄목할 만한 성취에 필요한 힘을 얻는 통로인 마스터 마인드 그룹의 결성. 개인이 혼자 힘으로만 이룰 수 있는 성공은 미미하고, 그 힘은 삶의 필수품을 얻는 것에 그칩니다. 위대한 성취는 항상 명확한 목표를 향해 함께 일하는 여러 마음이 조화를 이룬 결과입니다.

4. **명확한 핵심 목표의 성격과 범위에 비례하는 자립심.** 자신의 노력, 진취성, 판단력에 의지하지 않고 큰 발전을 이룰 수 없습니다.

5. **머리와 마음을 자유자재로 통제할 수 있을 만큼 충분한 자제력.** 본인을 다스릴 수 없는 사람은 타인도 다스릴 수 없습니다. 이 규칙에는 예외가 없습니다. 자제력은 대단히 중요해서 리더십의 필수 요건을 담은 목록에서 맨 위를 차지해야 합니다.

6. **이기겠다는 의지에 바탕을 둔 끈기.** 대부분 시작은 잘하지만 끝맺음을 잘하지 못합니다. 반대의 조짐이 보이자마자 포기하는 사람은 어떤 일에서든 크게 발전하지 못합니다.

7. **잘 발달된 상상력.** 유능한 리더는 늘 새롭고 개선된 일 처리 방식을 반드시 찾습니다. 노동의 목표를 달성하기 위해 새로운 아이디어와 기회를 찾아야 합니다. 개선된 방법을 찾지 않은 채 남의 방식을 답습하는 사람은 결코 훌륭한 리더가 될 수 없습니다.

8. **항상 명확하고 신속하게 결정을 내리는 습관.** 스스로 마음먹지 못한 사람은 타인이 그를 따르도록 유도할 기회가 별로 없습니다.

9. **추측이나 전문 증거에 의지하는 대신 알려진 사실을 근거로 의견을 정하는 습관.** 유능한 리더는 타당한 이유 없이 그 어떤 것도 당연시하지 않습니다. 판단하기 전에 반드시 사실을 파악합니다.

10. **자기 뜻대로 열정을 만들어 명확한 목표를 향해 쏟아부을 수 있는 역량.** 통제되지 않은 열정은 없느니만 못합니다. 아울러 열정 부족이 전염되듯 열정도 전염됩니다. 리더를 따르는 사람들은 리더의 열정을 본받습니다.

11. 어떤 상황에서든 예리한 공정함과 정의감 유지. '편애'하는 습관은 리더십을 파괴합니다. 사람들은 자신을 공정하게 대하는 사람에게, 특히 권위 있는 자리에 있는 사람이 공정하게 대할 때 가장 잘 반응합니다.

12. 모든 주제에 대해 항상 관용(열린 마음)을 유지. 폐쇄적인 마음을 가진 사람은 동료들의 신뢰를 얻지 못합니다. 신뢰가 없다면 훌륭한 리더십은 불가능합니다.

13. 특단의 노력을 기울이는 습관. 즉 자신이 받는 보수보다 더 많이, 긍정적이고 호감 가는 '마음가짐'으로 일하는 것. 리더가 이 습관을 보이면 리더를 따르는 사람들은 이기심을 버리게 됩니다. 사업이나 산업에서 유능한 리더 가운데 부하직원보다 더 많은 서비스를 제공하려고 노력하지 않는 사람을 본 적이 없습니다.

14. 정신과 행동 모두에서 재치 있는 사교술. 자유민주주의 국가에서 타인과의 관계에서 퉁명스러운 태도는 기꺼이 받아들여지지 않습니다.

15. 많이 듣고 적게 말하는 습관. 대부분은 말을 지나치게 많이 하지만 내용이 별로 없습니다. 유능하고 전문적인 리더는 타인의 관점을 듣는 것이 중요하다는 사실을 압니다. 눈과 귀가 두 개고, 입이 한 개인 이유는 말보다 듣고 보는 것을 두 배로 하라는 뜻일 것입니다.

16. 관찰력. 작은 디테일도 놓치지 않는 습관으로, 모든 사업은 세부사항의 총합입니다. 자신과 부하직원들이 담당한 업무의 모든 세

부 사항을 알지 못하는 사람은 리더로서 성공하지 못합니다. 아울러 작은 디테일까지 아는 것은 승진을 위한 필수 요건입니다.

17. **결단력.** 일시적인 패배를 영구적인 실패로 받아들이지 말아야 한다는 사실을 알아야 합니다. 누구나 때때로 어떤 식으로든 패배를 맛봅니다. 성공한 리더는 패배에서 배우며, 패배를 다시 노력하지 않으려는 변명으로 삼지 않습니다. 책임을 받아들이고 감당하는 능력은 성취에 이롭습니다. 모든 산업과 사업에 필요한 주요 요소입니다. 상황이 요구하지 않아도 이런 태도를 지니면 결국 더 큰 이득으로 돌아옵니다.

18. **분개하지 않고 비판을 견뎌내는 역량.** 비판받을 때 분개하며 '발끈'하는 사람은 결코 성공한 리더가 될 수 없습니다. 진정한 리더는 '비판을 겸허히 받아들일' 수 있고, 리더로서 반드시 그렇게 합니다. 넓은 아량을 가지면 비판 정도는 쉽게 수용하고 넘어갑니다.

19. **먹고 마시는 일과 모든 사회적 습관에서의 절제.** 자신의 욕구조차 통제하지 못하는 사람은 타인도 잘 통제할 수 없습니다.

20. **신의를 지켜야 할 모든 사람에 대한 신의.** 신의는 자기 자신에 대한 충성심에서 비롯됩니다. 그러고 나서 일을 함께하는 동료들에게 확장됩니다. 신의를 저버리면 경멸을 낳습니다. '은혜를 원수로 갚는' 사람은 성공할 수 없습니다.

21. **솔직해야 할 대상에 대한 솔직함.** 잘못된 속임수는 형편없는 목발이라 의지할 수 없습니다. 유능한 리더는 사용하지 않습니다.

22. **사람을 움직이게 하는 아홉 가지 주요 동기에 대한 숙지.** 사랑,

성욕, 금전적 이득에 대한 욕구, 자기 보존의 욕구, 심신의 자유에 대한 욕구, 자기표현의 욕구, 영생에 대한 욕구, 분노, 두려움은 아홉 가지 주요 동기입니다. 사람이 반응하는 자연스러운 동기를 이해하지 못하는 사람은 성공한 리더가 될 수 없습니다.

23. **타인의 자발적인 협조를 유도할 정도로 호감 가는 성품.** 건전한 리더십은 효과적인 영업 기술을 바탕으로 합니다. 동조할 줄 알며 자신을 타인의 마음에 들게 만드는 능력입니다.

24. **한 번에 한 가지 주제에 철저히 집중하는 능력.** 만물박사는 사실 무엇 하나 잘하지 못합니다. 노력을 한곳에 집중하면 다른 방법으로 결코 얻을 수 없는 힘이 생깁니다.

25. **자신과 타인의 실수에서 배우는 습관.**

26. **'책임을 전가'하지 않고, 부하직원의 실수를 기꺼이 전적으로 책임지려는 자세.** 책임을 남에게 전가하는 습관은 리더로서의 역량을 그 무엇보다 빨리 무너뜨립니다.

27. **다른 사람이 유독 일을 잘했을 때 그의 장점을 적절하게 인정하는 습관.** 사람은 종종 돈보다 자신의 장점을 인정받고 싶어서 더 열심히 일합니다. 성공한 리더는 부하직원들의 공을 반드시 인정합니다. 칭찬은 신뢰를 내포합니다.

28. **모든 인간관계에서 황금률의 원칙을 적용하는 습관.** '산상수훈山上垂訓'은 인간관계에 대한 건전한 규율로서 시대를 초월한 고전입니다. 다른 방식으로 얻을 수 없는 협력을 이끌어냅니다.

29. **항상 긍정적인 마음가짐.** 전반적으로 세상을 못마땅해하는 '투

덜이'를 좋아하는 사람은 없습니다. 그런 사람은 유능한 리더가 될 수 없습니다.

30. 실제로 누가 그 일을 했는지 상관없이 맡은 일 하나하나에 전적으로 책임지는 습관. 성공한 리더의 여러 자질을 중요도에 따라 목록으로 작성한다면 리더십에서 이 자질이 최우선으로 여겨져야 합니다.

31. 가치를 알아보는 예리한 감각. 감정적 요인에 휩쓸리지 않고 건전한 판단력으로 평가할 줄 아는 능력으로, 가장 중요한 것을 으뜸으로 삼는 습관입니다.

보통의 지능을 가진 사람이라면 누구나 이 모든 리더의 자질을 계발하고 적용할 수 있습니다.

힐: 카네기 씨가 분석한 리더의 자질을 듣고 보니 성공한 리더십은 대체로 마음 상태나 마음가짐에 달려 있는 것처럼 보이네요. 제가 제대로 이해했습니까?

카네기: 아닙니다. 적절한 마음가짐이 중요하기는 하지만 리더십이 전적으로 마음가짐의 문제는 아닙니다. 성공한 리더가 되려면 자기 인생의 목표와 일에 대해 명확한 지식을 가지고 있어야 합니다. 자기보다 일에 대해 아는 것이 적은 리더를 따르고 싶어 하는 사람은 없기 때문입니다.

부는
어떻게 사용되어야 하는가

힐: 자신이 선택한 직업에서 리더가 되도록 북돋는 최선의 방법은 무엇입니까?

카네기: 사람들은 어떤 동기 때문에 행동합니다. 마음에 리더의 자질을 습득하게 만드는 명확한 동기를 심어주면 리더십을 가장 잘 불어넣을 수 있습니다. 동기 가운데 가장 인기 있는 것은 이윤입니다. 사람이 부를 얻거나 성공을 이루겠다고 다짐하면, 보통 리더십을 키우는 방향으로 진취성을 발휘하기 시작합니다.

힐: 그렇다면 개인의 부에 대한 욕구를 꺾어서는 안 된다고 생각하십니까?

카네기: 그 질문에 대한 답을 이렇게 해보겠습니다. 미국은 다른 어떤 나라보다 산업과 재계에서 많은 리더를 배출한 나라로 인정받습니다. 이들은 부에 대한 욕구에 부응해서 리더의 자질을 키웠습니다. 분명 이 욕구를 죽이는 것은 무엇이 되었든 미국이 가진 자원의 근원을 해칠 것입니다. 이 자원의 상당 부분은 산업을 경영하는 사람들의 창의력으로 구성되어 있습니다.

힐: 그토록 많은 미국인이 리더의 자질을 계발하게 만든 유일한 동기가 부에 대한 욕구라는 말씀이십니까?

카네기: 전혀 아닙니다. 미국에는 무언가를 세우고 만드는 일을 주된 동기로 삼은 유능한 리더가 많습니다. 개인의 성취에 대한 자부심은 미국의 생활양식에서 강력한 요인입니다. 사람들은 경제적 안정에 도달한 이후에는 대개 성취에 대한 자부심으로 동기를 얻습니다. 사람은 어차피 한 번에 한 끼밖에 먹을 수 없고, 한 번에 한 벌밖에 입을 수 없으며, 한 침대에서 잘 수밖에 없습니다. 이러한 필수품들을 확실히 얻고 나면 대중에 대한 인정 욕구의 차원에서 생각하기 시작합니다. 성공한 인물로 인정받고 싶어 합니다.

구두쇠처럼 쌓아두려는 본능을 가진 사람은 별로 없습니다. 성공한 인물 대다수는 돈을 오직 소유를 목적으로 축적하는 대신 어떻게 사용할지를 생각합니다. 미국을 지금처럼 위대한 산업 국가로 만든 것은 돈을 이용한 자기표현의 욕구입니다.

힐: 말씀을 듣고 보니 개인의 막대한 재산은 그것을 어떻게 사용하는지에 따라 축복이 될 수도 혹은 저주가 될 수도 있다는 생각이 드네요.

카네기: 정확합니다. 저는 그렇게 믿습니다. 존 록펠러를 예로 들어 봅시다. 그는 거대한 부를 축적했지만, 모두 산업과 사업, 자선활동에서 유용한 서비스를 개발하고 확장하며 확대하는 데 사용했습니다. 그는 돈

을 사용해서 수천 명에 달하는 사람들에게 일자리를 제공하지만 그것보다 더 고귀한 목적으로도 사용합니다.

'록펠러 재단'을 통해 그의 재산은 추가 이윤을 발생시키는 일과는 전혀 상관없는 다양한 방식으로 인류를 위해 사용됩니다. 그의 재산은 질병을 비롯한 인류의 '적'을 퇴치하는 데 사용됩니다. 과학적 연구로 유용한 지식을 밝혀내는 데도 쓰입니다. 그 혜택은 아직 태어나지 않은 후세들도 누릴 것입니다.

힐: 그렇다면 록펠러가 부를 축적할 때 그런 식으로 진취성을 발휘했기 때문에 미국인들이 더 잘살고 있다는 말씀입니까?

카네기: 미국인뿐만 아니라 전 세계인이 그의 진취성과 소유 정신 덕분에 혜택을 누리고 있습니다. 이 나라에는 그와 같은 사람이 더 많이 필요합니다. 또 다른 예로 제임스 힐을 들어봅시다.

그는 자신의 진취성을 발휘해서 미 대륙을 횡단하는 훌륭한 철도 시스템을 건설했습니다. 그 덕분에 사용되지 않던 수백만 평의 토지가 개방되고, 대서양과 태평양을 오가는 일이 수월해졌습니다. 그가 진취성을 발휘해서 창출된 부가 얼마나 되는지 추정하기는 어렵지만, 이 한 사람이 미국 전체의 부를 늘렸습니다. 아마도 수십억 달러에 달할 것입니다. 그가 축적한 사적 재산은 그의 활동이 국가 전체에 더한 부에 비하면 아무것도 아닙니다.

힐: 카네기 씨도 그 범주에 포함될 수 있을 것 같습니다. 카네기 씨의 진취성이 이 나라에 더한 부는 어느 정도 된다고 보십니까?

카네기: 저는 저보다 더 많은 것을 이룬 다른 사람들의 이야기를 하는 것이 더 좋습니다. 하지만 군이 답해야 한다면, 제 동료들이 더 경제적이고 개선된 강철 생산 방법을 발견한 이래로 마천루 건설에 추진력이 더해졌다는 사실을 꼽고 싶습니다.

물론 알다시피 강철 프레임이 사용되지 않는다면 현대의 마천루 건설은 불가능합니다. 제가 철강업에 뛰어들었을 당시처럼 강철이 비싸다면 경제적으로 볼 때도 마천루는 건설될 수 없을 것입니다. 우리는 우리가 이 분야에 뛰어들기 전에 존재한 그 어떤 제품보다도 개선된 제품을 내놓았습니다. 게다가 만족도가 떨어지는 목제품과 내구성이 떨어지는 다른 금속 제품들을 대체할 정도로 강철의 가격을 낮추었습니다. 제가 철강업에 처음 발을 들여놓을 당시 톤당 약 130달러였습니다. 우리는 가격을 톤당 약 20달러로 낮추었습니다. 더불어 품질을 크게 개선한 덕분에 강철은 그전에는 적합하지 않았던 다양한 용도로 사용되고 있습니다.

힐: 카네기 씨의 주된 동기는 돈을 버는 것이었습니까?

카네기: 아닙니다. 제 주된 동기는 항상 사람을 그 자신과 타인에게 더 유용한 존재로 만드는 것이었습니다. 들었을지도 모르지만 저는 마흔 명이 넘는 사람을 백만장자로 만드는 특권을 누렸습니다. 그들 대부분은

평범한 노동자로 시작했습니다. 하지만 제가 강조하고 싶은 것은 이들이 축적한 돈이 아닙니다. 그들이 재산을 축적하도록 도와주면서 저는 그들이 이 나라에 훌륭한 자산이 되도록 지원했습니다. 그들이 진취성을 발휘하도록 북돋아 미국의 위대한 산업 시스템이 발전하는 데 크게 기여하는 유용한 서비스를 제공하도록 유도했습니다. 따라서 이들은 단지 재산을 소유한 사람들이 아닙니다. 재산을 똑똑하게 사용하는 사람들이 되었고, 그 결과 수천 명에게 일자리를 제공했습니다.

부는 물질과 인간의 경험이 적절하게 조화를 이루는 상태를 의미합니다. 이 결합에서 좀 더 중요한 부분은 두뇌, 경험, 개인의 진취성과 무언가를 세우고 만들려는 욕구입니다. 이러한 자질이 없다면 돈은 그저 무용지물이 될 뿐입니다. 이 진리를 이해하면 부가 가진 성격을 한층 더 깊이 이해하게 될 것입니다. 미국이 부국인 이유는 선지자가 많기 때문입니다. 그들은 자신이 이룬 업적에 대해 자부심을 가졌기에 사업과 산업 활동에서 진취성이라는 권리를 행사했습니다.

이들이 사적 재산에 대한 욕구만으로 동기가 부여되었다고 생각할지 모르지만, 사실 성취라는 훨씬 더 훌륭한 욕구에 영향을 받았습니다. 그들을 움직이는 동기가 무엇이든 간에 거대한 황무지를 세계에서 가장 부유하고 진보적인 나라로 탈바꿈하는 데 일조했습니다. 그들이 진취성을 자발적으로 자유롭게 발휘하지 않았다면 이런 발전은 달성할 수 없었을 것입니다.

힐: 정부 시스템은 미국의 산업 발전에 어떤 역할을 했습니까?

카네기: 꼭 필요한 역할을 했습니다. 독립선언문과 헌법을 읽으면 진취성을 자유롭게 발휘할 수 있도록 국민에게 상상할 수 있는 모든 권리와 기회를 부여하려는 뚜렷한 목적이 있었음을 분명히 알 수 있습니다. 다른 어떤 정부 시스템에서도 개인이 진취성을 발휘하도록 명확하게 장려하는 경우는 없습니다.

힐: 지금과 같은 정부 시스템을 바꿀 이유가 없다는 뜻입니까?

카네기: 사람들이 자기 마음의 주인이 되고 자기 뜻대로 능력을 사용하도록 유도할 수 있는 더 나은 방법이 있는 것이 아니고서는 변경할 이유가 없습니다.

물론 미국의 정부 시스템이 완벽하지는 않겠지만 이제까지 이 세상에 알려진 것 가운데 최고입니다. 미국의 정부 시스템은 대다수 국민이 진취성을 발휘할 자유와 특권을 똑똑하게 사용하도록 하는 정도를 넘어서 훨씬 더 많은 자유와 특권을 제공합니다. 사람들이 기회를 충분히 활용할 수 있는데 왜 정부 시스템을 바꾸어야 합니까? 만족스럽게 제 기능을 하는 것들을 변경하려 들면 상황을 어렵게 할 뿐입니다. 그것은 지양되어야 할 종류의 진취성으로, '간섭하려 드는 호기심'에 해당합니다. 사람이 건강하면 자기 본분을 다해야지, 자신이 앓지도 않는 질병의 치료법을 실험하며 자연을 간섭해서는 안 됩니다.

하지만 이 규칙을 따르지 않는 사람들이 있습니다. 바로 염려증 환자들입니다. 그들은 항상 상상 속 질병으로 고통받습니다. 이 나라의 경제는 건강합니다. 미개발된 자원이 우리가 사용하는 자원보다 훨씬 더 많습니다. 그러니 경제 시스템을 실험하지 마십시오. 그보다 자원을 더 잘 사용하려는 목적을 위해 지금의 시스템을 더 현명하게 활용합시다.

　정부와 경제 시스템을 실험하는 국가들은 거의 항상 혁명과 반혁명 사이에 휩쓸려 있습니다. 미국이 누리는 성공의 상당 부분은 주州들 사이에 존재하는 조화로운 관계 정신 덕분입니다. 그 조화는 국민이 조화를 이루도록 하는 유인을 미국과 같은 정부 시스템이 현명하게 제공한 직접적인 결과입니다. 주들 사이의 관계와 마찬가지로 사업과 산업 집단도 조화를 이루고 있습니다.

　힐: 미국인 전체의 성공을 크게 저해할 수 있는 가장 큰 해악은 무엇이라고 생각하십니까?

　카네기: 조화의 정신을 약화시키는 것은 무엇이든 해악으로 볼 수 있습니다. 목표의 단일화는 미국이 가진 가장 훌륭한 자산입니다. 모든 천연자원보다 훨씬 더 중요합니다. 단합하지 않았다면 우리는 우리의 천연자원을 약탈하고 싶어 하는 탐욕스러운 국가의 희생양이 되었을 것입니다.

　우리는 국가적 단합을 유지하기 위해 우리끼리 비극적인 전쟁을 치렀습니다. 이 전쟁에 대한 기억이 아직 일부 사람들의 마음에 남아 있습니다. 이때 주들이 뿔뿔이 흩어졌다면 이 나라는 해체되었을 것이라는 사실을 이제는 모두 알고 있습니다. 덧붙이자면 한 산업이나 사업에 닥칠 수 있는 가장 큰 해악은 종사자들 사이의 조화로운 업무 관계를 방해하는 것입니다. 사업은 그것에 종사하는 사람들의 우호적인 협력이 있어야 성공합니다. 진취성은 사람들이 경험과 능력을 조화와 이해의 정신으로 결합해서 공동의 목표를 향해 나아갈 때만 이로운 힘이 됩니다.

힐: 그렇다면 카네기 씨는 갈등, 증오, 시기심을 조장하는 사람들을 좋게 보지 않으시겠습니다.

카네기: 그렇습니다. 그런 태도는 누군가에게는 도움이 될 수도 있는 개인적 진취성의 한 형태이지만 다수의 권리를 파괴합니다. 이 산업 내에서는 전문적인 선동가들에 의해 불화가 생긴 경우를 제외하고는 저를 위해 일하는 사람들과 오해가 단 한 번도 없었습니다. 그들은 인간관계를 교란하여 방해함으로써 이익을 얻습니다. 그런 것은 모든 종류의 진취성 가운데 최악입니다. 가장 낮은 직급의 노동자까지 포함하여 자신의 가치를 높여 더 많이 벌고 싶어 하는 사람들에게 기회의 문이 밤낮으로 활짝 열려 있다는 것을 아는 사람들을 어떻게 오해할 수 있겠습니까?

제가 기회가 생길 때마다 그랬듯 임금 노동자들이 일용직 노동자에서 백만장자로 지위가 상승하도록 도와준 사람은 자유기업 정신을 바탕으로 직원들을 대할 여건만 된다면 직원들을 오해하는 일이 없을 것입니다.

힐: 하지만 직원과의 관계에서 건설적인 태도를 보이지 않는 고용주, 즉 사업으로 발생한 자신의 몫 이상을 원하는 탐욕스러운 고용주도 있지 않습니까?

카네기: 그런 사람들도 있습니다. 언제나 탐욕스러운 사람들은 존재하기 마련입니다. 하지만 그들은 오래가지 못합니다. 조만간 경쟁을 거쳐 도태됩니다. 그것이 자유기업 시스템이 가진 장점 가운데 하나입니다. 고용주는 반드시 직원들을 위해 일자리나 급여를 제공해야 합니다. 직원들을 희생시켜 성공할 수는 없습니다. 그의 경쟁자들이 예의 주시하고 있습니다.

✦ '적절한 때'와 '공짜 의견'을 기다리지 마라

힐: 개인은 언제 어떤 상황에서 진취성을 발휘해야 합니까?

카네기: 개인이 진취성을 발휘하는 시점은 달성하고 싶은 목표를 명확하게 결정하고 난 직후입니다. 당장 시작해야 합니다. 일단 처한 환경에서 바로 시작하면 됩니다. 지금이 바로 행동할 때입니다. 목표를 달성하기 위한 계획을 세우고, 상응하는 가치를 제공할 준비를 하고, 그 즉시 계획을 실행에 옮겨야 합니다.

만일 선택한 계획이 취약하다고 밝혀지면 더 나은 계획으로 변경할 수 있습니다. 어떤 계획이든 적당한 때를 기다리며 꾸물거리고 미루기만 하는 것보다 낫습니다.

이 세상의 보편적인 해악은 미루기입니다. '완벽한 때'가 되기를 기

246
나폴레온 힐 더 리치

다리는 것은 아주 나쁜 습관입니다. 미루기는 이 세상의 그 어떤 취약한 계획보다 더 많은 실패를 초래합니다.

힐: 하지만 중요한 계획을 시작하기 전에 다른 사람들의 의견을 들어야 하지 않겠습니까?

카네기: 힐 씨, 잘 들으십시오. '의견'은 사막의 모래와 같습니다. 대부분 미덥지 않습니다. 누구나 모든 것에 대해 나름의 의견이 있습니다. 하지만 대부분 믿을 만한 것이 못됩니다. 진취성을 발휘하기 전에 타인의 의견 때문에 망설이는 사람은 대개 결국은 아무것도 하지 못하고 맙니다.

물론 이 규칙에 예외는 있습니다. 타인과의 상담과 그의 조언이 성공을 위해 절대적으로 필요한 때가 있습니다. 하지만 구경꾼의 한가로운 의견이라면 멀리하십시오. 한가로운 의견이란 전염병과 같으니 최대한 피하십시오. 누구나 의견이 있으며, 대부분 청하지 않아도 자기 의견을 자유롭게 제시합니다.

믿을 만한 의견을 원한다면 반드시 해당 주제에 대한 전문 지식과 권위를 가진 사람에게 조언을 구하고, 그의 조언에 대해 적절한 대가를 지불하는 것이 필요합니다. '공짜' 의견은 피하십시오. 대개 조언은 정확히 지불한 대가만큼의 가치를 가집니다.

제가 강철 가격을 톤당 20달러로 낮출 계획이라고 했을 때 지인들이 한 말을 꽤 또렷이 기억합니다. 그들은 이렇게 말했습니다. "그러다 망합니다.” 제가 청하지도 않았는데 무료로 조언해 주었습니다. 저는 그들의 말을 그냥 흘려들었고, 제 계획을 밀고 나갔습니다. 강철은 결국 톤당 20달러가 되었습니다.

헨리 포드가 1000달러 미만의 믿을 만한 자동차를 선보이겠다고 선언했을 때 사람들은 “그러다 망할 것이다”라고 말했습니다. 하지만 포드는 자신의 계획을 그대로 밀고 나갔습니다. 언젠가 그는 미국에서 가장 위대한 산업 가운데 하나의 지배적인 존재가 될 것입니다. 결코 망하지 않을 것입니다.

크리스토퍼 콜럼버스가 작은 배를 타고 미지의 바다를 건너 인도로 가는 새 항로를 개척하겠다고 발표했을 때 회의적인 사람들은 이렇게 말했습니다. “미쳤군. 다시는 돌아오지 못할 거야.” 하지만 콜럼버스는 돌아왔습니다.

니콜라스 코페르니쿠스가 인간의 눈으로 본 적 없는 세계를 보여줄 도구를 발명했다고 발표하자 공짜 의견을 마구 뿌리는 사람들이 비웃으며 “이단자다. 화형에 처하라”라고 말했습니다. 코페르니쿠스가 감히 진취성을 발휘했다는 이유로 그를 화형에 처하기를 원했습니다.

알렉산더 그레이엄 벨 박사가 전선을 통해 멀리 떨어져 있는 상대와 대화할 수 있는 기계를 발명했다고 발표하자 그를 불신하는 사람들은 “불쌍한 벨이 드디어 미쳤군” 하고 말했습니다. 비록 ‘완벽한 때’는 아닌 듯 보였지만 벨 박사는 그의 아이디어를 실행에 옮겨 결국 전화기를 완성했습니다.

당신도 진취성을 발휘하려 할 때 이를 방해하거나 제지하려 하며

'공짜 의견'을 마구 쏟아내는 사람들을 분명히 마주하게 될 것입니다. 그들은 이렇게 외칠 것입니다. "저 사람은 할 수 없어! 세상에 성공철학을 제시할 수 없어. 그 전에 아무도 한 적이 없으니까."

하지만 제 조언을 따른다면 주저하지 말고 자신의 판단에 기반한 진취성을 발휘하세요. 당신이 성공하면 (물론 성공할 것입니다) 세상은 당신에게 영예의 왕관을 씌우고 금은보화를 가져다 바칠 것입니다. 하지만 이는 당신이 위험을 감수하고 당신의 아이디어가 타당하다고 증명하지 않고서는 불가능한 이야기입니다.

다른 사람들이 "때가 아니야"라고 말한다고 해서 좌절하지 마십시오. 자신이 무엇을 원하는지 알고 그것을 얻기 위해 노력하는 사람에게는 언제나 '완벽한 때'입니다. 세상에는 성공철학이 필요합니다. 그런 철학이 항상 필요했습니다. 그러니 얼마나 오래 걸리든 그 일을 하기 위해 어떤 희생을 치르든 상관없이 밀고 나아가 그 철학을 제시하십시오. 그 일에 최선을 다하면 이러한 비관주의자들이 진취성을 사용하지 않아 열등 콤플렉스에 시달리는 낙심한 인간에 불과하다는 사실을 직접경험으로 알게 될 것입니다.

힐: 꽤 인상적인 말씀입니다. 물론 저를 위한 말씀이시겠죠.

카네기: 맞습니다. 당신을 염두에 두고 한 말입니다. 당신의 노력 덕분에 제가 세상을 떠난 후에 태어날 세대들에게도 이 성공철학이 전해져 도움이 되기를 바랍니다. 세상에는 스스로 진취적으로 행동할 용기 있는

사람이 필요합니다. 아울러 이런 사람은 자기 몸값을 스스로 정하고, 세상은 그 값을 기꺼이 지불합니다. 세상은 진취적인 사람들에게 기꺼이 보답합니다.

진취성이라는 특권은 미국의 생활양식에서 중요한 부분입니다. 하지만 행사하지 않으면 아무런 가치가 없습니다. 지금 가장 필요한 것은 부를 축적할 기회를 백분 활용하려는 열망을 계속해서 불어넣는 지속적인 캠페인입니다. 정부는 국민이 잡을 수 있는 기회의 성격과 범위를 알리는 것만을 목적으로 하는 캠페인을 계속 벌여야 합니다.

힐: 그렇다면 카네기 씨는 미국에는 모든 국민에게 돌아갈 정도로 충분히 많은 성공 기회가 있다고 생각하십니까?

카네기: 그렇습니다. 미국에는 모든 사람의 야망과 능력에 맞는 기회가 있습니다. 하지만 기회가 사람을 좇지는 않습니다. 이 순서는 체계적인 노력을 통해 바뀌어야 합니다. 가장 큰 기회는 방향을 제대로 설정하고 체계적으로 노력하는 사람에게 주어질 것입니다.

힐: 체계적 노력이 무엇을 뜻하는지 이해하지 못하는 사람이 있을 수 있습니다. 카네기 씨는 이 원칙을 어떻게 이해하고 있는지 정의해 주시겠습니까?

카네기: 체계적 노력이라는 원칙은 개인이 원하는 지위로 올라가거

나 원하는 물질을 얻기 위한 아주 명확한 절차로 구성됩니다. 다음과 같은 단계를 취하면 됩니다.

체계적 노력의 5단계

1. 명확한 핵심 목표를 택한다.
2. 그 목표를 달성하기 위한 계획을 세운다.
3. 계획을 실행하기 위해 계속 행동한다.
4. 계획을 실행하기 위해 협력할 사람들과 연대한다.
5. 항상 자발적으로 움직인다.

체계적 노력은 계획된 행동이라고 간략하게 설명할 수 있습니다. 체계적이지 않은 위험한 성격의 노력보다 명확한 계획에 기반한 행동은 성공할 가능성이 더 큽니다. 체계적 노력이 없다면 유능한 리더십을 발휘할 수 없습니다. 리더와 추종자를 가르는 두 가지 주된 차이점은 이렇습니다. 리더는 자신의 노력을 신중하게 계획하고, 남의 말대로 하지 않으며 자발적으로 움직입니다.

리더의 잠재력을 가진 사람을 발굴하고 싶다면 스스로 결정을 내리고, 스스로 계획을 세우며, 자발적으로 자기 계획을 수행하는 사람을 찾으십시오. 그런 사람에게서 리더의 자질을 발견할 수 있습니다. 이런 사람들이 미국의 산업을 개척했으며, 그들 덕분에 전 세계가 부러워하는 위대한 산업 시스템을 가질 수 있게 되었습니다.

❧ 성공의 이유를
쉽게 천재성으로 돌린다

힐: 하지만 천재의 자질은 어떻습니까? 산업과 기업의 리더들은 대부분 일종의 천재성을 띤 사람들이 아닙니까?

카네기: 지금 당신은 많은 사람이 착각하고 있는 잘못된 생각에 대해 말하고 있습니다. '천재'라는 단어는 심각하게 남용되고 있습니다. 이 단어는 일반적으로 성취를 설명할 때 사용되는데, 어떻게 성공하는지를 연구하고 이해하는 데 시간을 들이지 않기 때문입니다.

저는 천재가 무엇인지 모릅니다. 본 적이 없습니다. 하지만 천재라고 불리는 성공한 인물들은 많이 보았습니다. 그들의 성공 원인을 분석해 보면 자신이 처한 상황에서 원하는 곳에 도달하게 해줄 특정 규칙들을 발견하고 그것을 적용한 보통 사람에 불과하다는 것을 알 수 있습니다.

대부분의 사람은 개인적인 선호와 타고난 성격, 야망에 따라 어떤 분야에서 '천재'라고 불리는 존재가 될 잠재력을 가지고 있습니다. 제가 설명할 수 있는 천재에 가장 가까운 자질은 무언가를 잘 해내겠다는 강박적인 열망과 더불어 기꺼이 자발적으로 행동하려는 태도입니다. 이 관점에서 보면 천재는 체계적 노력을 꾸준히 실행하느냐에 달려 있을 뿐입니다.

자기가 원하는 것을 정확히 알고, 그것을 얻겠다고 다짐한 사람이 바로 사람들이 흔히 말하는 '천재'에 가장 가깝다고 생각합니다. 그런 사람은 성공할 가능성이 평균 이상입니다. 그러나 그가 성공을 이루고 나면 세상은 오직 승리의 순간에만 주목하며 그 성취의 원인을 그들이 상상하는 천재성으로 쉽게 돌리는 경향이 있습니다.

힐: 하지만 교육이 개인의 성취에 영향을 미치지 않습니까? 교육받은 사람이 그렇지 않은 사람보다 성공할 가능성이 더 높지 않습니까?

카네기: 그것은 전적으로 '교육'이라는 단어가 무엇을 뜻하는지에 달려 있습니다. 교육받은 사람이 그렇지 못한 사람보다 성공할 가능성이 더 큰 것은 틀림없습니다. 하지만 '교육하다'라는 단어를 정의해 봅시다. 이 단어는 내면에서부터 마음을 발전시키고, 끌어내고, 확장한다는 뜻입니다. 흔히 믿는 것처럼 단순한 지식의 축적을 뜻하지 않습니다.

많은 사람이 학교에 다니지만 교육받은 사람은 극소수입니다. 교육받은 사람은 자기 마음을 사용하는 법을 배워 타인의 권리를 침해하지 않고서도 원하는 것을 모두 얻을 수 있습니다. 그러므로 교육은 경험과 마음의 사용에서 오는 것이지, 단순히 지식을 축적하는 것이 아닙니다. 지식은 유용한 서비스 형태로 표현되지 않으면 무용지물입니다. 바로 여기서 진취성이 성공의 필수 요건으로서 그 중요성이 증명됩니다.

당신의 질문에 좀 더 구체적으로 답하면, 교육받은 사람이 명확한 핵심 목표를 달성하는 과정에서 배움을 적용한다면 교육받지 못한 사람보다 성공할 가능성이 더 큽니다. 사람들은 체계적 노력을 대체하기 위해 지식을 축적하는 데 지나치게 의존하는 경우가 많습니다. 지식으로 무엇을 하느냐가 아니라 단순히 아는 것에 대해 보상받기를 기대합니다. 이 점이 중요합니다.

많은 대졸자가 실무에서 쓸모 있는 존재가 되려면 '잊어야 할 것이 너무 많습니다.' 그래서 일부 성공한 사업가들이 대학교를 갓 졸업한 사람을 고용하기를 주저한다는 말을 들은 적이 있습니다. 저는 책임 있는 자리에는 대학 교육을 받은 사람을 훨씬 선호하지만, 그들이 제게 올 때는 열린 마음으로 더 많은 지식을 찾으려는 자세이기를 바랍니다. 저는 거래 요령보다 기초에 대한 건전한 지식을 가진 사람을 더 좋아합니다. 또 이론과 실무의 차이를 아는 사람을 더 좋아합니다.

대졸자 대부분에게는 대학 교육을 받지 않은 사람과 비교해 한 가지 훌륭한 장점이 있습니다. 바로 대학 교육이 지식을 체계화하는 데 도움이 된다는 사실입니다. 체계화되지 않은 지식은 거의 쓸모가 없습니다.

힐: 진취성을 적용할 때 보이는 기민함이 타고난 특질이라고 생각하십니까? 즉 개인이 물려받은 재능의 성격에 따라 기민함의 정도가 다를 수도 있습니까?

카네기: 사람들을 관찰한 결과, 저는 진취성이 대체로 개인적 열망과 야망에 바탕을 둔다는 결론에 도달했습니다. 진취성이 없어 보이는 사람도 무언가 명확하고 강력한 열망이나 목표에 집착하면 자발적으로 움직이기 시작합니다.

힐: 그렇다면 열망이 모든 성취의 시작이라는 말씀입니까?

카네기: 그렇습니다. 틀림없습니다. 명확한 핵심 목표는 열망의 결과입니다. 개인의 열망이 강박이나 집착의 수준이 되면 대개 열망을 명확한 핵심 목표를 통해 상응하는 물리적 현실로 전환하기 시작합니다. 따라서 열망은 개인이 이룬 모든 성취의 시작점입니다. 제가 아는 한, 열망 외에 사람을 자발적으로 움직이게 하는 다른 강렬한 동기는 없습니다. 여기에는 일부 부부관계에서 배우자가 미치는 영향의 비밀도 숨어 있습니다.

예를 들어 누군가의 아내가 재산이나 성공을 바랄 때 그녀는 그 열망을 남편의 마음에 옮겨 심어 그가 성공에 이르는 길을 따르게 만듭니다. 저는 이런 일이 벌어지는 것을 자주 보았습니다. 하지만 결국 재산이나 성공에 대한 열망은 남편 입장에서도 명확한 동기가 되어야 합니다. 마음에 깊이 뿌리내린 열망은 다른 어떤 것보다 행동으로 이끄는 경향이 있습니다.

힐: 그렇다면 한 철학자의 표현대로 사람의 잘못은 운명이 아니라 목표를 낮게 잡는 데 있다고 생각하십니까?

카네기: 높은 목표를 대신할 수 있는 것은 없습니다. 명확한 핵심 목표 달성에 마음을 집중하면 우주의 힘이 그의 편인 것처럼 보입니다. 원하는 대상을 얻기 위해 가능한 모든 수단을 이용합니다. 가장 먼저 도움이 되는 것은 진취성을 발휘할 권리입니다. 개인의 열망은 진취성을 발

휘해야만 달성할 수 있습니다. 진취성이 체계적 노력의 형태를 띤다면 성공할 가능성이 더욱 커집니다.

개인의 성취를 이런 식으로 분석하면 체계적 노력 없이 이룬 위대한 성취는 없다는 것을 금세 알게 됩니다. 열망을 달성하기 위해 이 원칙을 사용하는 것은 선택이 아닌 필수입니다. 반드시 사용해야 합니다.

힐: 체계적 노력에 대한 카네기 씨의 분석을 들으니 학교 교육을 많이 받은 사람뿐만 아니라 적게 받은 사람도 이 원칙을 적용할 수 있다는 생각이 듭니다. 본질적으로 이 원칙은 사람들이 흔히 생각하는 '교육'이라는 단어의 뜻에 속하지 않네요.

카네기: 이 점을 혼동하지 않기 위해 체계적 노력이라는 원칙을 실제로 적용하는 법을 배우기 전까지는 진정한 의미에서 교육받지 않았다고 분명히 말씀드리고 싶습니다. 명확한 목표를 향해 순서에 따라 체계적인 방식으로 나아가는 것이 바로 교육받은 사람이 따르는 절차입니다.

'교육'의 정의로 돌아가 자세히 연구해 보십시오. 교육의 의미가 곧 체계적 노력에 바탕을 둔 행동임을 알게 될 것입니다. 체계적 노력이 곧 교육입니다.

힐: 카네기 씨의 말씀을 듣고 이른바 자수성가한 사람은 자신의 노력을 체계적으로 계획해서 명확한 핵심 목표를 향하도록 이끄는 법을 배운 자라는 결론에 도달했습니다.

카네기: 그렇습니다. 자수성가한 사람을 아주 잘 표현했습니다. 거기에 끈기라는 단어를 더해도 좋을 것 같습니다. 자수성가한 사람들이 끈기를 지녔다는 것은 널리 알려져 있으니 말입니다. 사실 성공한 사람은 누구나 끈기 있게 계획을 실행에 옮깁니다. 끈기 없이 체계적 노력이라는 원칙만으로 성공할 수는 없습니다.

힐: 그렇다면 "성공은 명확한 핵심 목표와 꾸준한 체계적 노력으로 달성된다"라고 말하는 것이 옳습니까?

카네기: 아주 정확합니다. 천재와 관련한 그 무엇도 성공을 위한 필수 요건이 아님을 알 수 있습니다. 누구나 자신이 원하는 것을 정하고, 그것을 얻기 위한 계획을 세우고, 자발적으로 그 계획을 실행에 옮기는 일에 착수할 수 있습니다. 이 과정에서 유일한 '천재적 자질'은 계획을 실행에 옮기면서 행동을 지속하게 하는 끈기입니다. 강박 수준의 열망으로 동기가 부여된다면 끈기라는 중요한 요인을 얻는 것은 어렵지 않습니다.

⚹ 가난과 부를 결정하는 마음 상태

힐: '강박'이라는 단어를 꽤 자주 사용하시는데요. '강박적 열망'의 성격을 설명해 주시겠습니까? 일종의 마음 상태입니까?

카네기: 그렇습니다. 강박적 열망은 일종의 마음 상태입니다. 마음을 지배하는 생각과 관련 있습니다. 강박적 열망이 대부분의 시간 동안 마음을 차지한다는 점에서 자기최면의 한 형태라고 말할 수도 있습니다. 성공한 사람은 명확한 핵심 목표를 달성하는 방법과 수단에 지속적으로 집중하는 습관이 있어서 강박적 열망이 자기최면의 한 형태가 됩니다. 이 습관이 있으면 자립심, 진취성, 상상력, 열정이 생기고, 체계적 노력을 바탕으로 한 행동으로 이어집니다.

강박적 열망은 개인이 원하는 것에 대한 또렷하고 구체적인 이미지를 잠재의식에 전달하는 효과가 있습니다. 잠재의식은 그 이미지를 토대로 과학적으로 아직 명확히 정의할 수 없고, 아무도 이해하지 못하는 어떤 힘을 통해 열망을 실현해 줄 새로운 아이디어와 실용적인 계획을 개인에게 불어넣습니다.

힐: 자기최면은 위험한 습관 아닙니까?

카네기: 그것은 전적으로 어떤 내용으로 자기최면을 거느냐에 달려 있습니다. 저는 가난, 실패, 패배를 수용하도록 자기최면을 거는 사람들을 보았습니다. 그런가 하면 건설적인 성취에 대한 강박적인 열망으로 자기최면을 거는 사람들도 있습니다. 자기최면의 수준에 달하는 강박적인 열망으로 동기 부여를 받지 않고 큰 성공을 거둔 사람은 없습니다.

여기서 겉보기에 불가능한 위업을 행하도록 영향을 주는 최면에는 어떤 신비로운 미지의 힘이 작용한다는 점을 강조하고 싶습니다. 최면의 영향을 받으면 평상시 마음 상태로는 꿈쩍도 할 수 없는 무게를 들어 올릴 수 있습니다.

또한 최면 상태에서 쉽게 치료되는 질병도 있습니다. 최면을 적용해서 어떤 특정 정신질환을 전문적으로 치료하는 의사도 있습니다. 바로 '암시적 치료suggestive therapeutics'라고 알려진 치료법입니다. 이 치료법은 다른 어떤 방법으로도 효과가 없는 질병을 없애는 데 종종 사용됩니다. 정신분석은 심리 치료의 한 방법으로, 비정상적인 정신 반응은 의식적으로 거부된 욕망의 억압에서 비롯되며, 이 욕망은 무의식적으로 계속 남아 있다고 하는 이론(그리고 이는 단순한 이론 이상으로 보입니다)에 기반합니다.

최면이라는 주제를 한낱 미신이나 두려움의 대상으로 치부할 수는 없습니다. 우리는 최면의 성격과 그것이 이롭게 사용될 가능성을 모르기 때문에 최면을 두려워합니다. 최면이 가치 있는 목표를 달성하는 데 적용되려면 자기최면을 두려워하지 말아야 합니다. 그렇다고 최면을 유용하게 이용하기 위해 그것의 성격이나 목적을 완벽하게 알아야 할 필요는 없습니다.

당신이 자기최면이라는 주제를 언급해서 무척 기쁩니다. 최면을 사용하는 데 도움이 될 만한 제안을 할 수 있는 기회가 생겼기 때문입니다. 종종 사물이나 현상에 붙은 이름이 사람을 지레 겁먹게 합니다. '최면'도 마찬가지입니다. 어떤 사람들은 최면을 '흑마술' 또는 편취 수단으로 이용하는 사기꾼의 기술과 연관 지어 생각해서 두려워합니다. 하지만 최면의 힘에 대해 고무적인 말을 하자면 아무도 상대의 뜻에 반해서 최면을 걸 수 없습니다. 결론적으로 모든 최면은 자기최면으로, 최면에 걸린 사람이 협조해야만 일어날 수 있는 마음 상태입니다.

잘나가는 산업에서 인정받는 한 지도자가 있습니다. 그는 그 산업을 일으켰고, 성공적으로 운영해서 부자가 되었습니다. 저는 이 사람을 잘 알기에 누군가 그에게 최면을 제안하면 몹시 불쾌해할 것이라고 말할 수 있습니다. 아마 '최면'이라는 단어만으로도 겁먹을 수도 있습니다. 하지만 저는 그의 성공이 자기최면의 결과라고 기꺼이 말하겠습니다. 그는 자신도 모르는 사이에 사업과 관련한 강박적인 열망으로 자기 자신에게 최면을 건 것입니다. 다른 성공한 인물들에 대해서도 똑같이 말할 수 있습니다. 그러니 건설적인 강박적 열망과 관련된 자기최면이 위험하다는 생각을 마음에서 떨쳐버리십시오. 그 반대가 진실입니다.

우리는 자기 암시에 대해서는 두려워하지 않고 말합니다. 사실 우리는 자기 암시의 원칙을 성취의 필수 요건으로 받아들입니다. 자기 암시(우리 자신에게 암시하는 것)의 원칙은 가벼운 형태의 자기최면에 불과합니다. 다시 말하지만 우리는 이름 때문에 너무 자주 혼란스러워합니다.

아마도 평생 가난과 실패에 시달려 온 사람들에게 그들이 자기최면의 원리를 통해 스스로에게 고난을 부여했다고 말하면 몹시 놀랄 것입니다. 하지만 이는 진실에 가깝습니다. 성취에 대한 강박적 열망으로 자기최면을 거는 것만큼이나 쉽게 두려움과 스스로 정한 한계를 가지고도 자기최면을 걸 수 있습니다.

잠재의식은 주어진 음식을 먹고 작용합니다. 풍요에 대한 생각을 받아들여 실행에 옮기는 것만큼 가난에 대한 생각에 대해서도 빠르고 효과적으로 그렇게 합니다. 이해할 수 없다는 이유로 이러한 진리를 고려할 만한 가치가 없는 것으로 배척하지 말아야 합니다.

힐: 그렇다면 가난과 부가 모두 마음 상태의 반영이라는 것이고, 이 두 가지 모두 개인이 통제할 수 없는 우연이나 행운 혹은 다른 원인 때문이 아니라는 것이네요.

카네기: 제 생각을 완벽하게 표현했습니다. 하지만 대중적인 생각은 아닙니다. 부를 얻지 못한 사람들은 실패의 원인을 엉뚱한 곳에서만 찾는 나쁜 습관이 있습니다. 미국은 '기회의 땅'으로 세계에 알려져 있고, 미국의 정부 시스템, 경제 시스템, 생활양식은 전 세계가 부러워하는 대상입니다. 그런데도 많은 사람이 자신의 가난은 미국의 경제 시스템 탓이라고 말합니다.

미국에서 부를 축적할 수 없는 사람은 다른 어떤 곳에서도 부를 축적할 수 없을 것입니다. 그 이유는 우리의 시스템 전체가 개인이 부를 축적하는 것을 장려하는 구조이기 때문입니다. 개인이 겪는 가난의 진짜 원인은 부를 축적하는 수단인 근본 원리를 이해하지 못해서입니다. 너무 많은 사람이 거저 얻기를 바랍니다. 이 세상에 무언가를 거저 얻는 것과 같은 현실은 없음을 인식하지 못합니다. 부는 명확한 핵심 목표에 부를 얻는 대가로 무언가 가치 있는 것을 기꺼이 제공하려는 자세가 더해진 마음 상태에서 시작한다는 사실을 모릅니다.

힐: 물론 카네기 씨도 모든 부가 마음 상태가 낳은 결과는 아니며, 일부는 모든 부를 직접 벌지 않고서도 소유한다는 사실을 아실 것입니다. 예를 들어 물려받은 재산이 있습니다. 물려받은 재산은 그것을 얻는 대가로 무언가 가치 있는 것을 제공하지 않고서도, 소유자의 마음 상태와 아무런 상관없이 소유하게 됩니다.

카네기: 그런 상황에 대해서 당신은 충분히 정확하게 파악하지 못했습니다. 물려받은 재산이 소유자가 직접 번 것이 아니고, 그의 마음 상태와도 무관하다는 것은 진실입니다. 하지만 재산을 준 사람들에게는 이 말이 적용되지 않는다는 것을 기억해야 합니다. 누군가 (아마도 매우 드물게 예외는 있겠지만) 그 재산에 대한 대가로 무언가 가치 있는 것을 주었을 것입니다. 그렇게 해서 축적된 재산은 그것을 손에 넣은 사람의 마음 상태와 분명히 관련이 있습니다.

❦ 성공할 수 없는 환경은 없다

카네기: '물려받은 재산'과 관련해 당신이 간과했을지도 모를 또 다른 중요한 사실이 있습니다. 이런 식으로 얻은 재산은 조만간 다시 널리 분배됩니다. '부자는 삼대를 못 간다'라는 속담은 꽤 맞는 말입니다. 두 세대를 넘어가면서 상속자들의 손에 물려받은 재산이 남아 있는 경우는

좀처럼 없습니다. 경제 시스템은 직접 벌지 않은 재산을 매우 빠르게 흡수하도록 설계되어 있습니다.

물려받은 재산과 관련된 또 다른 중요한 사실이 있습니다. 그런 부는 보통 그것을 받은 사람들을 나약하게 만들고, 재산을 유지할 능력을 파괴합니다. 여기서 다시 우리는 부의 대가로 그에 상응하는 가치를 가진 무언가를 제공하지 않고서 얻은 것은 무엇이든 희한하게도 눈 녹듯이 사라져 버린다는 증거를 볼 수 있습니다. 이것은 물려받은 재산뿐만 아니라 불법적인 방법으로 얻은 돈 등 모든 종류의 부정한 이득에 다 적용됩니다. 아울러 이 진리는 전 세계에 알려져 있습니다. 자연법칙은 게으름, 빈 머리, 거저 얻으려는 욕구를 싫어하도록 온 우주를 설계한 것처럼 보입니다. 시간을 들여 이 사실을 분석해 본다면 중요한 의미를 발견할 것입니다.

힐: 제가 무언가를 거저 얻으려고 하거나 재산을 물려받는 사람들을 옹호하려는 것이 아니라는 점을 이해해 주세요. 저는 단지 카네기 씨의 말씀대로 누구에게나 상황은 그의 마음 상태를 따라간다는 영원한 정의가 존재한다는 증거를 찾으려고 할 뿐입니다. 그런 보편적인 정의의 시스템이 존재한다고 생각하십니까?

카네기: 그렇습니다. 원인과 결과에 대해 진지하게 생각해 본 사람이라면 누구나 그 사실을 인식할 것입니다. 랠프 월도 에머슨도 보상에 대해 쓴 유명한 책에서 이 사실을 확실하게 묘사했습니다.

보상의 법칙이라는 원칙이 있습니다. 이 원칙은 모든 사람에게 공평하게 적용되며, 누구에게나 이로운 결과를 가져다줍니다. 이 법칙은 무언가를 거저 얻으려는 시도를 용납하지 않으며, 게으름이나 나태함을 인정하지 않습니다. 미국의 생활양식부터 산업·경제·정부 시스템까지 모두 이 보상의 법칙에 따라 움직입니다. 어떤 식으로 이 말이 진리인지 살펴봅시다.

미국의 생활양식은 남을 희생시키지 않는 한 전체적으로 모든 자유를 국민 모두에게 주도록 설계되었습니다. 미국의 정부 시스템은 이 특권을 모든 국민에게 보장합니다. 이 정부 시스템은 그 특권을 주요 목적으로 삼아 탄생했습니다.

산업 및 경제 시스템은 보수 이상의 노력을 들이는 일, 즉 특단의 노력을 기울여 진취성이라는 특권을 행사하는 개인이 그들이 제공하는 서비스의 질과 양에 비례해서 보상받도록 설계되었습니다. 따라서 이 시스템에서 모든 개인은 보상의 법칙에 순응할 충분한 동기가 있습니다.

미국의 시스템에서는 천연자원을(정부나 개인 또는 개인으로 구성된 소집단이 통제하거나 소유하지 않는 상태입니다) 항상 동원할 수 있습니다. 또한 국민 전체에게 항상 열려 있고, 행사할 수 있는 자유기업의 권리가 다양한 부를 전반적으로 자주 교환하도록 보장합니다. 그래서 누구나 그것의 일부를 얻는 기회를 누릴 수 있습니다.

미국의 시스템은 자본과 상품, 다른 모든 종류의 부가 끊임없이 거래되도록 보장합니다. 이 거래 과정에서 제공할 수 있는 가치 있는 서비스나 그 밖의 것을 가진 개인은 누구나 그 거래에서 발생한 수익에서 공정한 몫을 받을 수 있습니다. 개인은 그 특권을 누리며, 자신의 진취성을 발휘해서 그 특권을 행사할 수 있습니다. 그뿐 아니라 전체적으로 미국의 생활양식은 고객인 개인을 유인하며, 공정하게 벌 수 있는 만큼 버는 일을 매력적이고 이로운 일로 만듭니다.

우리는 우수한 기술, 교육, 경험을 통해 보상의 법칙에 아주 잘 적응해서 거대한 부를 축적한 사람을 싫어하지 않습니다. 이 시스템들은 상응하는 가치를 가진 무언가를 제공할 준비가 되어 있다면 무엇이든 얻도록 장려합니다. 따라서 당신은 미국의 생활양식이 절대불변의 자연법칙 가운데 하나와 조화를 이루도록 만들어졌다는 사실을 알 것입니다. 이 점에서 미국의 생활양식은 그것을 만든 사람들의 위대한 지혜를 반영합니다.

미국의 생활양식에서 취약점을 발견한다면 그것이 가진 여러 장점에 순응하기를 거부하거나 소홀히 하는 개인의 약점이지, 시스템의 약점은 아닐 것입니다. 이 결론에서 벗어날 수는 없습니다.

힐: 카네기 씨의 논리는 논박할 수 없어 보입니다. 이 시스템이 보상의 법칙과 조화를 이루도록 미국의 생활양식을 설계한 사람들의 지혜에 대해 어떻게 그런 결론을 내리셨습니까?

카네기: 이 시스템이 산업과 기업의 실무에 미친 효과를 관찰하니 이 결론에 도달할 수밖에 없었습니다. 다른 나라와 비교하면 미국의 생활양식이 다른 무엇보다 우수하다는 것을 인정할 수밖에 없습니다.

미국의 생활수준은 전 세계에서 가장 높습니다. 개인이 부를 축적할 기회도 다른 어떤 나라보다 광범위하고 다양합니다. 미국의 시스템에서는 가난하고 무지하게 태어난 사람조차 능력이 닿는 한 가장 높은 직책으로 올라가려고 할 수 있고, 또 그렇게 될 수 있습니다. 현존하는 어느 국가 또는 문명에 알려진 다른 어떤 나라에서도 모든 국민에게 그런 기회가 주어지지는 않습니다.

힐: 말씀을 모두 듣고 보니 성공할 기회가 없다고 불평하는 사람에게는 동의하지 않으실 것 같습니다.

카네기: 그렇습니다. 저는 그런 사람의 말에 동의하지 않습니다. 하지만 세계 어느 나라 국민보다 더 많은 것을 누리고 있다는 사실을 깨닫지 못하고 단단히 잘못 알고 있는 모든 사람에게 깊은 유감을 느낍니다. 무지는 가장 큰 죄악입니다. 저의 가장 큰 바람은 책을 널리 유통하고, 특히 성취에 관한 건전한 철학을 제시함으로써 미국에 존재하는 특정 종류의 두드러진 무지를 없애는 데 기여하는 것입니다.

저는 모두가 부유해지기를 바랍니다. 미국이 보유한 거대한 부에서 모두가 정당한 몫을 가지기를 바랍니다. 하지만 부는 진취성을 발휘해서 부를 얻는 방법을 아는 사람들에게만 지속적인 가치가 있습니다. 노력해서 얻은 부에는 그것을 사용하는 방법에 관한 지혜도 담겨 있습니다. 재산을 상속받거나 보상의 법칙을 위반해서 부를 획득한 사람은 그러한 지혜를 전혀 알지 못합니다.

❦ 기회는 모두에게
공평하게 주어진다

힐: 카네기 씨의 분석을 들으니 해가 되지 않는 유일한 선물은 실용적인 지식이라고 믿고 계신 듯합니다.

카네기: 세상에는 세 종류의 안전한 선물이 있습니다. 하나는 지식 또는 지식을 얻는 수단입니다. 다른 하나는 모든 미국인에게 풍족하게 주어진 것으로, 진취성이라는 특권과 자유기업이라는 권리를 행사해서 세계 최고의 부국에서 얻을 수 있는 이득을 공유하는 기회입니다. 이것들은 값을 매길 수 없을 정도로 귀중한 선물이며, 본질적으로 해를 끼칠 수 없습니다. 마지막으로 언급할 것은 영감 또는 '이기겠다는 의지'로, 이는 물론 진취성의 필수 요건입니다.

힐: 부모가 자식에게 돈을 선물로 주는 것은 도움이 된다고 생각하십니까?

카네기: 그 질문에 대한 답은 전적으로 선물을 주는 상황과 선물의 양, 목적에 달려 있습니다. 부모는 자녀를 적절하게 교육해야 할 의무가 있습니다. 교육을 제외한 모든 금전적인 선물은 이롭기보다 해로울 수 있습니다. 자신의 힘으로 돈을 벌고자 하는 열망을 파괴하는 선물은, 그것이 어떤 형태이든지, 누구에게 주어지든지 해롭습니다.

부모가 자녀에게 돈을 선물하는 바람에 자녀가 자기 힘으로 돈을 벌 준비를 할 필요를 느끼지 못하게 하고 성취의 열망을 파괴하는 것은 바람직하지 않습니다. 돈을 선물로 주고 싶은 부모는 자녀에게 주기보다 자선을 목적으로 한 일에 기부하는 편이 훨씬 더 현명할 것입니다.

힐: 배우자에게 돈을 선물하는 것은 어떻습니까? 이런 선물을 권할 만합니까? 만일 그렇다면 어느 정도를 주어야 합니까?

카네기: 역시 답은 전적으로 선물을 주는 상황에 달려 있습니다. 애초에 부부는 파트너이며, 따라서 배우자에게 주는 돈이 항상 선물에 속하지 않을 수도 있다는 사실을 명심해야 합니다. 배우자에게 주는 돈은 일반적으로 공동으로 벌고 소유하여 공정하게 배분한 것입니다.

많은 경우 부부는 서로 재산을 축적할 때 물질적으로 지원하며, 따라서 그것을 공유할 권리가 있습니다. 하지만 지나치게 후하게 주어서 부부 관계가 파괴되는 상황이 있습니다. 이런 경향은 때로 '낭비벽'으로 이어집니다. 결국 다시 부부 모두 재정적으로 어려워지는 결과를 초래할 수 있습니다. 한없이 후하면 배우자에게는 허영심이 생기고 게을러질 수 있습니다. 그런가 하면 배우자에게 타당한 몫을 주지 않을 경우 배우자를 화나게 해 오해로 이어질 수 있습니다.

부부가 소득을 공유하는 방법과 관련해 모든 혼인 관계에 통하는 정해진 규칙은 없습니다. 이것은 '상식' 선에서 해결해야 할 문제입니다.

힐: 고용주가 직원에게 주는 선물은 어떻습니까? 누구에게도 해를 끼치지 않도록 선물을 주는 안전한 규칙이 있습니까?

카네기: 제 동료 가운데 일부는 원래 받는 급여에 더해 보너스로 1년에 100만 달러나 받습니다. 이 돈은 선물이 아닙니다. 그들이 급여를 받는 대가로 합의한 서비스의 양을 초과해서 제공한 것에 대한 보상입니다. 그들이 특단의 노력을 기울인 대가라고 할 수 있습니다. 저와 일하는 모두가 그런 서비스를 제공할 권리를 똑같이 누립니다. 그리고 이 권리를 행사하는 사람은 누구나 그가 제공하는 서비스의 가치에 따라 보수를 받습니다. 따라서 모든 사람에게 공평하게 주어지는 것은 오직 하나, 바로 기회뿐입니다.

힐: 그러니까 고용주가 자기 경험과 지능을 바탕으로 노력해서 이익을 냈다고 해서, 직원들에게 무분별하게 보상을 주는 것은 옳지 않다고 생각하십니까?

카네기: 안 됩니다. 어떤 이유에서든 누구에게나 무분별한 선물을 주어서는 안 된다고 생각합니다. 물론 스스로 돈을 벌 수 없는 사람들을 위해 자선 단체에 기부하는 것은 예외입니다.

받을 자격이나 권리가 없는 사람이 선물을 받을 때 무슨 일이 벌어질 수 있는지 예를 들어보겠습니다. 아주 잘나가는 사업체의 소유주인 제 지인이 한 해를 아주 성공적으로 보낸 후, 수익의 50퍼센트를 직원들에게 나누어주기로 결심했습니다. 그는 각 직원이 제공한 서비스의 질과 양에 상관없이 모두에게 똑같은 금액을 주었습니다. 3개월 뒤 직원들을 대표하는 위원회가 그에게 직원 전체의 임금 인상을 요구했습니다. 그가 거절하자 직원 전체가 파업에 나섰고, 그는 그해에 벌어들인 수익에 더하여 수천 달러를 잃게 되었습니다.

보다시피 인간의 본성은 묘합니다. 그의 직원들은 이렇게 '추론'했습니다. 그들이 땀 흘려 벌지 않은 선물을 자발적으로 줄 수 있을 정도로 그가 돈을 아주 많이 벌었기 때문에 임금을 올려줄 여유도 충분하다고 생각한 것입니다. 과제와 의무가 담기지 않은 돈을 주는 것은 타당하지도 안전하지도 않습니다. 만일 이 고용주가 무조건적인 선물을 주기 전 인간의 본성에 대해 알았더라면 더 나은 서비스를 제공하겠다는 단순한 약속일지라도 무언가를 제공하겠다는 약속을 받고 돈을 나누어주었을 것입니다.

제 말을 들었으니 당신은 이제 무언가를 거저 얻는 사람은 선물을 주는 사람 못지않게 또는 그보다 더 큰 해를 입을 수 있다는 사실을 알았을 것입니다. 호의를 받는 쪽보다 주는 쪽이 언제나 더 안전합니다. 왜냐하면 공짜 선물을 받은 사람은 거저 얻고 싶은 열망을 키울 뿐만 아니라 그에 대한 의무도 지게 되기 때문입니다. 심지어 그 의무는 훗날 값비싼 의무였음이 밝혀질 수도 있습니다.

✸ 유능한 리더가 되기 위한
아홉 가지 자질

힐: 일반적으로 산업계 리더들도 인간관계에 관한 카네기 씨의 생각을 공유합니까?

카네기: 네, 그렇다고 생각합니다. 보다시피 리더십은 많은 자질을 요구합니다. 일부는 제가 이미 설명했습니다. 그 가운데 하나가 디테일을 놓치지 않는 잘 발달된 관찰력입니다.

유능한 리더가 되려면 최소한의 갈등으로 타인과 협상하는 법을 반드시 알아야 합니다. 또한 인간의 장단점을 구분하는 법도 알아야 합니다. 이것들은 리더십의 기본 요건입니다. 따라서 진정한 리더라면 공짜로 얻은 선물이 이롭기보다 해로울 수 있다는 점을 안다고 가정해도 좋습니다.

아울러 유능한 리더는 자신과 자신을 따르는 사람들을 연결하는 가장 중요한 고리가 그들에게 자발적으로 행동하도록 영감을 주는 것임을 잘 알고 있습니다. 유능한 리더는 다른 사람들이 자발적으로 행동하게 북돋움으로써 자신의 역량을 확대하는 법을 압니다. 이런 방식을 통해 리더는 한 번에 여러 장소에 있을 수 있습니다. 동시에 많은 일을 할 수 있으며 게다가 잘할 수 있습니다.

예를 들어 미국 철강 회사 같은 대기업의 리더를 생각해 봅시다. 만일 그가 몸소 디테일을 챙길 때와 마찬가지로 계획이 잘 실행될 것이라는 확신을 가지고 부하직원들에게 책임을 위임할 수 없다면 어디에서 무엇을 할 수 있겠습니까? 그는 시작하기도 전에 실패할 것입니다.

이 주제를 다루면서 타인의 진취성을 최대한 발휘하게끔 유도하는 능력이 얼마나 중요한지 다시 한번 강조하고 싶습니다. 다른 무엇보다 바로 이러한 능력 때문에 찰스 슈와브는 제게 필수 불가결한 존재가 되었습니다. 슈와브가 버는 막대한 소득은 다른 사람들이 그만큼 혹은 그보다 잘하게 만드는 그의 능력에 대한 보상이라고 해도 과언이 아닙니다. 한 가지만 강조하겠습니다. 고소득층에 속한 사람들은 다른 사람이 일하게끔 유도하는 능력 덕분에 돈을 버는 것입니다. 단순히 그들이 알고 있거나 스스로 할 수 있는 일에 대해서만 돈을 받는 것이 아닙니다. 만약 사람들이 자신이 할 수 있는 일에 대해서만 급여를 받는다면, 1년에 100만 달러를 버는 사람은 이 세상에 없을 것입니다.

힐: 카네기 씨가 많은 직원을 평범한 일용직 노동자에서 책임이 막중한 직책으로 승진시켜 결국 큰 부자가 되도록 도왔다는 것은 널리 알려진 사실입니다. 카네기 씨가 그들을 그토록 너그럽게 인정하게 만든, 그들이 가진 중요한 자질을 설명해 주시겠습니까?

카네기: 동료들을 승진시킬 때 딱히 관대하지 않았습니다. 그들의 승진은 스스로 노력해서 이룬 것입니다. 제가 한 일은 거의 없습니다. 하지만 당신의 질문에 솔직하고 직접적으로 대답하면, 다음과 같은 것들이 제 동료들을 승진하게 만든 자질이라고 할 수 있습니다.

가장 높은 곳으로 오르기 위한 아홉 가지 자질

1. 요청받지 않아도 변함없이 특단의 노력을 기울이는 습관. 제게 인정받아 승진한 모든 사람은 바로 이 습관 때문에 저의 주목을 받았습니다. 이 자질이 없었다면 여전히 평범한 육체노동을 하고 있을 것이라고 단언할 수 있습니다. 자발적으로 특단의 노력을 기울여서 인정받을 만한 가치를 만들어내지 않은 누군가를 승진시키거나 보통의 임금보다 더 많이 주는 일은 결코 없다는 것이 제 철칙입니다.

2. 책임을 수용하고, 최소한의 감독에도 맡은 일을 잘 해낼 수 있다고 증명된 능력.

3. 책임을 위임해서 타인이 진취성을 발휘하도록 유도하는 능력. 저는 단순히 스스로 일을 잘하는 능력만 있는 사람보다 다른 사람들이 일을 잘하도록 유도할 수 있는 사람을 더 좋아합니다.

4. 동료들에 대한 신의. 신의가 없는 사람은 몸값이 얼마든 데려갈 가치가 없습니다. 그가 행하는 서비스의 관점에서 보아도 형편없는 투자입니다. 아울러 주변 사람들에게 미치는 영향을 생각해도 큰 짐입니다. 1000명으로 구성된 조직에 신의가 없는 사람이 한 명만 있어도 조직 전체에 그의 불신이 퍼지고 표현됩니다.

5. 긍정적인 '마음가짐'. 마찬가지로 부정적인 마음을 가진 사람은 그가 만나는 모든 사람의 마음을 오염시킵니다. 그러므로 그도 몸값이 얼마든 데려갈 가치가 없습니다. 어떤 사업에서든 성공하려면 일하는 사람들 사이에 조화가 있어야 합니다. 불평불만을 가진

사람들이 영향을 미치면 조화는 이루어질 수 없습니다.

6. **기꺼이 일하겠다는 타고난 마음가짐.** 이 세상에 일만큼 훌륭한 것은 없습니다. 진심으로 말하지만 우리 조직에서 관리직을 맡아본 사람은 누구나 그가 관리하는 대상보다 더 열심히 일했습니다. 모든 일을 타인에게 떠넘기려는 사람은 아무리 아는 것이 많고 어떤 자질을 갖추었다 해도 어떤 직업에서도 유능한 리더가 될 수 없습니다.

7. **끈기.** 출발은 좋지만 끝맺음을 잘하지 못하는 사람은 리더에게 필요한 자질을 갖추지 못한 것입니다.

8. **준비성.** 정확한 지식 대신 '추측'에 의존하는 사람은 유능한 리더가 될 수 없습니다.

9. **명확한 핵심 목표.** 자신이 무엇을 원하는지 정하고 그 결정을 지킬 수 없는 사람은 리더의 자질을 갖추지 못한 것입니다.

이 아홉 가지 자질은 제 동료들이 꼭 필요한 직책으로 승진할 수 있게 해준 가장 중요한 요소입니다. 누구라도 성공한 리더를 분석해 보면 이와 같은 자질들을 조금씩 갖추고 있음을 알게 될 것입니다. 당연히 이러한 자질을 더 많이 가진 사람이 가장 유능한 리더가 됩니다. 물론 이것들은 리더십의 바람직한 자질들 가운데 일부에 불과하지만 '반드시 있어야 하는' 자질입니다. 이것들이 없으면 그 누구도 괄목할 만한 리더가 될 수 없습니다.

리더십에 반드시 필요한 것

힐: 앞서 진취성을 발휘하는 습관에 대해 말씀하셨습니다. 이것도 리더십에서 '반드시 있어야 하는' 자질들 가운데 하나 아닙니까?

카네기: 그렇습니다. 진취성도 목록 상단에 속하는 자질입니다. 하지만 특단의 노력을 기울이는 습관을 가진 사람은 자연스럽게 진취성을 발휘해서 행동한다는 것을 명심해야 합니다. 제가 굳이 진취성을 아홉 가지 자질 가운데 언급하지 않은 이유는 그것이 보수 이상으로 일하는 모든 사람이 가진 작업 방식의 일부이기 때문입니다. 요청받지 않았을 때 자발적으로 행동하지 않는다면 진취성이 약하다고 추정할 수 있습니다.

힐: 정직성은 어떻습니까? 훌륭한 리더이지만 정직하지 않을 때 다른 자질들로 버틸 수 있습니까?

카네기: 정직하지 않은 사람은 결코 어떤 일에서도 '훌륭해'질 수 없습니다. 그런 사람이 훌륭한 리더가 되기란 불가능한 일입니다. 반면에 누군가 동료들에게 신의가 있다면 그는 다른 면에서도 정직할 가능성이 큽니다. 알다시피 신의는 가장 높고, 가장 칭찬할 만한 정직에 속하기 때문입니다. 정직하지 않은 사람은 천성적으로 특단의 노력을 기울이지 않습니다.

이런 질문을 해주어서 정말 기쁩니다. 다른 사람들도 자세한 답을 듣고 싶어 할 만한 질문이기 때문입니다. 또한 당신의 질문이 지혜로워서 마음에 듭니다. 또한 당신의 세부 사항의 정확성이 얼마나 중요한지 깊이 이해하고 있다는 점도 인상적입니다.

이 역시 리더의 필수 요건입니다. 똑똑하게 질문하는 법을 아는 사람은 그 어떤 답보다 똑똑한 답으로 무엇을 해야 할지 압니다. 저는 똑똑한 질문에 답할 줄 아는 것보다 그런 질문을 할 줄 아는 것이 더 큰 성취라고 종종 말합니다. 저는 똑똑한 질문을 할 줄 아는지 시험해서 사람을 판단합니다. 이 모든 말을 하는 이유는 당신을 추켜세우기 위해서가 아닙니다. 당신이 성공철학의 중요한 요소들을 제대로 잘 강조할 수 있도록 돕기 위해서입니다.

힐: 카네기 씨의 생각에 사업과 산업에서 리더가 되기를 열망하는 사람들이 가지고 있는 해로운 약점은 무엇입니까?

카네기: 짧게 한 문장으로 답하겠습니다. 제가 방금 설명한 아홉 가지 자질이 없는 것입니다. 그것들이 리더가 가져야 할 가장 중요한 아홉 가지 자질이라면 당연히 이런 자질이 없는 것은 리더가 되려는 사람에게 가장 큰 약점이 될 것입니다.

힐: 그런 질문을 묻다니 제가 어리석었군요. 답이 그토록 분명한데 말입니다. 그렇다면 다른 질문을 하겠습니다. 누군가가 리더의 아홉 가

지 '필수' 자질을 지녔다고 판단해서 리더로 승진시켰는데, 알고 보니 그런 자질이 없다는 사실을 깨닫는 실수를 하신 적이 있습니까?

카네기: 아무리 겸손하게 말한다 해도 저는 그런 실수를 거의 한 적이 없습니다. 왜냐하면 우리 조직에서 리더가 된 사람들은 승진하기 전에 이러한 자질을 갖추었음을 증명했기 때문입니다. 알다시피 그것이 바로 특단의 노력을 기울이는 습관이 가진 훌륭한 장점들 가운데 하나입니다. 이 습관은 가장 낮은 직책에 있는 동안 상관의 호의적인 관심을 받을 수 있는 기회를 줍니다. 개인은 말하자면 특단의 노력을 기울이는 과정에서 아홉 가지 '필수' 자질에 비추어 그가 가진 능력을 포함해서 모든 장점을 보여줄 기회가 생깁니다.

힐: 승진하고 싶은 사람이 아홉 가지 '필수' 자질을 목록으로 작성해서 매일 볼 수 있는 곳에 둔다면 현명하지 않습니까?

카네기: 훌륭한 계획입니다. 그렇게 하면 '리더십을 의식하게' 되는 효과가 생길 것입니다. 사실 리더가 되기를 바라는 사람은 제가 언급한 리더의 서른한 가지 자질을 모두 적은 목록을 복사해서 끊임없이 보는 것이 좋습니다. 제 마스터 마인드 그룹의 구성원 가운데 적어도 여섯 명이 이 습관을 아주 성실하게 실천했습니다. 한 명은 심지어 전체 목록을 동판으로 새겨서 책상 위에 두었습니다. 그는 방문객이 올 때마다 반드시 이 동판을 보게 하고, 그의 사무실에 들르는 부하직원들도 반드시 보

게 합니다. 이런 식으로 그는 훗날 높은 직책으로 승진한 훌륭한 인재들을 많이 발굴했습니다.

힐: 카네기 씨가 아직 언급하지 않은 리더의 다른 자질이 있습니까?

카네기: 가장 중요한 것을 간과했습니다. 바로 다른 사람의 능력을 알아챌 수 있는 기민한 마음입니다. 타인의 능력을 재빨리 간파할 줄 아는 사람은 일반적으로 리더의 다른 필수 요건들도 갖추고 있습니다. 만일 당신이 제가 가진 가장 큰 자산이 무엇이라고 생각하는지 묻는다면 주저 없이 '사람을 선별하는 능력'이라고 말할 것입니다. 이 자질이 없었다면 US스틸은 결코 탄생하지 못했습니다. 왜냐하면 이 회사의 가장 큰 자산은 무엇보다도 유능한 인재들이기 때문입니다. 그들 가운데 다수는 제가 직접 발굴하여 그들이 성장할 수 있도록 지원했습니다. 다른 사람들에게도 널리 알려진 사실입니다.

힐: 카네기 씨가 하신 말씀을 다 듣고 보니, 체계적 노력은 다양한 자질들로 구성되었으며 각각이 개인의 성취에서 명확한 역할을 한다는 생각이 듭니다.

카네기: 맞는 말입니다. 마치 사슬처럼 리더의 서른한 가지 자질이 서로 연결되어 전체를 구성합니다. 사슬을 이루는 고리 하나하나가 전체 사슬을 이루는 데 기여하듯 각각의 자질이 체계적인 노력 전체를 구성하

는 명확하고 필수적인 부분을 맡고 있습니다. 이러한 자질들 가운데 하나라도 빠지면 체계적 노력이라는 전체 구조가 약화됩니다.

힐: 이러한 서른한 가지 자질을 키우려면 어떻게 해야 합니까?

카네기: 성격의 다른 특질을 키우는 것과 마찬가지로, 이를테면 그 자질들을 끊임없이 적용하며 뛰어나게 발전시키고야 말겠다는 의지가 있으면 됩니다. 그것들을 표현하고자 하는 열망이 이 모든 자질을 키운다는 사실을 명심해야 합니다. 그러한 자질은 타고나는 것이 아닙니다. 의도적으로 사용하여 발전시킨 결과로 발생합니다.

힐: 그렇다면 평범한 사람도 이러한 자질을 습득할 수 있다는 뜻인가요?

카네기: 그렇습니다. 기꺼이 일하려는 사람은 누구나 이런 자질을 키울 수 있습니다. 무언가를 거저 얻으려는 사람에게서는 결코 발견할 수 없는 자질입니다.

힐: 한 분야의 노력에 적용되는 리더의 자질이 다른 분야에 적용되는 것과 같습니까? 가령 카네기 씨가 철강업에서 성공한 만큼 다른 사업에서도 성공할 수 있다고 보십니까?

카네기: 그 질문에 답하려면 긴 설명이 필요합니다. 하지만 제가 말하고 싶은 바는, 저는 저를 위해 일하는 100명 이상의 사람들 가운데 그 누구보다도 강철 제조의 기술적 과정에 대해 잘 알지 못한다는 것입니다. 마스터 마인드는 개인이 가진 지식의 부족함을 보완할 수 있는 방법을 제공합니다. 저의 마스터 마인드 그룹에는 강철과 관련한 제품의 제작과 마케팅에 대해 현재까지 밝혀진 모든 것을 아는 동료들이 있습니다.

당신의 질문에 최대한 직접적으로 답하자면 아마도 저는 철강업에서 이룬 성공만큼 다른 사업에서도 성공했을 수 있습니다. 어떤 사업으로 진출해도 그 사업을 속속들이 아는 마스터 마인드 동지들을 선별해서 그 사업에 정통했을 테니 말입니다.

힐: 그것이 바로 제가 원하던 정보입니다. 카네기 씨의 답변을 듣고 보니, 성공 원칙들이 보편적으로 어떤 분야에서든 적용될 수 있다는 사실을 알게 되네요. 성공 원칙들을 완전히 숙지하면 원하는 어떤 일에든 적용할 수 있습니다. 그렇지 않습니까?

카네기: 맞습니다. 지금까지 당신의 생각은 옳습니다. 하지만 사람마다 더 잘 맞는 일이 있다는 점을 명심해야 합니다. 일반적으로 사람은 가장 좋아하는 일에서 가장 크게 성공합니다. 좋아하는 일을 하면 거기에 마음을 쏟아붓습니다. 그럴 때 성취에 대한 자부심이 그가 하는 일에 투영됩니다. 월급 외에 자신의 일에 대해 따로 보상받지 않는 사람은, 그가 얼마를 받든지 간에 속고 있다는 것은 믿을 만한 사실입니다.

사람이 받는 급여에서 가장 좋은 부분은 일을 잘해서 얻는 만족감입니다. 성취에 대한 자부심은 아무도 박탈할 수 없는 형태의 급여입니다. 자신이 가장 좋아하는 일을 할 수 없다는 것은 누구에게나 삶의 비극 중 하나입니다. 만약 이것이 진리가 아니라고 의심한다면, 사랑에서 비롯된 모든 노동에서 얻는 즐거움을 생각해 보십시오. 예컨대 사랑하는 사람을 위해 서비스를 제공하는 것 말입니다.

직접적인 보수가 없어도 타인을 위해 유용한 서비스를 제공하고 싶은 열망으로 동기가 부여되면 노동을 짐이 아닌 특권으로 보게 됩니다. 이러한 특성에서 저는 사람들이 가장 좋아하는 일을 할 때 항상 더 효율적이라는 결론에 도달했습니다.

당신의 질문에 직접적으로 답하자면 성공 원칙은 어떤 분야에서든 동일하다고 말씀드리겠습니다. 아울러 이러한 법칙들은 모든 영단어를 구성하는 알파벳 문자만큼이나 보편적입니다.

스스로
성공철학의 증거가 되는 일

힐: 성공 원칙을 모든 분야에 적용할 수 있다면 왜 이러한 원칙을 공립학교에서 가르치지 않습니까? 수학 규칙이나 영어 문법을 배우듯이 성공 원칙을 배운다면 많은 사람이 실패를 피할 수 있지 않겠습니까?

카네기: 저도 똑같은 질문을 자문해 본 적이 있어서 그 질문에 답할 수 있을 것 같습니다. 성공 원칙들을 공립학교에서 가르치지 않는 이유는 단지 실용적인 철학으로 정립되지 않았기 때문입니다. 저는 바로 이 가능성을 염두에 두고 모든 성공 원칙과 실패의 원인을 신뢰할 만한 철학으로 집대성하는 일을 당신에게 맡겼습니다. 당신이 그 일을 완수한 후에는 공립학교에서도 그 철학을 가르칠 것입니다. 문명이 발전하려면 그렇게 해야 합니다.

아이들이 학교에서 보내는 시간 내내 성공의 제일 필수 요소 가운데 하나인 조화로운 인간관계에 대한 실용적인 지식을 얻지 않고, 학문적인 지식만 축적해야 할 이유는 없습니다. 공립학교는 모든 아이에게 타인과의 관계에서 최소한의 갈등만을 겪으면서 삶을 잘 헤쳐 나가는 방법을 가르쳐야 합니다.

이런 지식은 역사적 인물의 이름과 사건이 벌어진 날짜를 암기하는 것보다 훨씬 더 중요합니다. 영어의 올바른 사용법을 배우는 것 못지않게 중요합니다. 이 한 가지 사실을 명심하십시오. 공립학교가 성공철학의 중요성을 인식하기 위해서는 대중이 먼저 요구해서 공립학교에서도 그 철학을 가르칠 수밖에 없도록 성인들 사이에서 인기를 얻어야 합니다.

애석하게도 공립학교 시스템은 현재 아주 서서히 변화하고 있지만 대중을 위해 존재하는 미국의 다른 모든 기관과 마찬가지로 학교 시스템은 반드시 대중의 요구를 받아들여 그에 맞게 서비스를 제공해야 합니다. 여기에 적절한 시기가 되면 성공철학이 공립학교의 자산이 될 희망이 있습니다.

힐: 어떤 일을 시작하기에 적절한 시점은 그것을 하기로 마음먹었을 때라고 말씀하셨습니다. 성공철학이 교과서 형태로 출판되자마자 그것을 가르치도록 공립학교에 영향을 주기 위해서는 계획이 있어야 합니다. 따라서 저는 카네기 씨가 공립학교에 성공철학을 도입하는 일을 어떻게 시작하실지 알고 싶습니다.

카네기: 그 질문은 제가 끝내는 데 수년이 걸릴 일의 계획을 말해 달라는 것과 같습니다. 그 일을 끝내려면 당신도 많은 단계를 거쳐야 합니다. 일반적으로 말하자면 다음과 같은 방식으로 진행하는 것이 좋습니다.

당신은 성공철학을 대중적인 교과서 스타일로 출판해 명확한 법칙으로 성공하고 싶어 하는 개인들에게 소개해야 합니다. 만일 운이 좋아 책 판매를 추진할 출판사를 발견한다면 3년에서 5년 사이에 꽤 널리 배포할 수 있을 것입니다.

그 철학을 가르칠 수 있도록 강사들을 훈련해야 합니다. 그래야 때가 되었을 때 공립학교에 교사들을 배치할 수 있습니다. 공립학교가 그들을 수용하기 전에 이 강사들은 사설 강좌를 운영해서 적절하게 생계를 유지할 수 있습니다.

당신은 홈스쿨링 방식을 통해 이 철학을 가르칠 목적으로 직접 사립학교를 세울 수 있습니다. 이렇게 하면 이 철학을 원하는 모든 사람을 가르칠 수 있습니다.

출판사는 이 철학을 외국어로 번역해야 합니다. 그래야 영어를 하지 못하는 다양한 인종의 사람들도 이 책을 읽을 수 있습니다. 그들에게는 아메리카니즘을 가르치는 수업이 필요합니다. 이 계획으로 당신은 외국에서 이 철학을 확산시킬 수단을 얻게 될 것입니다.

당신이 이러한 단계들을 모두 밟을 때쯤 대중은 성공철학을 굉장히 '의식'하게 되어 공립학교에서도 관심을 가질 것입니다. 물론 당신이 어떤 리더로 증명되는지에 따라 달라지겠지만 이 모든 일이 일어나는 데 무려 10년이 걸릴 수도 있습니다.

힐: 다시 말해 다른 사람들을 가르치기 위해 제가 제시할 철학을 증명하는 일은 결국 제게 달려 있다는 말씀이십니까?

카네기: 바로 그렇습니다. 아플 때 자신이 처방한 약을 거부하는 의사를 누가 믿겠습니까? 성공철학이 당신에게 통한다는 것을 증명해서 당신 스스로 그 철학의 가장 훌륭한 광고가 되어야 합니다.

힐: 그 철학의 타당성을 증명하기 위해 제가 그 철학을 거대한 부로 전환시켜야 한다는 뜻입니까?

카네기: '부'가 당신에게 무엇을 의미하느냐에 달려 있습니다. 알다시피 세상에는 많은 형태의 부가 있습니다. 당신은 이 철학을 적용해서 당신이 필요한 금액 혹은 그보다 더 많은 금액을 얻을 수 있습니다. 하지만 저는 당신이 그 돈이 의미하는 모든 것을 초월한 형태의 부에 주목하기를 바랍니다. 제가 염두에 두는 부는 질과 양 측면에서 아주 거대해서

제 표현을 들으면 당신은 깜짝 놀랄 것입니다. 제가 염두에 두는 부가 당신에게만 발생하는 것이 아니라 온 세상 사람들의 자산이라고 말한다면 훨씬 더 놀랄 것입니다. 만일 당신이 제가 그려주려는 그림이 지닌 무한한 가능성을 인식하고 저의 제안을 따른다면 언젠가 당신의 재산이 저보다 훨씬 더 많아질 것입니다.

❋ 철강왕이 남긴 마지막 조언

카네기: 자, 여기 그림이 있습니다. 그림을 설명하기 전에 경고합니다. 이 그림에 리더로서 당신의 자격이 명확하게 드러나 있어 당황스러울지 모릅니다. 하지만 저 역시 마찬가지로 평가 대상입니다. 저는 당신을 제가 아는 모든 사람 중에서 성공철학을 사람들에게 소개할 수 있는 가장 유능한 사람으로 선택했기 때문입니다.

성공철학의 큰 그림

1. 제가 경험으로 수집한 성공철학에 대한 모든 지식을 당신이 흡수할 즈음이면 당신은 제 재산에서 많은 부분을 소유하게 될 것입니다. 거기에 더해 이 철학을 집대성하는 데 협조하도록 제가 소개할 다른 성공한 인물들에게서 추가로 부를 얻게 될 것입니다. 따라서 당신은 미국의 시스템이 의미하는 진정한 부에서 큰 부분을 소유

하게 됩니다. 이 부를 다 합하면 감히 추정할 수 없을 정도로 엄청 날 것이며, 이는 모든 미국인과 다른 나라 국민의 부를 늘릴 수 있기 때문입니다.

2. 당신은 특단의 노력을 기울이는 원칙을 입증할 것입니다. 이를 통해 세상이 당신을 실용적인 성공철학을 최초로 정립한 사람으로 인정하게 만들 것입니다. 이는 이례적인 영예입니다. 그 필요성은 항상 존재했지만, 그런 철학을 사람들에게 제시하려고 시도한 사람은 당신이 처음이기 때문입니다.

3. 미국의 생활양식과 맞지 않는 사상들이 침투하고 있기에 미국인들의 목적이 통일되지 않은 때가 올 것입니다. 그때 사람들은 통제를 넘어서는 원인으로 인해 파괴된 조화를 회복시켜 줄 신뢰할 만한 철학이 필요할 것입니다. 이 시점에 당신이 준비하고 노력한 결과로 큰 기회가 찾아올 것입니다. 당신은 이 철학을 받아들이라고 사람들을 유도할 필요가 없습니다. 자발적으로 받아들일 것이기 때문입니다.

저는 이 기회가 이미 발생했다고 봅니다. 거저 얻으려고 애쓰는 사람들이 품은 탐욕이 증가하는 모습에서 그 씨앗을 발견할 수 있습니다. 그 씨앗은 산업과 노동자 사이의 조화를 위협하는 방해 요소들을 통해 퍼져 나가고 있습니다. 체제 전복을 외치는 철학들은 노동자 단체에서 이 씨앗이 발아되기에 유리한 조건의 토양을 발견할 것입니다. 여기서 바로 불화가 가장 먼저 뚜렷해질 것입니다.

전문적인 선동가들이 노동자 단체에 침투해 미국의 산업을 저해할 것입니다. 이로 인한 분란은 아메리카니즘의 초석을 공격하는 혁명으로 이어질 수 있습니다. 하지만 혁명은 금세 끝나고, 미국인들은 그 충격에서 회복될 것입니다.

미국인들은 비상시에 언제나 그랬듯 탈출구를 찾을 것입니다. 그러고 나면 큰 기회가 찾아올 것이며, 미국의 생활양식을 재건하는 시기가 시작될 것입니다. 그러면 당신이 특단의 노력을 기울여 집대성한 성공철학이 조화를 되찾는 수단이 될 것입니다.

만일 당신이 이 그림을 제가 그린 대로 보지 못한다면 당신의 실패는 저의 실패이기도 합니다. 왜냐하면 제가 지금까지 부여한 임무 중 가장 중요한 임무를 수행할 특사로 당신을 선택했기 때문입니다. 만일 당신이 제가 믿는 대로 그 일을 해내면 당신의 노고 덕분에 온 세계가 풍요로워질 것입니다. 물질적인 것뿐만 아니라 영적 이해도 더 풍요로워질 것입니다. 영적 이해가 없다면 어떤 형태의 부도 오래 지속될 수 없습니다.

성공철학이 물질적 성공의 법칙뿐만 아니라 산상수훈에서 예수가 말씀하신 원칙들을 담고 있다는 사실을 당신이 깨달았으면 좋겠습니다. 예수는 말했습니다.

"무엇이든지 남에게 대접받고자 하는 대로 너희도 남을 대접하라."

이 철학의 넓은 의미를 이해하지 못하면 당신의 사명이 가진 큰 가능성을 놓칠 것입니다. 사람들은 영적으로 무너지고 있습니다. 그들은 종교의 원칙을 외면하고 이교도의 원칙을 받아들이고 있습니다. 그들의 가장 큰 취약점을 저항할 수 없는 매력의 힘으로 전환하면 문명의 참된 원칙들을 다시 채택하게 할 수 있습니다. 그 취약점은 바로 물질에 대한 욕구입니다.

자, 성공철학은 물질적 부의 축적에 이르는 이미 알려진 안전한 길만을 제시합니다. 하지만 영적인 회복의 수단도 제시합니다. 그러므로 사람들이 가장 원하는 것을 줄 때 그와 함께 그들에게 가장 필요한 것을 선사하면 됩니다. 이 점을 절대 놓치지 말아야 합니다.

따라서 제가 그린 그림에서 당신은 그 누구도 누리지 못했던 기회를 명확하게 볼 수 있습니다. 이것은 당신이 제대로 봉사할 수 있는 기회입니다. 이제 마지막으로 조언하겠습니다. 겸손한 마음을 지니십시오. 자신의 중요성을 과도하게 느끼지 마십시오. 당신의 사명을 자랑할 대상이 아닌 감사할 특권으로 받아들이십시오. "너희 중에 큰 자가 너희를 섬기는 자가 되어야 한다"라는 것을 항상 명심하십시오.

—※—

미국 산업계의 인정받는 리더인 앤드루 카네기는 30여 년 전에 성공철학을 집대성하는 임무를 맡긴 그의 특사에게 이러한 조언을 남겼다. 그는 이 조언을 글자 그대로 지켰다. 현재 우리는 미국에서 벌어질 일들에 대한 카네기의 예언이 놀라울 정도로 정확했다는 결정적 증거들을 볼 수 있다.

인간은 그의 취약점을 깨닫고 나서야 비로소 강점을 알게 된다.

A man doesn't know his strength until he realizes his weakness.

✦ 체계적인 노력의 원칙은 어떻게 적용되는가

이 장에서 앤드루 카네기는 서른한 가지 리더의 자질로 구성된 성공 철학의 '실천적' 측면을 분석했다. 어떤 철학도 체계적인 노력으로 표현 되지 않으면 유용하지 않다. 이는 똑똑하게 방향이 설정된 행동을 통해 이루어져야 한다. 그러므로 이 장은 응당 진취성이라는 바퀴를 굴러가게 하는 발전기라고 할 수 있다.

역사를 통틀어 진취성이 지금보다 더 필요한 시기는 없었다. 아울러 똑똑하게 방향이 설정된 진취성이 지금보다 더 많이 개인에게 스스로 발 전할 기회를 제공한 시기도 없었다.

체계적 노력과 특단의 노력을 기울이는 습관을 결합하여 똑똑하게 적용하는 사람은 스스로 발전할 기회를 더 많이 누릴 것이다. 이 두 원칙 은 밀접한 관련이 있다. 둘을 결합해 적절하게 방향을 설정하면 평범한 사람이 인생에서 명확한 핵심 목표를 달성하는 데 필요한 것보다 더 많 은 '퍼스널 파워personal power'를 얻을 수 있다.

다행히도 미국에는 여전히 진취성에 따라 행동할 수 있는 특권이 있다. 그것은 우리가 가진 가장 큰 특권 가운데 하나다. 이 특권을 행사해서 누구나 직업을 선택하고, 그 직업을 통해 어떤 서비스를 제공할지 정하고, 그렇게 해서 자신의 보수를 정한다.

만일 카네기가 이 장에서 다른 생각에 비해 유독 강조한 생각이 있다면 모든 승진은 스스로 이룬 것이며, 진취성을 발휘해서 달성했다는 사실이다. 만일 진취성을 발휘할 권리를 거부당하면 미국의 생활양식을 통해 얻을 수 있는 특권들 가운데 가장 중요한 한 가지를 잃는 것이다.

제1차 세계대전과 그로 인해 발생한 장기적인 경제 공황을 겪으며 우리는 강제로 일하는 것보다 훨씬 더 나쁜 것이 있음을 깨달았다. 바로 강제로 일을 하지 못하게 되는 불행한 상황이다. 카네기가 아주 적절하게 말한 대로 일을 대신할 수 있는 것은 없다.

우리에게 가장 이로운 일은 체계적 노력이라는 원칙을 적용해서 강요받지 않고 자발적으로 하는 일이다. 이 분석은 바로 이런 유형의 일만 다룬다. 나는 이 철학의 핵심을 다루고 있다는 사실을 제대로 인식하고 이 분석에 임할 것이다. 체계적인 노력이라는 원칙의 성격과 중요성을 철저하게 이해하지 못하면 이 철학을 배운다 해도 카네기가 말한 방식과 정도로 이득을 얻지 못할 수 있다.

카네기가 강력하게 말한 대로 성공한 인물의 실제 경험은 어떤 원칙의 타당성을 뒷받침하는 최고의 증거다. 미국의 생활양식과 관련된 다양한 분야에서 체계적 노력이 적용된 방식을 분석해 보자. 현대 산업에서 기업을 예로 삼아 체계적인 노력의 원칙을 이해하고 적용한 사람들의 리더십을 통해 그것이 어떻게 성공적으로 운영되는지 살펴보자.

현대 기업은 (주주로 불리는) 개별 파트너들이 보유 지분에 비례해서 공동 운영 자본을 출자하는 제한된 파트너십에 불과하다. 기업은 저축으로 주식에 투자한 기계공, 농부, 상인, 성직자, 교사, 의사, 변호사 및 기타 직업인들로 구성된 파트너십일 따름이다.

기업 경영에 필요한 운영 자본 외에도 생산 활동을 수행하는 다른 파트너들은 운영 자본 못지않게 기업 경영에 필요한 또 다른 중요한 자산이다. 이런 파트너들도 해당 기업의 주식을 소유한다. 이때 파트너들은 두 계급으로 나뉜다. 한 쪽은 노동자이며, 다른 한쪽은 그들이 받은 훈련과 경험, 타고난 적성으로 노동자들을 감독하고 그들이 어떤 식으로 일해야 하는지 방향을 정하는 사람들이다. 이 모든 활동은 고도로 효율적인 형태의 체계적인 노력을 통해 각 노동자의 의무와 책임을 정하는 명확한 계획에 따라 수행된다.

경영진과 노동자가 조화의 정신으로 협력하면 사업은 번창한다. 따라서 이 파트너들은 협력해서 수익을 거두어들이고, 그 수익으로 노동자의 임금을 지불한다. 장기적인 경제 공황과 같은 예상치 못한 비상사태가 닥치지 않는 한 급여를 주고 남은 돈은 운영 자본을 공급한 파트너들에게 자금을 사용한 대가로 돌아간다.

비상사태가 닥쳐서 수익이 심각하게 줄어들어 돈을 잃거나 간신히 적자를 면하면 노동자들은 급여를 먼저 받고, 운영 자본을 공급한 파트너들은 아무것도 받지 못한다.

여기에 바로 체계적인 노력의 원칙을 적용해야 할 절대적 필요성을 보여주는 예시가 있다. 이 예시의 조직적 특성은 대체로 경영진과 노동자 간의 관계로 구성된다. 그들이 조화의 정신으로 협력하면 사업은 보통 성공한다. 조화로운 협력이 없으면 성공은 불가능하다. 만일 경영진이 태만해서 일을 충분히 제대로 하지 않는 노동자들을 방치한다면 모든 파트너가 손실을 입는다. 결국 노동자는 일자리를 잃고, 파트너들은 투자금을 잃는다.

미국의 육군과 해군은 체계적인 노력을 효율적으로 보여주는 탁월한 예시다. 군대에서는 최고 간부부터 가장 낮은 직급의 사병에 이르기까지 모두가 노력을 조율하는 원칙을 이해하고 지킨다. 이러한 형태의 체계적인 노력에서 가장 중요한 부분은 엄격한 규율이다. 만일 개인이 군대를 관리하는 사람들만큼 단호하게 자기 자신을 다스리고, 그들만큼 철저하게 체계적인 노력의 원칙을 지킨다면 살면서 실패를 겪는 일이 훨씬 줄어들 것이다.

만일 모든 청년이 직업 전선에 뛰어들기 전에 육군이나 해군에서 몇 년간 의무 복무를 한다면 탁월한 형태의 훈련이 되지 않을까 종종 생각한다. 이러한 경험을 통해 체계적인 노력이라는 필수 요건을 바탕으로 한 규율의 이점을 몸소 깨달을 수 있기 때문이다. 분명 어떤 직업에서든 리더가 되고 싶은 사람은 누구나 체계적인 노력을 이용하는 규율 전문가에게 리더십에 관한 강좌를 들으면 도움이 될 것이다.

은행도 매우 효율적인 체계적 노력을 보여주는 또 다른 예시다. 여기서 다시 우리는 그 내부에서 규율을 발견한다. 은행에서 이루어지는 큰 개혁은 항상 은행가들에게서 비롯된다. 은행가들을 리더의 서른한 가지 자질에 비추어 평가했을 때 그들이 이러한 원칙들을 얼마나 잘 적용하는지 보라. 금융업계에는 적대감이 없는 치열한 경쟁이 존재한다. 은행가들은 해야 할 일이 있으며 잘 해낸다. 전반적으로 은행가들은 훌륭한 성격의 소유자들이다. 똑똑하고 근면성실하다. 이 직업의 규칙에 따라 그들은 명확한 원칙을 단호하게 적용해야 하며, 이 제약은 같은 원칙을 자신에게 적용하는 사람들에게 이롭게 작용한다.

체계적인 노력을 적용해서 세계에서 가장 좋은 나라가 탄생한 사례를 살펴보자. 미국의 정부 시스템을 말하는 것이다. 여기서 우리는 체계적인 개인의 노력이 가장 강력한 형태로 구현된 모습을 볼 수 있다. 그 힘은 국민으로부터 나온다. 공동의 목적을 위해 조화롭게 협력하는 주 정부와 연방 정부가 그 힘을 적용한다.

체계적인 개인의 노력을 보여주는 이 사례들을 결합하면 미국의 부와 자유의 진정한 원천을 알 수 있다. 부는 주로 산업과 은행의 활동에 존재하며, 자유는 정부에 존재한다. 이러한 힘과 부를 가진 조직들이 조화롭게 일하면 국민은 번영한다. 반면에 조화롭게 협력하지 않으면 국민은 경제 공황, 실업, 파업 등 재난을 겪는다.

이제 미국의 생활양식의 일부인 또 다른 아주 크고 중요한 집단을 분석해 보자. 애석하게도 대체로 그들은 체계적인 노력의 원칙에서 얻는 것이 없다. 바로 농부다. 이 훌륭한 국민(우리 대부분에게 식량을 제공한다)에게 응당 가져야 할 존경심과는 별개로 우리는 다수의 농부가 체계적인 방식으로 일하지 않는다고 인정할 수밖에 없다. 이것은 굉장히 널리 알려진 사실이니 뒷받침할 증거를 굳이 제시할 필요가 없다.

농부들은 자주 재정적 어려움을 겪는다. 대부분 간신히 먹고산다.

일부는 그만큼도 못 번다. 만일 농부가 은행가나 미국의 다른 산업처럼 체계적인 노력의 원칙에 따라 효율적으로 농장을 운영하면 수익을 더 많이 창출하고 다른 집단 못지않게 부유해질 수 있다는 사실을 부정할 수 없다. 이러한 사실들에서 우리는 체계적인 노력의 원칙을 적용하지 못하면 그 당사자가 개인이든 개인으로 구성된 단체든 막론하고 망하게 된다고 결론지을 수 있다.

이제 농부의 습관을 파헤쳐 보고, 산업이나 은행과 같은 건전한 사업에 관해 인정된 규칙들을 적용하지 않는 경우를 살펴보자. 나는 농부들의 단점을 솔직하게 분석하면서 그들의 비효율성을 몇 가지 목록으로 정리하여 돕고자 한다.

농부의 습관에 숨겨진 단점

1. 보통의 농부는 약 20만 평 정도의 농장을 소유한다. 아마도 이 땅 가운데 약 6만 평을 농사 짓는 데 사용할 것이다. 토지 전체에 대해 세금을 내면서도 나머지 14만 평 정도는 유휴지로 남겨둔다. 비유하자면 제너럴모터스가 6000평 정도의 부지에 공장을 세우고 큰돈을 들여 기계를 설치했지만, 공장의 3분의 1만 사용하고 나머지 땅은 놀리는 것과 같다.

2. 과학적인 농업 방식으로 보면 토지를 위해 작물을 돌아가며 심어야 한다. 하지만 평범한 농부는 해마다 같은 작물을 심어 토질을 약화시킨다.

3. 평범한 농부는 시장 수요에 맞게 작물을 계획해 재배하지 않고, 자

신이 좋아하는 작물을 재배한다. 그 결과 종종 한 가지 작물은 너무 많이 재배하고, 다른 작물은 너무 적게 재배해서 소비되지 않는 농산물이 발생된다.

4. 평범한 농부는 얼마를 받든 되는 대로 작물을 판다. 반면 체계적 노력의 원칙에 따라 사업을 운영하는 사업가는 제품을 사고팔 때 모두 '머천다이징merchandising'의 명확한 규칙을 적용한다.

☙ 체계적인 노력을 방해하는 인간의 약점

누구든 성공을 바라기 전에 자신의 약점이 무엇인지 파악하고, 어떻게 고쳐야 하는지 깨달아야 한다. 이 사실을 염두에 두고 나는 누구도 편애하지 않고, 사람들에게서 발견한 약점을 설명하고자 한다.

약점의 목록은 길다. 이 목록은 전문 분석가가 모든 직업에 종사하는 미국인 2만 5000명을 자세히 분석한 뒤 냉정하게 취합했기 때문에 사실 그대로다. 우리는 모두 진취성을 발휘하고, 직업이나 사업을 선택하며, 다른 사람에게 해를 끼치거나 피해를 주지 않는 한 원하는 방식으로 삶을 살 권리가 있는, 세계에서 가장 부유하고 자유로운 나라에 살고 있다. 이 목록을 면밀하게 살펴보면 그럼에도 미국인 100명 중 98명이 '실패자'로 분류되는 이유를 이해하게 될 것이다.

자기분석은 스스로의 힘으로 발전하기 위해 반드시 먼저 거쳐야 하는 작업이다. 아울러 자기분석은 '너 자신을 알라'라는 철학자들의 오랜 훈계를 따르는 유일한 방법이다. 그러니 인간의 약점을 담은 이 목록에 비추어 스스로를 용감하게 점검해서 당신과 체계적인 노력의 원칙 사이에 놓인 약점들을 정확하게 짚어내라. 목록에 담긴 모든 약점은 당신의 뜻대로 고칠 수 있는 습관이 낳은 결과임을 명심하라.

인생의 커다란 비극 가운데 하나는 우리가 모두 성공에 이르는 길을 방해하는 습관을 가지고 있으면서도 그것을 알아차리지 못한다는 사실이다. 이 비극은 주로 우리가 엄격한 자기분석을 거부한다는 사실에서 비롯된다. 성공철학의 도움을 받아 성공하고 싶은 야망과 열망이 있다면 변명과 구실로 단점을 덮어버리려 하지 말고, 스스로를 제대로 살펴볼 용기를 가지기를 바란다. 여기 체계적 노력의 적이 되는 약점들을 나열한 목록이 있다.

체계적 노력의 원칙을 파괴하는 인간의 약점

1. 거저 얻으려는 습관. 이 습관은 대개 도박으로 표현된다. 구체적으로는 형편없이 일하고서 하루 치 일당을 전부 기대하고, 거래할 때 속임수를 쓰고, 정당하지 않은 정부 보조금을 요구하며, 스스로 일하는 대신 가족의 지원에 의지하고, 수적 우위를 이용한 집단의 힘으로 사보타주sabotage와 보이콧boycott을 이용하여 원하는 바를 얻기 위해 무력한 사람들을 착취한다. (이 습관은 너무도 널리 퍼져 있어 미국의 생활양식을 완전히 파괴할 지경에 이르렀기에 가장 먼저 목록에 올렸다.)

2. 특단의 노력을 소홀히 하거나 의도적으로 거부하는 습관.

3. 버는 것보다 더 많이 소비하는 습관. 그리고 시간을 아껴 소득을 늘리기 위한 예산을 세우지 않는 습관. 개인도 정부나 기업처럼 '균형 잡힌 예산'이 없으면 성공할 수 없다.

4. 동료들과 조화로운 마음으로 협력하기를 소홀히 하거나 단호하게 거절해서 돈을 벌 수 있는 능력을 축소하는 습관.

5. 실수에서 배우지 못하고 실수를 반복하는 습관.

6. 정확한 지식 대신 '추측'하는 습관. 잘 알지 못하거나 모르는 주제에 대해 '의견'을 표명하는 습관.

7. 사소한 문제에 대한 논란에 휩쓸려서 쓸데없이 적을 만들고, 타인에게서 불필요한 반대를 부르는 습관.

8. 사실과 현실을 용감하게 마주하는 대신 속임수에 의지하는 습관.

9. 명확한 핵심 목표 없이 표류하는 습관.

10. 타당성이 검증된, 사전에 세운 계획 없이 일하는 습관.

11. 적절한 준비 없이 직업이나 노력할 분야를 좇는 습관.

12. 생각, 목적, 행동을 집중하지 않고, 노력을 분산시키는 습관.

13. 무절제하게 먹고, 마시고, 섹스를 즐겨 건강이 악화되는 습관.

14. 만족스럽게 일하는 대신 무관심, 야망의 결여, 단순한 게으름을 숨기기 위해 변명하는 습관.

15. 감정을 통제하려고 노력하지 않고, 감정이 널뛰도록 방치하는 습관. 소위 제멋대로 성질내도록 방치하는 것은 이 습관이 가장 나쁘게 표현된 것이다.

16. 마스터 마인드 원칙을 인정하고 이를 사용하지 않고서 '고립주의 자'로 일하는 습관.

17. 직업과 소득원, 전반적인 인간관계에서 작은 디테일을 소홀히 하는 습관.

18. 명상과 생각을 통해 분석하기 전에 충동에 따라 행동하는 습관.

19. 자제력과 믿음이 없어서 두려워하는 습관.

20. 종교적·정치적·경제적 관계에서 다름을 용인하지 않는 습관.

21. 탐욕과 물질에 대한 애정 때문에 이상이나 다른 영적 가치를 경 멸하는 습관. 이 습관은 너무도 널리 확산되어 사실상 미국은 영 적인 도산 지경에 이르렀다.

22. 일하지 않고 바라기만 하는 습관. 부는 그저 바란다고 얻게 되는 것이 아니다.

23. 반대에 맞닥뜨렸을 때 끈기 있게 맞서 싸우지 않고 쉽게 포기하 는 습관.

24. 고의로 부정직하게 행동하는 습관.

25. 우주에서 유일하게 영원한 것은 변화라는 사실을 깨닫지 못한 채 통제할 수 없는 인생의 변화를 순순히 받아들이기를 거부하 는 습관.

26. 자기 마음의 주인이 되어 깊이 생각하는 것을 소홀히 하는 습관.

27. 성공한 사람들을 본받는 대신 시기하는 습관.

28. 현명하게 현실을 살고 미래를 희망적으로 보는 대신 개인적인 불 만을 '끝내는 일'을 소홀히 해서 과거에 얽매여 사는 습관.

29. 쓸데없이 건강을 염려하는 습관(상상의 병으로 고통받음). 이 습관은 일반적으로 일에서 벗어나려는 욕구나 동정심을 얻으려는 시도가 낳은 결과다.

30. 자신의 소득과 사회적 지위에 맞게 삶을 살아가는 대신 '남을 따라 가려고' 애쓰는 습관.

31. 허영과 자기중심적인 습관.

32. 정해진 원칙들로 만들어진 확실한 경로를 따르는 대신 성공에 이르는 지름길을 찾으려는 습관.

33. 종교의 핵심 원칙에 대한 이해가 부족해서 또는 물질에 대한 욕구로 종교를 경멸하는 습관.

34. 특히 함께 일하는 동료들에게 신의 없이 행동하는 습관.

35. 개인의 '자기'가 자연법칙을 준수하고, 거기에 적응하는 것을 거부하는 습관.

36. 투표하지 않아 국민의 의무를 소홀히 하는 습관.

37. 쓸데없이 자신의 오지랖 넓은 호기심을 드러내는 습관. 다시 말해 개인의 문제를 해결하는 데 사용할 수 있는 시간을 타인의 일에 낭비하는 것.

38. 자립심이 부족해 스스로 한계를 정하는 습관.

39. 타인이 대신 생각하게 허용하는 습관.

40. 자유를 지켜야 할 특권이라고 생각하는 대신 허락으로 착각해 미국의 생활양식을 파괴하는 데 일조하는 습관.

이 목록이 평범한 사람의 삶에서 체계적인 노력이라는 힘을 약화시키는 인간의 약점을 모두 포함하고 있다는 주장은 아니다. 하지만 흔히 발견되는 약점들을 나타낸다.

여기에서 개인은 두 가지 생각을 할 수 있다. 첫째, '아, 이 목록은 일부 사람들이 지닌 공통된 약점이지만 내게는 적용되지 않아'라고 생각하고 그냥 넘어갈 수 있다. 아니면 '이 목록을 보고 나 자신을 면밀히 점검해서 이 가운데 얼마나 많은 약점이 나를 방해하고 있는지 확실하게 판단해야지'라고 생각할 수 있다.

모든 독자는 둘 중 어느 태도에 속하는지 스스로 판단해야 한다. 어떤 식으로든 판단하는 것이 중요하다. 올바른 판단은 모든 독자의 삶에서 가장 중요한 전환점이 될 수 있다.

⚜ 체계적인 노력으로
명확한 핵심 목표를 이룬 사람들

이제 개인이 체계적인 노력이라는 습관을 기르는 방법과 수단에 대한 분석으로 넘어가겠다. 한 사람의 성공과 실패는 습관의 결과라는 점을 강조하고 싶다. 위에서 설명한 마흔 가지 인간의 약점에 모두 '습관'이라는 단어가 붙어 있다는 점에 주목하자.

앞서 앤드루 카네기는 서른한 가지 리더의 자질을 설명했다. 모두 체계적인 노력의 원칙에 필수적인 요건들이다. 나는 체계적인 노력을 적용하는 데 방해가 되는 마흔 가지 습관을 간략히 제시했다. 이 원칙을 완전히 숙지하는 과정에서 우선 가장 먼저 리더의 서른한 가지 자질을 사용하는 습관을 길러야 한다. 마흔 가지 불쾌한 습관을 없애는 데 도움이 될 것이다. 아주 간략하게 요약하면 체계적인 노력이라는 습관을 키울 때 아래와 같은 단계를 따라야 한다.

체계적인 노력을 키우는 3단계
1. 명확한 핵심 목표를 채택하고, 목표의 달성을 위한 구체적인 계획을 세운다.
2. 명확한 핵심 목표를 달성하기 위해 한 명 이상의 적합한 사람들과 마스터 마인드 그룹을 결성하고, 바로 그 목표 달성을 위해 전진한다. 지속적인 행동이 필수다.
3. 특단의 노력을 기울이는 습관을 키우고, 자신의 명확한 핵심 목표를 달성하는 과정에서 호의적인 협력을 얻는 수단으로 이 습관을 적용한다.

성공은 누구나 무의식적으로라도 체계적인 노력이라는 습관을 적용한 결과다. 실패한 사람 대부분은 계획이나 목표 없이 무작정 표류하며, 체계적 노력이 없기 때문에 노력이 분산된다.

체계적인 노력을 바탕으로 명확한 핵심 목표 아래 움직이는 사람들의 뛰어난 사례를 살펴보자.

체계적인 노력과 명확한 핵심 목표의 결합으로 성공한 인물들

- 예수: 도덕적 계율과 영적인 영감의 귀감이 되었다.

- 크리스토퍼 콜럼버스: 탐험과 항해의 모범이 되었다.

- 토머스 에디슨: 발명과 과학 분야에서 자연법칙을 밝혀내고 활용하는 선례를 남겼다.

- 굴리엘모 마르코니: 무선통신 분야를 개척했다.

- 헨리 포드: 자체 추진 운송 수단인 자동차를 발명했다.

- 마하트마 간디Mahatma Gandhi : 나라에 팽배한 무지, 미신과 싸웠다.

- 나폴레옹 보나파르트: 뛰어난 군사 작전을 진두지휘했다.

- 아이작 뉴턴: 자연법칙을 밝혀냈다.

- 윌버 라이트, 오빌 라이트: 비행기를 발명했다.

- 에이브러햄 링컨: 단합된 미국을 유지하는 데 성공했다.

- 루서 버뱅크: 식물학과 자연법칙을 연구했다.

- 마셜 필드Marshall Field : 현대식 머천다이징의 아버지.

- 제임스 힐: 대륙 횡단 철도를 건설했다.

- 앤드루 카네기: 산업과 교육을 선도했다.

- 존 록펠러: 산업과 자선사업을 선도했다.

- 루이 파스퇴르Louis Pasteur : 질병 퇴치 연구에 앞장섰다.

- 조지 워싱턴: 뛰어난 군사 작전을 이끈 위대한 정치인.

- 토머스 제퍼슨Thomas Jefferson : 건전한 정부를 수립한 정치인.

- 벤저민 프랭클린Benjamin Franklin : 정치, 사업, 철학, 과학의 귀재.

- 토머스 페인Thomas Paine : 철학과 문학의 대가(다른 누구보다 미국이

독립혁명을 시작하는 데 가장 많이 기여했다고 여겨진다).

- 새뮤얼 곰퍼스 Samuel Gompers : 훌륭한 노동운동 지도자.
- 찰스 슈와브 : 철강업의 뛰어난 사업가.
- 리 디포레스트 Lee de Forest : 뛰어난 과학자 겸 발명가(현대식 라디오
  를 완성하는 데 크게 기여했다).
- 알렉산더 그레이엄 벨 : 뛰어난 과학자 겸 발명가이자 현대식 전화
  기의 아버지(실험을 통해 빛의 파장으로 소리의 파장을 잡아 운반할
  수 있다는 사실을 밝혀냄으로써 라디오의 토대도 마련했다).
- 에드거 버겐 Edgar Bergen, 찰리 매카시 Charlie McCarthy : 연예오락과 복화
  술 분야의 대가. 이들은 개인이 자발적으로 행동할 수 있는 미국의
  생활양식에서 나무 조각 하나로 평범한 능력을 가진 사람이 체계
  적인 노력을 통해 수백만 명에게 즐거움을 선사할 수 있다는 설득
  력 있는 증거를 제공했다. 어떤 면에서 이 마지막 사례가 내가 언
  급한 모든 사례 가운데 가장 중요하다. 버겐이 마침내 성공에 '도
  달'하기 전에 그랬듯 수없이 시도하고 실패한 사람들에게 희망과
  용기를 주기 때문이다.

이러한 사례에서 체계적인 노력이 패배주의를 다스리는 주된 힘이
라는 증거를 발견할 수 있다. 이 목록에 우리가 언급하지 않은 성공한 인
물들을 추가하면 노력과 방향성을 체계적으로 계획하고, 그것을 명확한
핵심 목표를 향해 쏟아붓는 개개인에게 기회를 제공하는 생활양식을 만
든 사람들의 목록이 완성될 것이다.

한 평범한 청년이 엄청난 부를 만들어낸 과정

이제 한 사람이 그의 영향력을 널리 확장하고, 눈에 보이는 자산으로 100만 달러 이상을 창출하는 데 도움이 될 체계적인 노력의 원칙을 어떻게 적용해야 하는지 그 방법을 자세히 설명할 것이다.

이 이야기를 전하면서 나는 주요 인물들의 이름과 사건이 발생한 장소를 생략했다. 이는 성공한 시점에 자신의 초라했던 시작이 자세히 언급되는 것을 원치 않는 사람도 있었기 때문이다. 이 이야기는 무려 25년 전으로 거슬러 올라간다.

한 청년이 결혼한 직후 처음으로 아내의 친척들을 만나러 갔다. 여행이 끝날 무렵 부부는 도시와 도시를 연결하는 전기 기관차를 타야 했다. 하지만 철로는 아내의 친척들이 사는 마을에서 약 3킬로미터 떨어져 있었다. 기차가 역에 도착하면 승객들은 그 마을까지 보통 마차를 타고 이동했다. 하지만 마침 타고 갈 마차가 없어서 부부는 3킬로미터 정도를 걸어가야 했다.

이런 상황 때문에 청년은 몹시 화가 났다. 곧 설명하겠지만 겉보기에 정말 평범한 상황에서 벌어진 이 사건은 엄청난 파급 효과를 낳는 결과를 초래했다. 한 사람의 인생에서 중요한 전환점이 이렇게 예상치 못한 시점에 벌어지다니 정말 기묘했다.

청년이 아내의 고향집에 도착했을 때, 그가 처음으로 소개받은 사람은 아내의 두 형제였다. 그들은 청년을 전에 본 적이 없었다. 그러므로 첫 만남에서 그의 말이 그의 첫인상에 큰 영향을 미치는 것은 당연했다.

청년은 재치 있게 기다리지 못하고 서둘러 매형들에게 질문을 던졌다. 그러자 그들은 바로 답을 했다. 하지만 답은 그를 아주 '곤란하게' 만드는 일종의 도전이 되었다.

청년은 이렇게 물었다.

"왜 철도 회사는 이 마을로 들어오는 지선支線을 건설하지 않습니까? 그러면 사람들이 3킬로미터 정도를 걷는 대신 기차를 타고 올 수 있을 텐데 말입니다."

매형 가운데 한 명이 이렇게 대답했다.

"지난 10년간 우리도 그렇게 만들려고 애썼지만 성공하지 못했네."

그러자 청년이 소리쳤다.

"뭐라고요? 형님들이 10년 동안 애썼지만 해내지 못한 것을 저는 3개월 만에 성공시킬 수 있습니다!"

매형이 말했다.

"대단하군. 자네는 여기 도착한 지 5분도 안 되어 할 일이 생겼군."

이 시점부터 자세히 관찰해 보면 적절하지 못한 말을 내뱉는 바람에 어쩔 수 없이 체계적인 노력을 발견한 경우라도 이 원칙이 어떻게 작용하는지 알 수 있다. 성공 원칙을 적용한 사람들이 궁지에 몰리는 바람에 필요에 따라 그 원칙을 우연히 발견하는 일이 너무 자주 벌어지는 것은 현대 문명의 비극 가운데 하나다.

청년이 외쳤다.

"좋습니다! 제가 그 일을 맡겠습니다. 철로 3킬로미터를 건설하는 데 10년이 걸리지 않는다는 것을 보여드리겠습니다."

그는 곧 진심으로 그 일에 착수했다. 그는 자신에게 주어진 도전을 받아들이지 않으면 아내의 형제들 앞에서 망신을 당할 처지에 놓였다.

그는 몇 가지 질문을 통해 이 마을에 전기 철로가 들어오지 못하는 이유가 큰 강을 가로질러야 하기 때문임을 알게 되었다. 강을 가로지르는 철로를 놓으려면 수십만 달러가 들 터였다. 철도 회사가 투자하겠다고 동의할 수 있는 수준을 넘어서는 거액이었다.

청년은 두 매형을 대동하고 강으로 가서 살펴보았다. 말없이 그곳에 서 있는 동안 이런 상황을 목격하게 되었다.

지방도가 가파른 강기슭을 따라 구불구불 내려가며 오래된 나무 다리로 강을 건너 뻗어 있었다. 강 반대편에는 열 개 정도의 기차선로가 모여 차고지를 형성했다. 그 일대에 석탄 운반에 사용되는 증기 기차의 조차장이 있었다. 세 사람이 그곳에 머문 지 10분이 지났을 무렵 기차 한 대가 조차장으로 들어와 지방도를 막았다. 바로 말 떼를 몰던 한 농부가 조차장 건너편에서 다가와 건널목 차단기가 올라가기를 기다렸다. 몇 분 뒤 근처에서 온 또 다른 운전사도 멈추어 서서 건널목 차단기가 올라가기를 기다렸다.

이것은 청년이 기다리던 기회였다. 그는 이 상황에서 다리 문제의 해법을 발견했다. 부적절한 말을 함으로써 자신이 처한 곤란한 입장에서 빠져나갈 방법을 찾고자 하지 않았다면 그가 매일 벌어지는 이 흔한 상황에서 매형들은 보지 못한 무언가를 보았을 리 만무하다.

15분이 지나고 아무 일도 일어나지 않았다. 철로는 여전히 막혀 있었다. 트럭 운전사들은 기다리고만 있었다. 청년의 머릿속에서 '상상력의 바퀴'가 돌아가기 시작했다. 그는 눈앞의 장면에서 그가 처한 곤경에서 빠져나갈 탈출로를 발견했다. 행동을 요구하는 비상사태가 닥쳤을 때 상상력이 더 잘 작동한다는 사실은 정말 신기하지 않은가.

청년은 매형들을 돌아보며 말했다.

"보십시오. 저 밑에 저것이 보이십니까?"

매형들이 그곳을 바라보았다. 그렇다, 그들은 열차가 막고 있는 건널목을 보았다.

매형 중 한 명이 설명했다.

"그 정도는 아무것도 아니네. 나는 저 건널목에서 30분 넘게 기다린 일이 수도 없네. 저들은 겨우 10분에서 15분 정도 기다렸을 뿐이라네."

청년은 낮은 목소리로 읊조렸다.

"아닙니다. 제가 본 것을 못 보셨군요. 저는 생각이 아니라 확신하고 싶습니다. 저 밑에 다리 문제의 해법이 있습니다. 이 문제를 세 부분으로 나누어 한 번에 하나씩 해결해 보겠습니다. 증기철도 회사는 지방도를 철로에서 치우기 위해 다리 건설비의 3분의 1을 지불할 것입니다. 저렴한 비용입니다. 언젠가 그곳에서 사고가 나면 더 많은 비용이 들 테니 말입니다. 지방도를 철로에서 치우기 위해 마을에서도 다리 건설비의 3분의 1을 낼 것입니다. 그래야 사람들이 안전하게 길을 건널 테니 말입니다. 전기철도 회사가 나머지 3분의 1을 낼 것입니다. 전기 철로를 마을까지 연장하면 새로운 수입원이 생길 테니 말입니다. 형님들의 문제는 해결된 것이나 마찬가지입니다."

두 매형은 서로를 바라보더니 그들 옆에 선 청년을 쳐다보았다. 그러고 나서 연습이라도 한 듯이 동시에 외쳤다.

"와, 정말 놀랍군! 왜 우리는 이런 생각을 못 했지?"

청년의 말이 맞다는 것을 두 매형은 바로 알았다. 그다음 주에 세 사람이 함께 증기철도 회사와 전기철도 회사의 경영진 그리고 마을의 위원회와 면담을 가졌다. 청년이 면담을 주도했다. 그들은 계약서에 모두 서명했다. 3개월 안에 전기 철로의 지선이 마을까지 연결되었다.

하지만 이것이 끝이 아니다. 이 이야기는 이제 막 시작했다. 철로를 건설해서 탄생한 개선된 운송시설 덕분에 마을에 새로운 거주자들이 이주해 왔고, 오랫동안 그곳에 살던 주민들에게 새로운 활력을 불어넣었다. 마을은 여러모로 활력을 띠기 시작했다. '호황' 덕분에 청년의 매형들도 큰 수익을 거두었다. 그들은 마을 인근에 있는 토지 대부분을 소유하고 있었는데, 토지를 주택 건설용 부지로 나누어 좋은 가격에 매각했다. 그 결과 새로운 건설 사업이 시작되었고, 추가로 고용도 창출되었다.

철로 건설로 지역 사람들에게 인정받는 희열을 경험한 청년은 자신의 삶에도 새로운 활력을 얻어 첫 번째 성공을 백분 활용해야겠다고 결심했다. 그의 매형들은 천연가스 생산업에 종사했는데, 천연가스는 대부분 그 지역에서 판매했다. 그는 매형들이 증산해서 인근 마을까지 판매를 넓히도록 유도했다.

하지만 이것만으로는 그들이 생산할 수 있는 가스 공급량을 다 소비하지 못했다. 그래서 청년은 상상력의 바퀴를 다시 작동시켜 마을 주민들이 기업을 설립해서 유리 제품을 제작하는 사업에 뛰어들도록 유도했다. 유리 제작에 연료가 많이 필요하다는 것을 알았기 때문이다. 이 사업으로 600여 명의 새 노동자가 이 마을에 유입되었다. 모두 그곳에 거주하며 먹고살았다. 새 공장은 청년의 매형들이 판매하는 천연가스의 고객이 되었고, 매월 3000달러 이상이 팔렸다.

이쯤 되자 신문사에서 이 이야기를 전면 기사로 실었다. 청년은 그 마을의 '앤드루 카네기'라는 별명이 생겼으며, 철도 회사는 그의 계획에 크게 감동해 많은 급여를 주고 자문위원의 비서로 고용했다.

1년이 지난 후, 그의 명성은 더욱 퍼져 나가 교육용 서적을 출판하는 대형 출판사에도 들어갔다. 그는 훨씬 많은 급여를 받으며 광고 담당자로 고용되었다. 그가 갑작스럽게 번영을 선물한 마을을 떠나 출판 사업에 뛰어든 것이다. 오늘날 미국에서 그의 영향력이 닿지 않는 마을과 도시는 없다.

한편 그가 아내의 고향에 설립하도록 도왔던 기업들이 계속 성장하고 확장되면서 매형들은 백만장자가 되었다. 천연가스 사업이 크게 호황을 누리자 소유주들은 사업 초기에 그 청년이 한 일에 대해 감사를 표시해야 한다는 생각이 들었다. 그래서 그의 세 아들의 대학 등록금을 지원하는 것으로 감사를 표했다. 현재 그의 큰아들은 사업체 대표로서 당당히 백만장자가 되는 과정에 있다. 다른 두 아들도 그 회사에서 책임 있는 직책을 맡고 있다. 이 청년이 체계적인 노력이라는 원칙을 적용한 결과, 마을 상인들에게 찾아온 번영은 일일이 다 헤아릴 수 없을 정도로 상당했다.

❦ 성공한 인물들이 가진
단 하나의 공통점

이제 우리는 체계적인 노력의 원칙이 현명하게 꾸준히 적용될 때 그것이 어떻게 작용하는지 알 수 있다. 이 경험을 분석해 보라. 어떤 상황에서든 당신이 택한 관점에서 판단하라. 단계별로 연구해 보면 보통의 지능과 능력을 가진 사람이라면 누구나 처리할 수 있는 일이었다는 결론에 도달할 것이다.

그 성공은 천재성이나 특별한 능력이 낳은 결과가 아니라 명확한 원칙들을 꾸준히 적용한 결과였으며, 앤드루 카네기가 표현한 열 가지 성공 원칙을 결합해서 적용했기에 가능했다.

청년이 성공 원칙을 결합한 과정

1. 끈기 있게 명확한 계획을 실천하여 명확한 핵심 목표를 달성한다.
2. 마스터 마인드를 적극적으로 적용한다.
3. 실행하는 믿음을 꾸준한 행동으로 표현한다. 수동적인 믿음은 힘이 없다.
4. 명확한 계획으로 조직적 사고를 실행한다.
5. 창조적 비전으로 목표와 그것을 달성하기 위한 계획을 세운다.
6. 통제된 주의력으로 목표를 달성할 때까지 그것에 집중한다.
7. 일을 수행하고 끝까지 해내는 열정으로 영감을 표현한다.
8. 매형들을 도우며 자제력을 발휘해 개인적인 계획을 잠시 변경한다.

9. 특단의 노력을 기울이는 습관으로 보수에 대한 어떠한 약속을 받지 않고도 일을 한다.

10. 체계적인 노력을 통해 매사를 계획하고 명확한 핵심 목표가 논리적인 결론을 내도록 방향을 설정한다.

우리는 흔히 성공한 사람들을 성취를 이룬 시점에서만 바라본다. 그들이 어떻게 그런 행운을 얻게 되었는지 그 과정을 알기 위해 시간을 들여 깊이 연구하지 않는다. 그러면서 그들의 성공은 어떤 천재성이나 행운 덕분이라고 쉽게 단정 짓는다.

예를 들어 카네기를 살펴보자. 카네기를 아는 사람들은 그의 성공이 어떤 천재성 때문이 아니라, 전적으로 이 철학에서 설명하는 원칙들을 적용한 덕분임을 안다. 그의 성공은 천재성이 아닌 그가 공들인 관심과 끈기를 가지고 명확한 원칙들을 따른 결과였다. 카네기의 커리어를 단계별로 분석해 보면 그 청년의 경험보다 더 극적인 면도 없고 크게 다를 바가 없음을 알게 될 것이다.

같은 기준을 헨리 포드와 토머스 에디슨 그리고 미국을 세계 최고의 국가로 만든 다른 모든 위대한 인물들의 업적에도 적용할 수 있다. 성공한 모든 사람은 자신이 무엇을 원하는지 정확히 알고, 그것을 달성하는 과정에서 명확한 규칙을 따른 덕분에 성공했다. 내가 이 철학을 제시하면서 다른 모든 것보다 유독 강조하고 싶은 한 가지 진리가 있다. 바로 미국의 생활양식에서 보통의 지능을 가진 사람은 누구라도 시간을 들여 성공 원칙들을 익히고 꾸준히 적용하면 성공할 수 있다는 사실이다.

그다음으로 중요한 진리도 강조하고 싶다. 이러한 원칙들을 완전히 숙지하고 적용하는 개인이 있는 곳이라면 어디서나 성공이 발견된다는 사실이다. 청년의 이야기에서 언급한 작은 마을은 만일 그가 커리어의 성공을 위해 적합한 장소를 의도적으로 찾았다면 결코 택하지 않았을 법한 곳이었다. 하지만 절대적으로 확실한 성공 원칙을 적용함으로써 그는 그 작은 마을을 그야말로 '금광'으로 변모시켰다.

엘버트 허버드Elbert Hubbard는 미국 뉴욕주에 있는 이스트오로라라는 마을에서 비슷한 일을 해냈다. 약 50년 전에 그가 그곳에 자리를 잡았을 때 그 마을은 미국 전역에 분포한 1000여 개의 다른 작은 마을들과 다를 바 없는 곳이었다. 하지만 허버드는 이 장에서 설명한 원칙들을 적용한 덕분에 필요 이상으로 부자가 되었을 뿐만 아니라 이스트오로라를 이 나라 전체의 '메카'로 만들었다.

이들과 다른 모든 성공한 인물의 공통점 중 하나는 체계적 노력의 원칙을 엄격하게 고수했다는 점이다. 이 원칙의 도움 없이는 평생 동안 노력해도 간신히 먹고살며 고생할 수 있고, 일부는 그조차도 힘든 형편으로 살 것이다.

대다수가 카네기, 에디슨, 허버드가 되기를 바랄 수는 없다. 하지만 평범한 능력을 갖춘 모든 사람이 건전한 판단력을 가지고 성공철학을 적용한다면 어떤 분야에서든 두각을 나타낼 수 있다. 훌륭한 인물들과는 대비되지만 건국 초기 열세 개 주 가운데 한 마을에서 살던 평범하기 그지없는 배관공의 사례를 살펴보라.

✹ 성공 원칙을 활용한
어느 배관공 이야기

약 1만 명이 살고 있는 미국 남부의 한 마을에 배관업으로 큰 성공을 거둔 평범한 남자가 있었다. 여러모로 보통의 능력에도 미치지 못하는 그가 어떻게 상당한 규모의 사업을 일으켜 괄목할 만한 성공을 거두었는지 살펴보면 흥미로울 것이다. 이 성공으로 그는 현재 그 마을에서 평균을 뛰어넘는 재력과 영향력을 지닌 인물이 되었다.

분명 이 남자에게는 우리가 흔히 뚜렷한 성취와 연관 짓는 재능이 거의 없었다. 배관업체 직원으로 일할 때 그는 서툴고 어설퍼서 보통의 배관공보다도 실력이 뒤처졌다. 배관공으로서 그의 역량은 만족스럽지 않았기 때문에 고용주는 그를 영업 사원으로, 연락책으로 활용해 보기도 했다. 하지만 이 역할들에서도 그의 미래는 보이지 않았다.

비록 그는 대학 교육을 받지 못했지만 고등학교는 졸업해 명확하게 읽을 수 있도록 서류를 쓸 수 있었다. 그래서 고용주는 그가 경리로서는 잘 해내리라 생각했다. 하지만 어김없이 결과는 좋지 않았다. 고용주와 직원 모두 결과에 낙담했으나 그 노동자는 머리를 쓰기 시작했다. 그는 먼저 자신의 명확한 한계를 깨달은 후 그가 가진 자산을 면밀하게 분석했다. 그는 낡은 봉투 뒷면에 자신이 가지고 있다고 생각하는 자질들을 이렇게 적었다.

• 돈을 절약하고 신중하게 관리하는 습관

- 일에 드는 비용을 대단히 정확하게 파악하는 능력
- 다른 사람들이 가진 우수한 기술을 알아보는 능력
- 무슨 일이든 끝까지 고수하는 끈기
- 다른 노동자들이 좀 더 행복하게 함께 일하도록 유도하는 능력

다소 낙담한 이 평범한 배관공은 이 봉투를 눈앞에 두고 판단력을 발휘해서 자기 힘으로 새로운 배관업체를 만들기로 결심했다. 저축한 돈으로 평범한 저장고를 하나 빌려 새로운 배관업체의 출범을 알렸다. 그와 동시에 옛 회사에서 가장 실력 있는 배관공이 그를 찾아와 얼마의 급여라도 좋으니 자발적으로 일하겠다고 제안했다.

그다음으로 그는 주변을 둘러보고 유능한 영업 사원과 연락책을 뽑았다. 그는 회계 장부 기록과 서신 관리를 잘하는 대졸자를 바로 찾았다. 필요한 직원들을 충원하기 위해 훌륭한 판단력으로 다른 인력들도 선발했다. 사업이 커지자 직원의 수를 늘렸다. 하지만 아주 신중하게 효과적으로 증명할 수 있는 한두 가지 특별한 기술이 있어야만 선발했다.

조력자들을 현명하게 선발한 후 그는 마을에서 가장 훌륭하고 잘나가는 배관업체가 되겠다는 명확한 핵심 목표를 향해 전진했다. 오래 지나지 않아 그는 몇 개 학교의 신축 건물과 다른 공공 프로젝트를 위한 대규모 계약을 체결했다. 그는 사무실 업무를 경리에게 맡기고 그것을 제외한 모든 업무를 신중하게 감독했다. 영업 사원이 좋은 잠재고객을 찾아내면 그는 모든 비용을 계산해서 그 일에 입찰했다. 1~2년이 지나자 다른 지역 사람들도 이 배관공과 그의 회사를 찾았다. 고품질 서비스를

제공하고 계약을 철저히 이행하는 충실함과 다른 사람의 돈과 자재를 사용할 때 보이는 믿음직한 태도를 갖추었다는 평판이 생겼기 때문이었다.

예리한 경제적 감각으로 곧 이 회사의 주인은 설비 확장을 위한 가능성을 알아보기 시작했다. 이미 월세가 저렴한 저장소를 사무실과 비품실로 사용하고 있었지만, 그는 새로운 발전을 위해 적절한 공간을 싸게 빌릴 수 있다면 자신의 모든 수익을 사업 확장에 투자하기로 결심했다.

그는 중심가에서 약 3킬로미터 떨어진 곳에 지붕이 새고 거의 모든 창문이 깨진 오래된 양말 공장을 발견했다. 이 넓은 2층 건물은 그의 회사로 딱 알맞았다. 야망을 가진 배관업체 대표는 그 건물 전체를 빌리는 데 얼마가 드는지 주인에게 신중하게 문의했다. 그는 공장 건물을 놀리느니 임대하고 꾸준한 소득을 챙기는 것이 낫다며 공장주를 설득했다.

공장주는 처음에 그 건물을 사용하려면 수리를 많이 해야 한다는 이유로 상대적으로 높은 월세를 요구했다. 배관업체 대표는 건물을 현재 상태로 빌려준다면 제시할 수 있는 가장 낮은 월세가 얼마인지 견적을 내달라고 제안했다. 놀랍게도 공장주는 실제로 배관업체가 현재 빌려 쓰는 저장소의 월세보다 낮은 금액을 제시했다. 그는 판단력을 발휘해서 신속하게 그 제안을 받아들였다. 그리고 직원들에게 건물 지붕을 고치게 하고, 깨진 창문을 모두 교체하게 해서 공장 건물을 대대적으로 수리했다. 공장주는 이에 아주 만족해서 자발적으로 1년 임대 대신 10년 임대를 약속했다.

배관업체 대표는 직원 수를 늘리고, 비품의 재고량도 늘리고, 서비스도 확장했다. 그 후 1~2년 안에 그는 큰 성공을 거두었다. 10년도 채 지나지 않아 사업체를 운영하던 그 건물의 주인이 되었다. 그 분야에서 그보다 능력이 훨씬 뛰어난 노련한 작업공들을 충원했다. 게다가 10만 달러에 달하는 비품도 구매했다. 때때로 주변의 여러 마을에서 학교 건물, 도시 프로젝트, 다른 대형 건물들을 위한 배관 공사 입찰에 참여하라는 제안도 받았다. 이 모든 일은 대체로 그의 회사가 시행한 공사에 만족한 고객들이 남긴 긍정적인 후기 덕분이었다.

이 배관공 출신 사업가가 유난히 재능이 없다는 점을 제외하면 이 사람의 성공 스토리에서 딱히 특이한 점은 없다. 그는 스스로 회계장부를 쓸 만큼, 스스로 영업을 뛸 만큼, 소도시의 배관공 가게에서 좋은 직원이 될 만큼 똑똑하지 않았다. 배관공으로 고용되었을 때 그는 최선을 다했지만 서툴고 어설픈, 거의 최악의 배관공이었다. 하지만 그는 건전한 판단력을 지녀서 배관 사업의 잠재력을 알아보았다. 아울러 다른 사람들이 그에게 협력하도록 유도하는 과정에서 자신의 재능을 효과적으로 활용할 기회를 포착했다. 명확한 핵심 목표에 집중함으로써 사람들의 신뢰를 얻고, 충분한 금전적 보상을 받을 만한 잘나가는 사업체를 이룬다는 목표를 향해 체계적인 노력을 기울였다.

이 대단할 것 없는 재능의 소유자는 지금도 오래된 양말 공장 터에서 잘나가는 사업을 운영하고 있다. 그의 평판은 약 다섯 개의 남부 지역에서 여러 기업, 사업가, 가정주부 사이에 널리 알려졌다. 가정주부들은 배관공이 일을 철저하게만 해준다면 비용이 얼마든 기꺼이 내겠다고 종종 말한다. 이 회사는 전화 접수를 하면 항상 유능한 직원이 30분 안에 현장에 도착해서 작업을 시작한다.

여기서 언급한 대부분의 사실은 지난 세계대전부터 현재까지 사업하기 힘든 시기에 벌어졌지만 그의 사업은 건전한 재정과 계속 증가하는 고객 덕분에 모든 불황을 이겨냈다.

자, 누가 감히 야망이 있는 사람을 위한 기회가 더 이상 없다고 말할 수 있는가. 이 배관공은 재능도 없고, 고졸 학력에다 직접 번 돈을 제외하고는 자금도 없었다. 그럼에도 그는 명확한 핵심 목표와 체계적인 노력의 가치를 증명해 냈다.

앤드루 카네기가 이 철학에서 다른 모든 원칙보다 유독 강조한 한 가지가 있다면 바로 성공이 체계적인 노력의 결과라는 사실이다. 그는 체계적인 노력을 통해 퍼스널 파워를 계발하는 주된 수단으로 마스터 마인드 원칙의 중요성을 강조했다. 그는 자신의 위대한 업적이 마스터 마인드 그룹의 구성원들을 선발하는 능력 덕분이었다고 인정했다.

체계적인 노력은 다른 모든 성공 원칙을 적절하게 조율하고 각 상황에 맞게 결합해서 적용하는 원칙이다. 하지만 이 원칙이 모든 비범한 성취에서 더 큰 중요성을 지닌 원칙이었다는 사실은 부인할 수 없다.

이 장에 걸맞은 클라이맥스로, 나는 체계적인 노력의 핵심을 적절하게 묘사하는 오래된 표어를 제시하고 싶다. 바로 '일을 계획하고, 그 계획을 실행하라'이다. 끈기와 꾸준한 실행만이 성공을 이끌어낼 수 있다. 이 둘은 너무나 중요해 성공의 다른 원칙들을 알지 못해도 단순히 이 두 가지 원칙만 적용해도 성공을 거두고는 했다. 하지만 계획만큼은 체계적이고 명확해야 한다는 것을 명심하라.

일을 계획하고, 그 계획을 실행하라.

Plan your work, and work your plan.

고도의 체계적인 노력으로 이루어진 시스템

미국인에게 주어진 많은 특권을 조금이라도 누리려는 사람은 누구나 미국의 생활양식에서 두드러진 특징을 명확히 알고 있어야 한다. 세계 역사상 미국인들이 누리는 것만큼 많은 특권을 국민 개개인에게 제공한 국가는 없다.

이러한 특권들은 우리 선조들의 피로 얻어낸 것이다. 우리는 개인의 특권을 유지하는 도구인 체계적인 노력이라는 원칙을 보호하겠다는 유일한 목적을 위해 벌인 전쟁에서 피를 흘리며 이 특권들을 보호했다. 미국인들은 체계적인 노력의 핵심을 나타내는 정부 시스템 덕분에 자발적으로 행동할 수 있는 특권을 누린다.

미국 산업의 지도자들은 이 책에서 앤드루 카네기, 토머스 에디슨, 헨리 포드 같은 인물들이 증명한 원칙들의 가치를 이해한다. 그들이 리더가 될 수 있었던 이유는 이러한 원칙들을 적용했기 때문이다. 그들이 이 철학을 적용하는 법을 배우도록 동료 노동자들에게 장려한 사실은 그들의 공정한 정신과 건전한 판단력을 반영한다.

우리는 국민에게 인생에서 개인이 가진 기술과 교육, 경험이 부여하는 가장 높은 지위로 올라서도록 장려하는 경제 시스템을 철저하게 갖춘 나라에 살고 있다.

미국의 산업 전체에서 리더십이라는 특권을 가질 만한 리더 가운데 동료 노동자에게 진취성을 유지하고 전적으로 발휘하도록 각별히 장려하지 않을 사람은 단 한 명도 없다. 미국의 산업 시스템은 개인이 진취성을 발휘하도록 상상할 수 있는 모든 형태의 보상이 설계되어 있다. 널리 알려진 이러한 사실들에서 우리는 미국 산업의 리더들이 모든 노동자에게 진취성을 키우고 사용할 특권과 유인을 모두 제공해야 한다는 믿음이 있다고 확실히 추정할 수 있다. 그들이 그렇게 믿는 이유는 미국의 산업이 누리는 부러워할 만한 지위가 미국의 생활양식 덕분이고, 미국의 생활양식은 모든 국민이 진취성을 발휘해서 발전하도록 장려하기 때문이다.

이제 이 나라 국민이 카네기의 선물을 실행에 옮겨야 할 때가 왔다. 현재 미국의 생활양식이 우리 안에서부터 파괴되고 있기 때문에 시의적절하다. 특히 경제 시스템에서 최대 약점인 미국 산업에 공격이 가해지고 있다.

인식하든 못 하든 우리는 지금 전쟁 중이다. 우리의 적들은 아돌프 히틀러가 즐겨 사용한 전술에 의존하고 있다. 이러한 전술의 핵심은 '분열시켜 통제'하는 것이다. 그러니 뭉쳐야 산다. 국민이 이 사실을 반드시 깨닫고 무언가 조치를 취하지 않으면 망할 수밖에 없는 때가 왔다. 그렇다면 무엇을 해야 할까?

미국은 현재 거대한 국방 프로그램을 운영하고 있다. 이 프로그램과 관련하여 어느 분야에 종사하든 미국 산업 종사자들에게는 협력과 진취성이 필요하다. 미국의 명운은 여기에 달려 있다. 그리고 이 책의 독자가 자신의 이익을 도모하면서 동시에 미국인 전체를 위해 진취성이라는 권리를 보호하는 프로그램에 기여할 수 있는 기회가 있다.

현재의 비상사태는 모든 국민에게 미국의 생활양식을 보전하기 위해 어떤 식으로든 기여하라고 요구한다. 이런 시점에 국민을 '분열시켜 통제'하려는 적에 대항하여 싸우는 것보다 더 큰 기여가 어디 있을까?

이 책에서 제시한 성공철학은 이 목적에 안성맞춤이다. 이 철학은 아메리카니즘을 보호하는 데 도움이 될 뿐만 아니라 그 자체로 고도로 체계적인 형태의 아메리카니즘이다. 아울러 개인이 자신에게 이익이 되도록 가져다 사용할 수 있는 형태로 제시했다. 동시에 개인은 이 철학을 미국인을 '분열시켜 통제'하는 미묘한 파괴적인 힘을 제거하는 수단으로 사용할 수도 있다. 이런 식으로 우리는 히틀러가 "내부에서부터 미국을 무너뜨리겠다"라고 말한 대로 우리를 위협하는 교묘한 적을 통제할 수 있다. 불은 더 큰 불로 이겨내자. 그러므로 우리는 미국인들의 개인적 이익을 도모하는 것을 뛰어넘어 미국 생활양식의 영혼을 구하는 데 일조할 수 있다.

후세들이 감당해야 할 빚이 늘어가는 속도를 보면 청년들은 이 비상시국에 대처할 수 있는 모든 형태의 지식과 완전한 정신 무장이 필요할 것이다. 게다가 현재 국가 부채가 어느 정도까지 늘어날지 아무도 모르지만 이것만은 잘 안다. 이 세대와 미래 세대 모두 그들이 돈을 버는 능력을 높여줄 건전한 철학이 필요하다는 것이다. 명백히 현재의 세금 부담은 미래에 불가피할 과세 수준과 비교할 때 미미하다. 하지만 소득세와 다른 형태의 과세가 이미 많은 사람에게 큰 짐이 되었다.

우리가 미국의 생활양식이 완전히 파괴되지 않도록 구한다 해도 여전히 무거운 세금 부담에 직면할 것이다. 그렇게 되면 국민들의 마음속에서 과거 우리가 알던 자유가 사라질 것이다. 이러한 결론에서 벗어날 수 없다.

이러한 사실들을 직면하고 자유기업과 개인의 진취성을 법으로 제약하지 말고 사람들에게 진취성을 최대한 발휘해서 소득을 늘리는 방법을 가르쳐줌으로써 난국에 대처할 준비를 하자. 이를 위해 나는 모든 성공의 초석이 된 철학을 제시하여 도움을 주고자 한다. 이 철학은 우리 세대와 미래 세대에게 분명히 따라올 무거운 세금 부담을 소득 증대로 대처할 수 있는 실용적인 방법을 제공한다.

우리가 미래의 높은 세금 부담을 감당하기 위해 자동차, 라디오 등 현대적인 생활의 편의 기기들을 포기할 가능성은 없다. 또한 그렇게 하는 것이 적절하지도 않다. 미국은 여전히 세계에서 가장 부유하고 위대한 국가다. 하지만 우리가 거저 얻으려는 현재의 추세를 멈추고 유용한 서비스를 제공하는 새롭고 더 나은 방법을 찾지 않는다면 우리의 부는 현재의 생활수준을 유지하지 못할뿐더러 향후 세금 부담도 감당하지 못할 것이다.

카네기가 제대로 말한 대로 미국의 부는 천연자원과 교육, 경험 그리고 이러한 자원들을 개발한 리더들의 기술이 결합된 결과다. 현재 우리가 아는 이 나라와 과거 발견되었을 당시 모습과의 유일한 차이는 미국의 산업을 개발하고 아메리카니즘의 초석을 세우는 데 기여한 인물들의 진취성 덕분에 더해진 것뿐이다.

가장 고귀한 형태의 부는 유용한 서비스로 구성된다. 부자가 되려는 사람들은 이 진리를 명심해야 한다. 개인의 진취성을 제약하는 법을 통과시킨 사람들은 그러한 법이 모든 부의 주요 원천을 파괴한다는 사실을 명심해야 한다. 우리에게 지금 그리고 미래에 필요한 것은 자유기업과 개인의 진취성에 대한 권리를 행사하도록 장려하는 것이지, 그런 특권들을 행사한다고 처벌하는 것이 아니다.

예언자는 과거를 들여다보고 미래를 예언한다. 지난 몇 년을 되돌아보기 위해 예언자가 될 필요는 없다. 우리는 아주 강력한 소용돌이에 빨려 들어가 미국의 생활양식이 완전히 파괴되는 길로 이미 너무 많이 와버렸음을 구름 한 점 없는 맑은 하늘의 태양을 보듯 명확하게 볼 수 있다.

아메리카니즘의 초석이 하나씩 파괴되어 현재 그 어느 것도 단단한 땅 위에 서 있지 못하다. 우리는 이러한 초석이 어떻게 파괴되고 있는지 안다. 누가 우리의 적인지도 안다. 우리는 미국의 생활양식을 빠르게 파괴하는 방법을 밝혀냈다. 의심의 여지없이 우리는 오직 체계적인 노력만이 우리가 소중히 여기는 많은 것을 잃지 않게 해줄 수 있음을 안다.

우리에게 현재 필요한 체계적인 노력의 형태는 여론이라는 권력자를 조성하는 것이다. 국민의 총의가 표현될 때, 온 세상이 멈추어 바라보고 듣는다. 미국에서는 국민의 총의가 여전히 권력자로 군림하고 있지만, 제아무리 왕이라도 자신의 권력을 소홀히 하면 결국 그 힘을 잃는다. 지금 당장 우리의 권력자는 새로이 깨어나야 한다.

그러니 미국인들은 이제 개인의 진취성을 발휘할 권리를 포기할 것인지, 유지할 것인지를 결정해야 할 시점에 이르렀다. 이 결정에 아메리카니즘의 미래가 달려 있다.

우리는 행동해야 한다. 이 장에서 자세히 설명한 대로 체계적인 노력을 발휘해서 '일을 계획하고, 그 계획을 실행해야 한다'.

오늘 해야 할 중요한 일이 있다.
You have important work to do today.

더 나은 작업을 위해 창조하고,
세우고, 키우고, 오르는 과정이라고 생각하라.
To do better work,
Think of it as a process of creating, building, growing, and climbing.

실패 말고 일을 대체할 수 있는 것은 없다.
Nothing can take the place of work except failure.

옮긴이 이현

한국외국어대학교 통번역대학원 한영과를 졸업하고 금융, 법률 등 다양한 분야에서 산업 번역사로 활동하다 오랜 세월 목표로 했던 출판번역가가 되었다. 현재 출판번역 에이전시 '글로하나'에서 인문, 경제경영, 자기계발 등 다양한 분야의 영미서를 번역하고 리뷰에 힘쓰면서 출판번역가로 활발하게 활동하고 있다. 옮긴 책으로는『업타임』『잃어버린 집중력 구하기』『프리즘』『정원의 철학자』『AI 2041』『게으르다는 착각』『최고의 체력』『우리는 모두 돌보는 사람입니다』등이 있다.

나폴레온 힐 더 리치
부의 지름길로 안내할 믿음을 실현하는 법

초판 1쇄 인쇄 2024년 12월 18일
초판 1쇄 발행 2024년 12월 19일

지은이 나폴레온 힐
옮긴이 이현
펴낸이 김선식

부사장 김은영
콘텐츠사업본부장 박현미
책임편집 최유진 **책임마케터** 박태준
콘텐츠사업9팀장 차혜린 **콘텐츠사업9팀** 강지유, 최유진, 노현지
마케팅본부장 권장규 **마케팅1팀** 박태준, 오서영, 문서희 **채널팀** 권오권, 지석배
미디어홍보본부장 정명찬 **브랜드관리팀** 오수미, 김은지, 이소영, 박장미, 박주현, 서가을
뉴미디어팀 김민정, 고나연, 홍수경, 변승주
지식교양팀 이수인, 염아라, 석찬미, 김혜원, 이지연
편집관리팀 조세현, 김호주, 백설희 **저작권팀** 성민경, 이슬, 윤제희
재무관리팀 하미선, 임혜정, 이슬기, 김주영, 오지수
인사총무팀 강미숙, 이정환, 김혜진, 황종원
제작관리팀 이소현, 김소영, 김진경, 최완규, 이지우, 박예찬
물류관리팀 김형기, 김선민, 주정훈, 김선진, 한유현, 전태연, 양문현, 이민운
외부스태프 디자인 데일리루틴

펴낸곳 다산북스 **출판등록** 2005년 12월 23일 제313-2005-00277호
주소 경기도 파주시 회동길 490 다산북스 파주사옥
전화 02-704-1724 **팩스** 02-703-2219 **이메일** dasanbooks@dasanbooks.com
홈페이지 www.dasan.group **블로그** blog.naver.com/dasan_books
종이 스마일몬스터피앤엠 **인쇄** 상지사피앤비 **코팅·후가공** 제이오엘앤피 **제본** 상지사피앤비

ISBN 979-11-306-6079-0 (04190)
ISBN 979-11-306-5948-0 (세트)

다산북스(DASANBOOKS)는 책에 관한 독자 여러분의 아이디어와 원고를 기쁜 마음으로 기다리고 있습니다.
출간을 원하는 분은 다산북스 홈페이지 '원고 투고' 항목에 출간 기획서와 원고 샘플 등을 보내주세요.
머뭇거리지 말고 문을 두드리세요.